ZESZYTY

89

ZIMA 2005

LITERACKIE

WARSZAWA – PARYŻ

ROK XXIII

Zeszyty Literackie — kwartalnik
Zespół: Stanisław Barańczak, Ewa Bieńkowska, ⸢Josif Brodski⸥, Wojciech Karpiński,
    Petr Král, Ewa Kuryluk, Roberto Salvadori, Tomas Venclova, Adam Zagajewski
Redaktor naczelny: Barbara Toruńczyk. Sekretarz redakcji: Marek Zagańczyk
Administracja, sprzedaż i prenumerata: Jolanta Lesińska
Korekta: Jolanta Karbowska, Jadwiga Głażewska
Projekt okładki: ⸢Jan Lebenstein⸥. Opracowanie graficzne: Andrzej Majewski
Wydawca: AGORA SA
Adres redakcji: ul. Foksal 16, p. 422, 00-372 Warszawa
    Tel.: 48.22/826.52.21 w. 255, tel./fax w. 229
    Fax: 48.22/826.38.22
    http://zls.mimuw.edu.pl/ZL   e-mail: **zeszytyliterackie@agora.pl**

Warunki prenumeraty w kraju

Prenumerata roczna **2005**, 4 zeszyty **(nry 89–92)**
Odbiorcy indywidualni .... 32 zł
Dla studentów polonistyki, uczniów, nauczycieli języka polskiego
    oraz bibliotek szkół podstawowych i średnich —
    — cena zniżona (wymagane poświadczenie) .... 28 zł
Pozostałe biblioteki i instytucje .... 36 zł

W każdej chwili i od każdego numeru możesz zaprenumerować „ZL" !!!
Zamówienia: E-mail: zeszytyliterackie@agora.pl lub http://zls.mimuw.edu.pl/zl
lub tel./fax 48.22/826.38.22
Wpłat na prenumeratę można dokonywać przez cały rok:
Kartą kredytową: tel. 48.22/555.65.65 lub 555.60.98 lub
E-mailem: prenumerata@agora.pl — należy podać szczegóły zamówienia,
dokładny adres przesyłki, numer karty i datę jej ważności.
Na poczcie i w banku na konto:
AGORA SA PKO SA VII O/Warszawa 55 1240 1109 1111 0000 0515 9703
Warunki prenumeraty za granicą, patrz trzecia strona okładki.

Książki

Ewa Bieńkowska, *Pisarz i los. O twórczości Gustawa Herlinga-Grudzińskiego*
    (nominacja do nagrody literackiej NIKE 2003) .... 25 zł
Josif Brodski, *Śpiew wahadła* (wybór szkiców) .... 10 zł
Lenta Główczewska, *Nowy Jork. Kartki z metropolii 1983–2002* .... 25 zł
Joanna Guze, *Albert Camus: Los i lekcja* .... 20 zł
Zbigniew Herbert, *Labirynt nad morzem* .... 32 zł
Zbigniew Herbert, *Martwa natura z wędzidłem* .... 28 zł
Zbigniew Herbert, *Barbarzyńca w ogrodzie* .... 32 zł
Zbigniew Herbert/Henryk Elzenberg, *Korespondencja* .... 30 zł
Adam Michnik, *Wyznania nawróconego dysydenta* .... 32 zł
Roberto Salvadori, *Mitologia nowoczesności* .... 27 zł
Adam Zagajewski, *Solidarność i samotność* .... 25 zł
„Zeszyty Literackie" 44, 45: *Józef Czapski* (wydanie bibliofilskie) .... 40 zł

Realizacja zamówień za zaliczeniem pocztowym
Pozostałe propozycje patrz s. 219. Oferta specjalna: s. 224.

SPIS RZECZY

JULIA HARTWIG

ŁABĘDŹ*

Tygodnie mijały
a łabędź wciąż odmawiał zejścia na wodę
Trzymał się wyrudziałego trawnika

Opuszczony staw pozbawiony teraz splendoru i władcy
Wydawał się nagi choć raz po raz lądowały na nim
ośmielone bezkrólewiem dzikie kaczki

Przyszedł jednak dzień kiedy spłynęła na niego łaska
i pojawił się znów na wodzie
jak zwycięska biała galera
sunąca po migotliwych odbiciach drzew i obłoków

Będzie teraz płynął i płynął
i żadna grobla nie będzie mu przeszkodą.

JULIA HARTWIG

---

* Wiersz z tomu *Bez pożegnania* (wyd. Sic!).

ADAM ZAGAJEWSKI

ŻYCIE NIE JEST SNEM

Z początku mroźne noce i nienawiść.
Czerwonoarmiści strzelali z pepeszy
w niebo, żeby dobić Istotę Najwyższą.
Mama płakała, może wspominając
sentymentalne lektury z młodości.
Ulica Zimnej Wody biegła wzdłuż rzeki
jakby chciała ją dogonić —
albo wrócić do jej odległych źródeł,
z pewnością jeszcze czystych,
pamiętających śmiech jutrzenki.

Jeżeli życie jest snem,
być może feniks naprawdę istnieje.
Ale życie w Krakowie odradzało się
pod znakiem pospolitych gołębi:
na Plantach obok weteranów wojny,
ubranych w strzępy mundurów
przynajmniej trzech różnych armii,
pojawiły się młode piękności
i platan-meloman sprzed filharmonii
przybrał odświętne, świeże liście.

Czy należy czcić miejscowych bogów?
Żebraczka na targu w Lukce
(to był ten lipiec, kiedy umarł Herbert)
szła od stoiska do stoiska,
pobierając haracz — dumna jak Diana.

Tam jednak, gdzie my mieszkamy,
trudniej zobaczyć nimfę
i wielki Pan nie zostawił wizytówki.
Tylko w drzewach i w murach kościołów
zapisały się wspomnienia monoteizmu.

Próbowaliśmy odwagi bo nie było wyjścia.
Próbowaliśmy podstępu, lecz się nie powiodło.
Próbowaliśmy cierpliwości i usnęliśmy.
Wiersze przypominały ulotki a ulotki
fragmenty rozkwitającego poematu.
Próbowaliśmy cynizmu, niektórym się udało.
Marzenia rosły jak kwiaty hibiskusa.
W nocy otwierały się ciemne studnie.
Nie brakowało też radości, nie zapominajmy.
Próbowaliśmy czasu: był bez smaku, jak woda.

Wreszcie, dużo później, nie wiadomo
dlaczego, zaczęły się nad nami
coraz szybciej obracać zegary,
jak w archiwalnym, niemym filmie.
I trwało życie, nieuchronne życie,
tak doświadczone i sceptyczne,
powracające do nas z takim uporem,
że któregoś dnia poczuliśmy na wargach
smak zwyczajnej klęski, zwykłej tragedii,
co było pewnego rodzaju zwycięstwem.

ADAM ZAGAJEWSKI

TOMASZ RÓŻYCKI

WIERSZE

* * *

Kiedy zacząłem pisać, nie wiedziałem jeszcze,
że każde moje słowo będzie zabierało
po kawałku ze świata, w zamian zostawiając
jedynie miejsca puste. Że powoli wiersze

zastąpią mi ojczyznę, matkę, ojca, pierwszą
miłość i drugą młodość, a co zapisałem
ubędzie z tego świata, zamieni swe stałe
istnienie na byt lotny, stanie się powietrzem,

wiatrem, dreszczem i ogniem, i to, co poruszę
w wierszu, znieruchomieje w życiu, i pokruszy
się na tak drobne cząstki, że się stanie prawie
antymaterią, pyłem, całkiem niewidzialnym

wirującym w powietrzu, tak długo, aż wpadnie
w końcu tobie do oka, a ono załzawi.

czerwiec 2003

* * *

Kiedy zacząłem pisać, jeszcze nie wiedziałem,
że każde głupie słowo, raz pozostawione
na kartce samo sobie, weźmie na obronę
tyle, ile udźwignie, będzie obrastało

powoli w światło, mięso, korę, przyjmie ciało
z kobiet i zwierząt, z ziemi, spośród rzeczy słonych
i spośród spraw ciemności, że weźmie na koniec
na siebie papier, domy, ulice i chaos

wszystkich pięter kosmosu, wezwie ku pomocy
niebo i grudkę piekieł, i że będzie w nocy
poruszać się i jęczeć, gryźć i maszerować
przez wszystkie nasze łóżka, ogromne i dzikie,

ogromne i dzikie dziecko. I czarnym językiem
będzie musiało nocą czyjejś krwi skosztować.

listopad 2003

* * *

Te zioła, które zasadziłem wokół domu,
rosną mi teraz w nocy na wszystkich chodnikach,
ulicach i afiszach, próbują przenikać
przez podłogę i ściany, wschodzą po kryjomu

w szparach między deskami dookoła stołu
i pachną, silnie pachną. Przez całą noc słychać
ich szepty i rozmowy. Można nie oddychać,
ale śpiewają w głowie. Te zioła, rzucone

na wiatr teraz gadają, krzyczą mi z okładek
i z papierowych łódek, łóżek, szuflad, z kartek
zapleśniałych zeszytów. Zgubione w podłodze
nasienie teraz rośnie, już ma rysy twarzy

i płeć ma też wyraźną, już po mnie powtarza
wszystkie ważne wyrazy, kiedy się położę.

marzec 2004

* * *

Postawiliśmy wokół domu trzy miseczki
z mlekiem. Tej nocy przyjdą z nich się napić koty
lub coś lżejszego od nich, coś, co poznasz po tym,
że nie zostawia śladów. Nie będziemy wiecznie

pakować się, uciekać, bo nie ma ucieczki.
Poruszaj się pociągiem, autem, samolotem,
siedem tysięcy metrów ponad tłustym błotem
szarych krain rodzinnych, zupełnie bezpiecznie

w dźwiękoszczelnej kabinie, z umytą hostessą,
o zadbanych paznokciach, z hennessym w kubeczku,
z regulacją fotela, słuchawkami, szmerkiem
czarnego jazzu wewnątrz, a i tak cię dotknie

totalna dekompresja. Nagle, pełne ognia
serce zerwie się z żyłki i pęknie. I pęknie.

marzec 2004

* *
 *

Łyk kawy, gorzki migdał, niesione podmuchem
piórko gołębia i kot, schodzący po schodach.
Chłopiec biegnie do morza. Zmieni się pogoda,
widać po grzbiecie fali, widać to po ruchach

mew, wiszących nad portem. Wieczorem wyruszą
w morze kutry i łodzie, a we mnie na nowo
ruszy dzika maszynka, wprawiająca głowę
i wszystkie elementy w taniec. Odkąd tutaj

jestem, to samo się wydarza tuż po zmierzchu —
chodzę po wszystkich knajpach i nie mogę przestać,
dopóki nie upadnę. Dopóki mnie wreszcie
nie porazi Aurora. Zmienia się pogoda,

ale to się nie zmienia. Może to choroba,
igła tuż obok serca, a może to szczęście.

czerwiec 2004

TOMASZ RÓŻYCKI

ERWIN AXER

O LWOWIE I O TEATRZE*

Strach byłoby mówić po prostu o Lwowie w obecności autora, który w ciągu wielu lat owocnej pracy tak bardzo pomnożył naszą wiedzę o tym mieście, przywołał pamięć miejsc i osób, osób i miejsc, które znaliśmy, ubarwił je sentymentem, czasem smutkiem, rozjaśnił dowcipem i wzbogacił refleksją. Co więcej, przywołał (w moim przypadku przynajmniej) pamięć miejsc, których nie znałem, choć zdawało mi się, że je znam i, co może jeszcze ważniejsze, wzbogacił tę galerię o postaci, które poznałem tylko dzięki niemu. Dzięki Jerzemu Janickiemu.

W tej sytuacji nie zdziwią się Państwo (tak myślę), że mówić będę o zdarzeniach związanych ze Lwowem, ale także z teatrem. Czuję się wtedy odrobinę pewniejszy.

W jednym ze swoich opowiadań Jerzy Janicki mówi o dwóch postawach, które cechują lwowiaków. O dwóch, które są jedynie możliwe, i streszczają się w słowach: jechać czy nie jechać? Jedni wybierają pierwsze rozwiązanie, drudzy — drugie. Jednych Janicki określa jako masochistów, drugich rzekomo dotknęła amnezja. Co do mnie, należę do tych drugich. W ciągu sześćdziesięciu jeden lat, od czasu, kiedy ostatecznie opuściłem Lwów, nie odważyłem się tam powrócić. Powodów łatwo się domyślić. Ale nigdy, przenigdy, zapewniam Państwa, o Lwowie nie zapomniałem. Nie byłem więc dotknięty amnezją. Raczej tchórzostwem.

Tak się jednak złożyło, że tamtego roku, po raz pierwszy od późnej jesieni 1942, pojechałem do Lwowa. Pod przewodem mojego syna Jerzego i pod jego opieką.

Nie będę Państwa epatował moimi „dusznymi" perypetiami. Niemal każdy Polak pochodzący z kresów, nie tylko lwowianin, takie przeżycia

* Na podstawie wspomnienia wygłoszonego 8 XI 2004 w Domu Księgarza w Warszawie podczas prezentacji książki Jerzego Janickiego *Krakidały* (Iskry).

11

zna lub się ich domyśla. Ja... przepraszam. Miałem mówić o teatrze. Przez małe „t" i przez duże, jeżeli się uda.

Jesteśmy więc we Lwowie. Mieszkamy przy parku Kilińskiego. Willa Zacisze, odnowiona, wygląda tak samo jak przed wojną, i nazywa się tak samo... Więc naprzód poszliśmy do parku Kilińskiego. Park Stryjski. Siedzimy na ławce, na której siadywałem z bratem i naszą opiekunką. Naszą *„Fräulein"*. Ta sama ławka, ten sam modrzew na dole, nad nami Targi Powystawowe. Ławka ta sama, tyle że już bez siedziska, samo tylko żelazne rusztowanie. Na tym rusztowaniu usiedliśmy.

Ulicą Zyblikiewicza idziemy do miasta. Róg ulicy Świętego Mikołaja. Tu moje gimnazjum Kistryna i szkoła powszechna także. Mam siedem albo osiem lat, idziemy tędy z ojcem, a naprzeciwko kondukt. Zalewa nas tłum. Wielki karawan ciągniony przez białe konie. I kwiaty, mnóstwo kwiatów. A dalej tłumy. „To pogrzeb Romana Żelazowskiego", mówi ojciec i tłumaczy mi, kim był dla Lwowa Roman Żelazowski. Lwów jest jedną ze stolic teatru, okazuje się, druga to Kraków. O Warszawie, rzecz jasna, nie było mowy, nie wiem, czy tam w ogóle jest teatr. Dowiaduję się o rolach Żelazowskiego, o jego charakterystycznej wymowie. Później czytałem o tym wszystkim w *Bezgrzesznych latach* Makuszyńskiego, ale wtedy, dzięki Żelazowskiemu i dzięki ojcu, teatr stał się po raz pierwszy w moich oczach czymś bardzo ważnym. Co prawda, byłem już przedtem w teatrze. W grudniu byliśmy z klasą na sztuce, w której zabawki ożywają w noc Świętego Mikołaja, rozmawiają, toczą ze sobą spory... Byłem już także w operze w tym samym gmachu lwowskiego teatru, na galerii, pod opieką nauczycielki. Opera nazywała się *Aida* i kończyła się bardzo smutno.

Od tego czasu, w jakimś tajemniczym związku z teatrem, zacząłem słuchać płyt gramofonowych. Ojciec kupował płyty, a ja ich słuchałem. Slezak, Caruso, Bandrowski, Jadlowker i wielu innych. No i Piccaver między nimi. Piccavera kochałem najbardziej, bo był z Wiednia, był podobno wysoki i bardzo przystojny, i miał piękne ruchy. Słuchałem arii i wyobrażałem sobie, jak Piccaver się rusza. Jakie ma gesty: lewa ręka na sercu, a prawa uniesiona w górę, wzrok skierowany ku wybranej. Albo: obie ręce przyciśnięte do serca. Albo: lewa ręka przysłania oczy, prawa — gestem rozpaczy i gniewu — odpycha niewierną kochankę itd., itd.

Wypróbowałem już dużo gestów, kiedy nagle jak grom z jasnego nieba uderzyła wieść o przyjeździe Piccavera do Lwowa. Stał się więc cud. Usłyszę Piccavera na własne uszy i zobaczę go na własne oczy na ogromnej scenie opery lwowskiej, czyli Teatru Wielkiego, bo ani przez chwilę nie wątpiłem w to, że rodzice zabiorą mnie z sobą na przedstawienie. Słyszałem przecież, jak ojciec zamawiał telefonicznie miejsca w loży. Prosceniowej, bo innych miejsc już nie było.

Kiedy nadszedł upragniony wieczór, przygotowałem sobie wyjściowy mundurek szkolny, kołnierzyk przypinany do koszuli i krawat. Byłem wszak uczniem pierwszej czy drugiej klasy gimnazjalnej i wiedziałem, jak się przygotować do uroczystego wieczoru. Katastrofa nadeszła o siódmej. Teatr zaczynał się o siódmej trzydzieści i o siódmej rodzice krótko pożegnali się z moim młodszym bratem i ze mną. Zrozumiałem, co się dzieje, i napełniłem mieszkanie donośnym rykiem. Szloch rozdzierał mi piersi. Ojciec surowo przywołał mnie do porządku. „Chciałem cię zabrać, smarkaczu, ale brak miejsc. Nie ma rady" — rzekł, zagarnął mamę i usłyszałem trzaśnięcie drzwi. Szlochając, padłem na łóżko. Zal wydobywał ze mnie coraz to nowe potoki łez. Mój młodszy brat, ze względu na wiek niezainteresowany teatrem, spokojnie ułożył się do snu. Ale ja nie ustawałem w płaczu. Nagle usłyszałem zgrzyt klucza w zamku, otwarły się drzwi wejściowe i przyjaciel ojca, zwany panem Lotkiem, wkroczył do pokoju. „Miejsce się znalazło. Zbieraj się, ale szybko, bo przedstawienie za chwilę się rozpoczyna. Taksówka czeka na dole". Tego nie trzeba mi było dwa razy powtarzać. Łzy obeschły momentalnie, krawat z powrotem znalazł się na swoim miejscu, jeszcze ostatni rzut oka do lustra i już byliśmy w taksówce.

Droga minęła błyskawicznie. Nic z niej nie pamiętam poza jedną myślą: czy się nie spóźnimy? I rzeczywiście, już na marmurowych schodach wiodących do lóż usłyszałem orkiestrę. Pan Lotek cichutko otworzył drzwi i wsunął mnie do loży. Parę rąk uniosło mnie i umieściło na wysokim bocznym krzesełku, z którego widać wszystko najlepiej. Usłyszałem znajome dźwięki. Uniosłem wzrok i ujrzałem Alfreda Piccavera we własnej osobie. Piękny, wysoki, postawny, nie wykonywał żadnych ruchów. Nie kładł dłoni na sercu, nie wznosił oczu ku niebu, nie wyciągał rąk ku ukochanej. Najspokojniej, nawet trochę nonszalancko, jak mi się wydawało, położył dłoń na dachu wiejskiego kościółka i oparłszy się na nim wygodnie, śpiewał *Sicilianę*.

Późną nocą, już w łóżku, syty wrażeń po *Rycerskości wieśniaczej* i całym szeregu arii odśpiewanych na bis, nie mogłem mimo wszystko zapomnieć o tej ręce leżącej sobie spokojnie na dachu wiejskiego kościółka. Nic to, pomyślałem, to po prostu różnica między Lwowem a Wiedniem. W Wiedniu kościół jest wysoki. Piccaver wznosi oczy ku niebu, a ręce wyciąga w stronę ukochanej. We Lwowie nasz niski kościółek nie pozostawił mu wyboru. Oparł się więc o dach. Kto wie, może nawet był z tego zadowolony. Podróż z Wiednia do Lwowa była przecież długa i męcząca.

Kiedy teatr lwowski objął dyrektor Horzyca, opery stały się rzadkością. Królował dramat. Ojciec był przyjacielem i doradcą prawnym dyrektora Horzycy. Miałem wolny wstęp do teatru, korzystałem z tego w miarę i także ponad miarę. Chodziliśmy z bratem po dwa, trzy, a nawet cztery razy na kolejne sztuki. Miałem już chyba ze dwanaście, może nawet trzynaście lat, kiedy rodzice zabrali nas na premierę austriackiego wodewilu *Oberża Pod Białym Koniem*. W drugim akcie tego wodewilu miał się pojawić cesarz Franciszek Józef I, który, zbłądziwszy wraz ze świtą, nocował właśnie w owej oberży *Zum Weissen Rössl*, jak mówią Austriacy. Jeszcze przed początkiem przedstawienia spostrzegłem, że na widowni panuje szczególnie uroczysty nastrój. (Premiery w Teatrze Wielkim zawsze były uroczyste. Pojawiały się fraki i smokingi. Obecny bywał wojewoda lwowski i prezydent miasta). Na pierwszym piętrze żółciły się wyłogi mundurów. Oficerowie 14. Pułku Ułanów Jazłowieckich, bywalcy teatru. W pierwszym rzędzie paru panów opartych o balustradę orkiestry lornetowało widownię.

Pierwszy akt minął zgodnie z programem, bez niespodzianek. Czułem jednak niezwyczajne napięcie publiczności. W akcie drugim, zaraz po podniesieniu kurtyny, na balkonie oberży Pod Białym Koniem ukazał się Cesarz: Jego Cesarska i Apostolska Mość Franciszek Józef I. Chwila ciszy i nagle nastąpiło coś niezwykłego. Teatr zatrząsł się od oklasków, a potem wszyscy po kolei zaczęli wstawać. Rozglądałem się oszołomiony, bo dla mnie Cesarz był postacią historyczną, znałem go tylko z kart ilustrowanej księgi *Cały dzień Cesarza*, którą kiedyś otrzymałem w prezencie, a dla tych wszystkich starszych osób na widowni był widać kimś znajomym. Klaskali, klaskali zapamiętale, cywile i wojskowi, premierowa publiczność i nawet sam dyrektor Horzyca.

Cesarz, najwidoczniej wzruszony, raz po raz salutował. Podniósł rękę i sala zamarła w oczekiwaniu na Cesarskie Słowa. Ale Cesarz poprzestał na nieznacznym skinieniu dłoni, oklaski ucichły i widzowie, nieco zażenowani, usiedli, nie patrząc sobie w oczy.

Kiedy wychodziliśmy z teatru, usłyszałem, jak ojciec powiedział do mamy: „Widzisz, jaka jest potęga teatru? Myśleli, że przemówi. Mnie samemu taka myśl przemknęła przez głowę".

Od tego czasu zacząłem jeszcze gorliwiej chodzić do teatru. Widziałem Schillerowskiego *Kordiana* i Schillerowskie *Dziady. Dziady* zaczynały się pół do ósmej wieczorem, a kończyły o pół do drugiej w nocy. Byłem na nich dokładnie dziewięć razy. Widziałem także *Kleopatrę* Norwida z Eichlerówną, Schillerowską *Królową przedmieścia* i *Podróż po Warszawie.*

Jeszcze wcześniej, w rocznicę śmierci Wyspiańskiego, którą z inicjatywy kuratorium uczciły lwowskie gimnazja, wystąpiłem na tej samej scenie, po której chodził Kordian i Konrad (i Cesarz Franciszek Józef, oczywiście), w prologu do *Bolesława Śmiałego* Wyspiańskiego. Umiałem mój tekst doskonale, mówiłem go na proscenium przed kurtyną, ale sufler wślizgnął się w fałdy kurtyny i tak dobitnie wszeptywał mi słowo za słowem do ucha, że musiałem wszystko za nim powtarzać. Taki był mój debiut. Być może wtedy, a być może później dopiero, po obejrzeniu *Kleopatry*, zapadło moje postanowienie. Oświadczyłem rodzicom, że po maturze chcę pójść do szkoły teatralnej, którą prowadzi częsty gość we Lwowie, a nawet od święta w naszym domu, dyrektor Leon Schiller. Chcę zostać aktorem, a jeśli to niemożliwe, to reżyserem, a jeśli i to niemożliwe, chociażby inspicjentem teatralnym. Moja matka przeraziła się bardzo i powiedziała, że znacznie lepiej pójść na medycynę albo na prawo, albo zostać architektem. Ale ojciec zamyślił się i powiedział: „Aktorem warto być tylko bardzo dobrym, a takim się nie staniesz. Na tym się znam. A reżyserem? No cóż, dwadzieścia albo i trzydzieści lat minie, zanim poznają się na tym, czy coś umiesz. Jeśli koniecznie chcesz...". Chciałem. I tak się stało, że w roku 1935, po zdaniu matury po raz pierwszy opuściłem Lwów.

ERWIN AXER

MACIEJ CISŁO

WIERSZE

Mówmy o czym innym

W pół drogi między muzyką i myślą:
szukam rytmów do słów,
a jednocześnie słów do niemych rytmów,
które we mnie żyją.

Ale mówmy o czym innym.

Na przykład o chmurach. Gdyby ich kształty
stwarzał i wymyślał człowiek,
przeważałaby może na niebie matematyczna nuda,
stożki, kule i sześciany — sprawozdanie z ubogiej,
skłonnej do rachunkowości
zawartości naszych głów.

I mówmy o czym innym.

Oto trzy prawdy-nieprawdy.
Pierwsza: *Lepsze kłamstwo, którym się co dobrego sprawi,
niż prawda, którą się co zepsuje.*
Napisał tak Saadi w swoim *Gulistanie*.
Druga: *Istnieją fałsze, które tak dobrze zastępują prawdę,
że byłoby błędem nie dać się im oszukać.*
Autorem powyższego jest La Rochefoucauld.
Trzecia: *Prawda kłamie, gdy rani
tych, których kochamy.*
Tako rzecze Maciej C. z Olsztyna.

Lecz mówmy o czym innym.

Jak brzmi pytanie,
jeżeli wszechświat jest odpowiedzią?
Być może właśnie tak:
Jak brzmi pytanie, jeżeli wszechświat jest odpowiedzią.

Lecz mówmy o czym innym.

I co dalej? Albo bliżej?

Bzy rdzewieją, przekwitają.
Wróble chórem ujadają.
I co dalej? Albo bliżej?
Albo w dół, na ukos, w bok?
Byłem dziś we śnie w Japonii
I pytałem: Czemu domy
Nie są tutaj skośnookie?
I co dalej? Albo bliżej?
Świt z fanfarą słońca z miedzi.
Liście biorą w siebie światło,
Które drzewo odda, płonąc.
Żyje się tak długo krótko.
Oddam siebie w dobre ręce.
Umierając — trzymać lustro,
Tak, by można w nim zobaczyć
          Koniec.

Wszystko jeszcze było

Wszystko jeszcze było i wszystko już będzie.
Pamiętam, że umarłem jutro lub za tysiąc lat temu.
Lub wyobrażam sobie, że się nigdy nie urodzę,
Bo nie zejdą się z sobą, nie zeszli, moi przodkowie.
Słowa te kreśli Człowiek Powszechny,
Naraz rzeczywisty i nierzeczywisty,
Skoro każdy człowiek pojedynczy
Może się przytrafić sobie i światu, albo nie.

W Krasnobrodzie na Roztoczu

W kościele Nawiedzenia Maryi Panny
oglądam wystawę dewocjonaliów, zrobionych
z tutejszych płodów rolnych.
Oto Arka o burtach z gorczycy.
A tu — gryczana mapa Polski: zarys granic
szczelnie wypełniło hasło „Parafia Klementów".
Kopernik składa ręce pod żytnim krzyżem.
Na okarynie z manny
przygrywa sobie Dzieciątko Jezus.

Na podwórcu przykościelnym
podziwiam obelisk wotywny z XVII wieku.
Inskrypcja na piedestale głosi:

TU JAKUB RUSCZYK, OPĘTANY
USŁYSZAŁ GŁOS PANIESKI
POSTAW TĘ FIGURĘ DLA CHWAŁY SYNA MEGO
A NA ZNAK TEGO JESTEŚ UZDROWIONY
TEN CUD STAŁ SIĘ ROKU 1646-GO

Dlaczego się nie położę?

Dlaczego się nie położę i nie ponicnierobię?
Nie muszę podtrzymywać świata,
nie zapadnie się on beze mnie w otchłań.

Ja sam także przetrwam bez stawania na głowie
i umrę najpewniej w oznaczonym czasie,
tak jak się przedtem urodziłem.

Kto inny bowiem żyje we mnie za mnie
moim życiem, bardziej niż ja sam,
biorąc na siebie większość niewdzięcznych prac —

trawienie, podskórną walkę zdrowia z chorobą,
sprytu z głupotą. Mnie pozostawia tylko trochę bólu,
nudy, rozkoszy i pamięci. Wolności.

Czuję, że tak jest.

Okruchy zdarzeń

Okruchy zdarzeń, naciskanie klamek,
manipulowanie nożem i widelcem,
spoglądanie na zegarek i tak dalej.
Udało mi się dzisiaj wygrać w LOTTO
znów przegraną.

Przy Trasie Łazienkowskiej stanął,
jak zauważyłem, gigantyczny, obrotowy
pomnik telefonii komórkowej *Samsung*.

O wariaci,
zamknijcie mnie w domu normalnych!

Przed chwilą, w telewizji, pokazano
kanibala metafizycznego, pożerającego
ciało Boga pod postacią chleba.
Był to oczywiście zwykły chrześcijanin,
w transmisji mszy świętej z Watykanu.

A tu, w oknie naprzeciwko — piesek,
z łokciami na parapecie.
Rozgląda się, zaciekawiony.
Moja żona mówi,
że każdy pies ma na imię „Chodź tu!".

W „Gazecie Wyborczej" przeczytałem o innym jeszcze
pomniku obrotowym.
W Aszchabadzie, stolicy Turkmenistanu,
odsłonięto właśnie posąg prezydenta tej republiki,
Saparmurada Nijazowa.
Dwunastometrowy monument wyposażony jest w głowę,
która obraca się cały dzień za słońcem,
ponieważ Nijazow jest „Synem Słońca",
jak uważa jego wierny lud.

I znów spojrzałem na zegarek.
Mamy teraz szesnastą trzydzieści.
Data — 24 września, 2004-go.
Jest więc popołudnie dnia i roku,
a także i popołudnie mego życia.
Dziś skończyłem dokładnie 57 lat
i dwa miesiące.

MACIEJ CISŁO

STANISŁAW DŁUSKI

WIERSZE

Zielonosiwa muzyka traw, liści

Cóż nam ofiarowują dźwięki, obrazy
odnalezione wśród traw i liści,
dzięcielina pachnąca zabójczo,
dźwięczna linia ptaków i cieni;
symfonię zieleni prześwietloną
słońcem, oddech nieznanych
bogów i przodków, łzę Bacha
spadłą na siwe głowy ostów?
Ofiarowują nam s z u k a n i e,
które jest mową bezdomnych;
turysto, bez szans na sąd ostateczny,
bo on dzieje się codzienne
nad ranem, kiedy wchodzimy
w gąszcz światła, w dżunglę
krzyków, śmiechów, lamentów nad
kolejnym początkiem; nie pamiętamy
o końcu, chleb wciąż smakuje,
jak spóźniona miłość podarowana
przez konwalię wyrosłą na asfalcie.
Uderz się w piersi, pocałuj
psa w nos i chwyć się za ucho,
kiedy muzyka poparzy ci palce
schowane na ostatnią godzinę;
nie bój się, żyj, umieraj, płacz,
dziękuj Bogu, nawet jeśli nie

potrafisz już uwierzyć,
aż tyle zostało ci dane
i tyle zabrane

* * *

URODZIŁEM SIĘ W WYGNANIU,
zdaje się szeptać Beckett,
nie było ojca i matki,
nikt nie śpiewał *hosanna*,
była noc, kwitły pryszcze gwiazd
w czarnej studni nieba;
ty głupcze, pisujący rymowane
wierszyki, a tobie świeciła nadzieja,
macocha naiwnych chłopczyków,
mała wysepka bólu, dryfująca
po oceanie obojętności.
Dzięki *mistrzom podejrzeń*
nie mogę przełknąć tych słów,
ościstych ryb z wyschniętej rzeki,
jeszcze wisi mi u nosa mleko matki,
jeszcze kwili ciepło ojca pod skórą,
jeszcze okna tulą się do pelargonii,
a ty przychodzisz i nie
słyszysz, jak wołają w sieni, w
przedsionku do piekła: *Samuelu,*
wstań! Czy to Bóg,
czy to n i c o ś ć woła, ta ladacznica
bez zasad, tyle razy sponiewierana
w twoich dramatach, i moja,
nadgryziona przez mole nadzieja, że to ona
okaże się w końcu Godotem

STANISŁAW DŁUSKI

21

MONIKA PLES

O DWOISTOŚCI RAZ JESZCZE

Kiedy myślę o moim stosunku do ciała i duszy, do narzucanego nam prawdziwie czy też fałszywie, z litością, poczucia ich wzajemnej niezbędności, nasuwają mi się niezmiennie dwie sytuacje; nie pamiętam już, czy bardzo odległe od siebie, ale wiodące ze sobą stale cichy dyskurs, właściwie bez mojego udziału, choć dla mojego dobra, jakieś długie a konsekwentne konsylium. Tylko moja myśl zapewnia im jednak żywotność, mam więc prawo oczekiwać od nich stopniowego odsłaniania wiedzy, którą potajemnie uzyskują — na tyle, na ile jest to możliwe.

Pierwsza z sytuacji zdarzyła się przed jednym z dziesiątków małych skrzyżowań, wypełniających stare dzielnice dziwacznego miasta: był to, zdaje się, jeden z tych dni, kiedy ciało brało we mnie górę, kiedy nieuświadomiony w spokojniejszym czasie żar przedostawał się w sferę myśli i stawał się zaklęciem przemieniającym wszystko, co posiadało ruch i życie. Wydało mi się nagle, że stoję na rozstaju i mam do wyboru dwie drogi: ciała i ducha, a wybór mój będzie ostateczny i nie będę mogła go żałować, bo odejdzie w zapomnienie. Musiały to być fałszywe demony ostateczności — nikt inny i nic innego. Odeszłam czym prędzej z tamtego miejsca między ludzi, między moich pocieszycieli, powtarzając sobie bez ustanku: a jeśli twoja świadomość cię okłamuje? Jeśli jej sprzeciw jest błędem? A świadomość mówiła: zawsze będą współistnieć dwa rytmy: ducha i ciała, i nie tylko nie możesz, ale wręcz nie wolno ci dokonywać między nimi wyboru; kim jesteś, żeby odkrywać tajemnice człowieka przez ich przerywanie?

I to drugie wydarzenie: rozmowa, moja i Kławdii, dyskusja toczona z niezwykłą dla mnie gorliwością, w drodze na Kazimierz, w ciepło tamtejszych knajpek. Kławdię musiała bawić moja skrajność. Chyba posądzała mnie o idealizm, słuchając, jak powtarzam, że nie mam żadnych argumentów na istnienie duchowości, ale samo to jest dostatecznym argumentem. Czy można zachować niewinność, posiadając świadomość? To pytanie miałam zadać sobie nieco później, czytając nieposkromionego, wspaniałego Durrella, jednego z niewielu, którzy naprawdę zasłużyli sobie na miano „gorszyciela maluczkich" i na młyński kamień u szyi. Nie myślałam o tym wtedy, skręcając obok oświetlonego Wawelu i wchodząc w Miodową. Zastanawiałam się, czy Kławdia wie, co tak naprawdę podważa i czy ja wiem, czego w gruncie rzeczy bronię. I dotknęło mnie poczucie ważności chwili.

Zachowałam je od tej pory w stosunku do obu tych sytuacji. I oczekiwanie: na wnioski, wiarę, na ich płodność.

MONIKA PLES

JAROSŁAW MIKOŁAJEWSKI

WIERSZE

Trumna z papieru

ten sen mnie rozgrzeszył
z deptanych konwalii

ulżył mi
w krzyżu zbitym jak pies

umarł mój ojciec a ja byłem tak biedny
że nie miałem na trumnę dla niego

musiałem zaoszczędzić nawet na grabarzach

wziąłem stary karton po gazetce ściennej
w szkole do której chodziłem trzydzieści lat temu

najpierw narysowałem szkielet
czyli podstawę

dokładnie tak jak uczono

potem krawędzie
i wypustki które trzeba posmarować klejem

wyciąłem tępymi nożyczkami dla dzieci
zagiąłem
i powlokłem gumą arabską

z mniejszej części arkusza zrobiłem wieko

tak samo jak skrzynię

krawędzie
wypustki
nożyczki i guma

nie pamiętam
jak go do niej wkładałem

może wyglądałoby to nazbyt śmiesznie jak na sen
który przyszedł mnie zbawić

w każdym razie
wbrew najgorszym obawom
wieko zamknęło się szczelnie
i pewnie leżało na szczycie

jak mówiłem
nie było pieniędzy na grabarzy
więc na odcinek z domu do kaplicy
wziąłem trumnę w ramiona

„dasz radę?"

„dam nie martw się mamo"

uniosłem
była lekka jak trumna dziecka

łaska mi sprzyjała
bo choć arkusz był miękki
trumna trzymała się sztywno

ruszyłem przez miasto
park ujazdowski
dom partii
nowy świat

palce mi grabiały na mrozie
ale wytrzymywałem bez przekładania z ręki na rękę
i bez proszenia o pomoc

nie odpowiadałem na powitania ludzi
pewnie teraz mają mnie za chama

nie wstydziłem się ubóstwa
nie uważałem też że przynosi ujmę pogrzebowi

miałem je za źródło
zwykłej niewygody

w kaplicy grabarze
którzy przedtem mówili
że bez trzech stów nie ma o czym mówić
rozpłakali się widząc
jak próbuję wcisnąć się z trumną
w ciasną komorę drzwi obrotowych

uruchomili niewidoczny mechanizm
rozsunęli przegrody
i wyszli mi naprzeciw

po raz pierwszy nie patrzyłem na nich jak na kruki
które nadfrunęły żeby odciąć mi ciało
chirurgicznym razem który nie odbiera życia
lecz pół

po raz pierwszy poczułem prostą wdzięczność
za ulgę

oddałem papierową trumnę w ich ręce
mój kręgosłup wzrósł jak młode drzewo i wypuścił liście

po raz pierwszy w życiu
miałem sen bez wyrzutów sumienia

po raz pierwszy oddając ciężar
poczułem się nie cięższy lecz lżejszy

po raz pierwszy poczułem
że jestem dzieckiem które ma wszystko przed sobą

zmarłych pogrzebanych
niebo zadziwione
i ludzi przychylnych na ziemi

Koci łapci

masz nos jak kartofel
masz nos jak pantofel
masz nos jak nietoperz
masz wzrok jak nietoperz

skąd trzyletnia Julka wie
że nietoperze nie mają oczu?

a może nie wie
tylko po nici języka
ktoś ją po omacku prowadzi?

Lecz ten kto prowadzi
sam czy ma oczy które widzą na przestrzał
czy jest nietoperzem
który lubi słuchać swojego imienia
w ustach dziecka?

JAROSŁAW MIKOŁAJEWSKI

BOGDAN JAREMIN

O. E.

więc ciebie nie ma? więc jesteś ciszą, pustką?
miejscem bez imienia, które cię wybrało?
śmiechem dmuchawca za szybą szpitalną?
mgłą zwiniętą w kłębek ponad łąką białą?

przecież nie umarłaś, zeszłaś tylko niżej
tam, gdzie świat mniej boli, wśród rosy
w miękkim mchu ciemnieje światło
ucztują korzenie, rozczesujesz włosy

gdziekolwiek jesteś, wiem tylko, że byłaś
że będziesz zwrócona, ludzi mnie pragnienie
tylko nie wolno nam patrzyć, ni mówić do siebie
być jak proch z prochem blisko, nicość z cieniem

jeszcze idziemy razem, tam, gdzie obłoki
o ziemię biją bezsilnie ciężkimi skrzydłami
wsparci o powietrze, zapach wiatru czując
a pamięć jak Hermes podąża za nami

lecz kończy się ścieżka, rozstępują słowa
przed majestatem gwiazdy klęka ciemność
i boję się odwrócić, by się nie spotkały
mój bezgłos kamienny, twoja bezwzajemność

BOGDAN JAREMIN

WŁADYSŁAW CHODASIEWICZ

KRWAWE POŻYWIENIE*

Niedawno w artykule o Jesieninie mimochodem poruszyłem temat okrutnego losu pisarzy rosyjskich. Wielu przyjaciół zarzucało mi potem, że przesadzam. Ale nie ma tu jakiejkolwiek przesady. W pewnym sensie historię literatury rosyjskiej można nazwać historią niszczenia pisarzy rosyjskich. „Triediakowski był bity nie raz. W dokumentach Wołyńskiego odnotowano, że ów pewnego razu, w dzień jakiegoś święta, zażądał ody od nadwornego poety Wasilija Triediakowskiego, ale oda nie była gotowa i porywczy sekretarz stanu ukarał trzciną niestarannego wierszopisa". Tak, z zimną obrazowością historyka, choć przy tym niezbyt dokładnie, opowiada Puszkin. W dziełach zebranych Triediakowskiego znajduje się autentyczna skarga na Wołyńskiego. Cała historia jest w niej wyłożona znacznie dokładniej i straszniej, na wielu stronicach, z pokornym lamentem i rozedrganiem głęboko ukrytego egocentryzmu. Pogarda przeplata się ze zgrozą. Nie można tego czytać bez przymrużenia oka gotowego ronić łzy, ale to przecież Triediakowski, powszechne pośmiewisko literatury rosyjskiej, która tyle mu zawdzięcza.

Po Triediakowskim posypało się. Chłosty, służba wojskowa, więzienie, zsyłka, wygnanie, katorga, kula niefrasobliwego amatora pojedynków, nie wiedzącego, na co podnosi rękę, szafot, stryczek — oto krótka lista laurów wieńczących czoło rosyjskiego pisarza.

Nie piszę historii literatury, nawet nie zaglądam do żadnej „historii", mówię z pamięci, a i tę niezbyt wytężam. Przy tym mówię tylko o umarłych, nie przywołując żywych, z którymi spotykamy się każdego dnia, kiedy ramię w ramię z nami podążają drogą ku zgubie. I oto w ślad za Triediakowskim poszedł Radiszczew, a śladem Radiszczewa — Knapist,

---

* Pierwodruk: „Wozrożdienije", 21 IV 1932. Przekłady wierszy w tekście: Z. Dmitroca.

Mikołaj Turgieniew, Rylejew, Bestużew, Küchelbecker, Odojewski, Poleżajew, Baratynski, Puszkin, Lermontow, Czaadajew (wyjątkowy, z niczym nieporównywalny przykład pastwienia się), Ogariow, Hercen, Dobrolubow, Czernyszewski, Dostojewski, Korolenko... W ostatnim czasie: wspaniały poeta Leonid Siemionow, rozszarpany przez chłopów, rozstrzelany chłopiec — poeta Palej i rozstrzelany Gumilow.

Nazwiska wymieniam tylko raz. Ale przecież wielu z nich przypadły w udziale po dwie–trzy kaźnie — jedna po drugiej! Czyż Puszkin, zanim został zastrzelony, nie spędził sześciu lat na zesłaniu? Czyż Lermontow, zanim został zabity, nie zaznał służby wojskowej i zesłania? Czyż Dostojewskiego nie wożono na hańbiącym wozie skazańców i nie wprowadzono na szafot, zanim został miłosiernie zesłany na katorgę? Czyż Rylejew, Bestużew, Gumilow nie poznali przed śmiercią, co to takiego kazamaty? Jeszcze bardziej przerażające: czyż Rylejew nie umarł dwukrotnie?

Ale to tylko „baty i kajdany", działania nazbyt mocne, po prostu katowskie. A ileż było potajemnych, znacznie łagodniejszych, a nawet uprzejmych. Czyż nad wszystkimi nie znęcali się cenzorzy rozmaitych epok i maści? Czyż ulubionych utworów nie niszczono, drogich sercu książek nie palono? Czyż żandarmi i czekiści nie ciągali na przesłuchania i nie wsadzali do aresztu, niemalże po kolei, bez wyboru, właśnie dlatego — że pisarz? A dozór policyjny, który czasami poruczano rodzonemu ojcu (tak było z Puszkinem)? A szykany i zaczepki władzy, zatruwające każdą chwilę życia? A potworna obezwładniająca nędza, wraz z chciwością wydawców, z nerwowym, pospiesznym pisaniem — z tą straszną katorgą dla każdego artysty: niezadowoleniem z własnych utworów? A „szeroka publiczność", swoim kultem rynku wiecznie obniżająca poziom literatury i skazująca pisarza, w mniejszym lub większym stopniu, na błazenadę?

Władzy i społeczeństwu dotrzymywały kroku rodziny i bliźni. Nie robię „błędu metodologicznego", jeżeli, wyrażając się trywialnie, wszystkich wrzucam do jednego worka. Rosyjski pisarz nie ujdzie przed zagładą: a kto, jak i kiedy będzie jej wykonawcą, jak ułożą się okoliczności, to już sprawa przypadku:

Zmęczone oczy do snu zmruż
I tylko w wierszach sobie wróż,
Lecz pomnij, że nadejdzie pora —
I szyję ogól dla topora.

I znowu idą po kolei: głodny Kostrow, „szczęśliwy" Dierżawin, oddany Katarzynie i przez Katarzynę oddany; udręczony przez zawistników Ozierow; Delwig, wpędzony do grobu przez rozwiązłą żonę i uprzejmego Benkendorfa; wpędzony w szaleństwo przez „świńskie ryje", Gogol sam się zamarza na śmierć, dalej — Kolcow, Nikitin, Gonczarow; zamęczony przez przyjaciół i uciekający przed nimi i przed rodziną, dokąd oczy poniosą, w noc, w śmierć, Lew Tołstoj; zniszczony Błok, zaszczuty przez bolszewików Gerszenzon, doprowadzony do stryczka Jesienin. W literaturze rosyjskiej trudno znaleźć szczęśliwych; nieszczęśliwych — aż nazbyt wielu. Nawet Fet, wzór „szczęśliwego pisarza rosyjskiego", skończył w ten sposób, że chwycił nóż, żeby się zabić i w tym momencie zmarł na atak serca. Taka śmierć w wieku siedemdziesięciu dwóch lat nie świadczy o szczęśliwym życiu. I, na koniec, ostatnie pokolenie: tylko spośród moich znajomych, tych, których znałem osobiście, którym ściskałem dłonie — jedenastu skończyło samobójstwem.

Wymieniłem te nazwiska bez szczególnego porządku i systemu, bez hierarchii, tak, jak mi się przypomniały. To grono zabitych można by bez trudu znacznie powiększyć. Ilu jeszcze padło ofiarą tej powszechnej egzaltacji, której tak gwałtownie i otwarcie dał wyraz Horodniczy, przeklinając pismaków i gryzipiórków? Tej egzaltacji, z jaką w mojej obecności pewien fircykowaty młody człowiek w Berlinie, przed witryną księgarni rosyjskiej, powiedział do swojej damy: „Iluż się tych pisarzy namnożyło...! O, hołota!".

To był maleńki d'Anthès, zupełnie mikroskopijny. Albo, jeśli kto woli, Horodniczy, dlatego że d'Anthès wykonał to, o czym myślał Horodniczy, i co, według przekazu, zostało powiedziane o śmierci Lermontowa: „Psu — pieska śmierć".

Leskow w pewnej noweli wspomina o Korpusie Inżynieryjnym. Kiedy pobierał tam nauki, żywe były jeszcze opowieści o Rylejewie. Dlatego też w korpusie istniało zarządzenie: „za napisanie czegokolwiek, nawet ku chwale zwierzchnictwa i władzy przychylnego — chłosta; piętnaście batów, jeśli napisane prozą, dwadzieścia pięć — za wiersze!".

„Los rosyjskich poetów zieje zgrozą" — powiedział Gogol.

Dokładnie sto lat temu Mickiewicz pisał z Paryża wiersz *Do przyjaciół Moskali*. Widocznie i on myślał tak, jak Gogol, dlatego też zawołał:

> Szlachetna szyja Rylejewa,
> Którąm jak bratnią ściskał, carskimi wyroki
> Wisi do hańbiącego przywiązana drzewa;
> Klątwa ludom, co swoje mordują proroki.

Ale to był Mickiewicz: buntownik i wróg. Natomiast gdy wykończono Lermontowa, hrabina Rostopczyna, bynajmniej nie buntowniczka, pisała:

> Nie dotykajcie jej, złowieszczej owej fletni,
> O, rosyjscy poeci, ona śmierć wam niesie.
> Jak siedmiokroć zamężna ta biblijna wdowa,
> Co na swoich wybrańców przywołuje burzę!

I od tamtej pory nic się nie zmienia. O cóż więc chodzi? Czyżby tak podły i dziki był naród rosyjski, że sam na tę klątwę zasłużył? Czy może on po tym wszystkim porównywać się z innymi narodami? I może śmiało patrzeć im w oczy? Myślę, że może. I to wcale nie dlatego, że inne, bardziej cywilizowane narody są od niego lepsze. Nie dlatego też, że i u nich sprawa przedstawia się tak samo. Z diametralnie innej przyczyny. Oczywiście, znamy wygnanie Dantego, nędzę Camõesa, kaźń André Chéniera i wiele innych, ale do takiego niszczenia pisarzy, jak nie kijem to pałką, w takim stopniu jak w Rosji, nie dochodziło nigdzie. Nie jest to jednak powodem ani do wstydu, ani do dumy. A to dlatego, że żadna literatura (mówię o ogóle) nie była tak prorocza, jak literatura rosyjska. Jeśli pisarz rosyjski nie zawsze jest prorokiem w całym tego słowa znaczeniu (jak Puszkin, Lermontow, Gogol czy Dostojewski), to coś z proroka ma w sobie każdy, każdego to cechuje zgodnie z prawem dziedziczenia i kontynuacji, albowiem proroczy jest sam duch literatury rosyjskiej. I dlatego też stara, niepodważalna reguła, nieuchronna walka proroka z jego narodem, tak często i wyraźnie się uwidacznia. D'Anthèsowie i Martynowowie istnieją wszędzie, nie wszędzie jednak mają tak szerokie pole do działania. Jeśli słowa Mickiewicza uznać za słuszne, to trzeba przekląć wszystkie narody, oprócz tych, które nigdy proroków nie miały.

Czukcze nie mają Anakreonta,
Tiutczew nie przyjdzie do Komiaków

Ale też oba te ludy nikogo, ma się rozumieć, nie zabijają i nie skazują.

Rzeczą proroków jest prorokowanie, rzeczą narodów — kamienowanie ich. Dopóki prorok żyje (i, oczywiście, nie może się z nim zgodzić) pośród swojego narodu —

Spójrzcie, jaki on nagi i biedny,
Jak wszyscy nim pogardzają!

A gdy już w końcu jest zabity — jego imię, słowa i sławę pokolenie zabójców zapisuje w testamencie nowemu pokoleniu, z nowymi słowami skruchy: Spójrzcie, dzieci, jaki on wielki! Biada nam, myśmy go ukamienowali! A dzieci odpowiadają: Tak, zaiste był wielki i zdumiewa nas wasza ślepota i okrucieństwo. My na pewno byśmy go nie zabili. A tymczasem sami zabijają tych, którzy idą jego śladem. Tak toczy się i pisze historia literatury.

Kilka lat temu, wypowiadając te myśli po raz pierwszy, sądziłem, że główna przyczyna tkwi właśnie w nieuchronnym zmaganiu się proroka z narodem, pisarza ze społeczeństwem, z bliźnimi. Nie odrzucam tej przyczyny i teraz, myślę jednak, że nie jest ona jedyną i nawet nie główną. Być może to siłowanie się jest tylko nieuniknionym pretekstem, wynikającym ze znacznie głębszej przyczyny. Wydaje się, że naród musi zabijać, żeby móc potem zaliczać w poczet i przyczyniać się do odkrycia zabitego. Wydaje się, że w cierpieniach proroków naród w mistyczny sposób oczyszcza się z własnych cierpień. Zabicie proroka staje się aktem ofiarnym, rzezią rytualną. Stanowi ono tę nierozerwalną, krwawą więź między prorokiem i narodem, czy jest to naród rosyjski, czy jakikolwiek inny. W ofierze składa się zawsze to, co najczystsze, najlepsze, najcenniejsze. Niszczenie poetów jest ze swojej najskrytszej natury mroczne i rytualne. W literaturze rosyjskiej skończy się ono wówczas, gdy wyschnie źródło profetyzmu. Tak się jednak nie stanie.

I jeśli mimo wszystko rosyjskim pisarzom dane jest ginąć, to — jakby to powiedzieć? Oczywiście, każdy ma prawo, z racji świętej ludzkiej słabości, marzyć, żeby kielich go ominął. Jest też naturalne, że będzie on, już osłabłym i wyzbytym nadziei głosem, zwracał się do swoich współczesnych i współobywateli:

— Moi drodzy, wiem, że wcześniej czy później mnie wykończycie. Może jednak skłonni jesteście trochę poczekać? Może dacie mi chwilę wytchnienia w torturach? Chcę jeszcze popatrzeć na ziemskie niebo.

1932

WŁADYSŁAW CHODASIEWICZ
tłum. ZBIGNIEW DMITROCA

NOTA TŁUMACZA:

Mikołaj Martynow — zabójca Lermontowa.

„Czukcze nie mają Anakreonta" — fragment wiersza Feta *Na tomiku wierszy Tiutczewa*.

„Spójrzcie, jaki on nagi i biedny" — fragment wiersza Lermontowa *Prorok*.

WŁADYSŁAW CHODASIEWICZ

SIRIN*

Krytyk zawsze jest trochę podobny do jarmarcznego sztukmistrza, który nawołuje przed swoją budą: „Chodźcie zobaczyć cud XX wieku, człowieka o dwóch żołądkach", albo „ — Irmę Bigudi, cudowne dziecko, co ma osiem lat, a waży szesnaście pudów", albo coś jeszcze w tym rodzaju, jakąś kobietę z brodą. Ale jarmarczny naganiacz znajduje się w znacznie korzystniejszym położeniu, ponieważ za perkalową zasłoną jego budy oczom szanownej publiczności ukazują się osobliwości ze wszech miar oczywiste i nie potrzebujące wyjaśnień. Krytyk zaś ma wykazać, dlaczego właśnie jego „cud XX wieku" jest wart ceny trzech kopiejek albo dziesięciu *sou*, zapłaconej przez zaciekawionego czytelnika. *Poetae nascuntur* — poetą człowiek się rodzi. Każdy prawdziwy artysta, w szerokim znaczeniu tego słowa, pisarz, poeta, jest oczywiście wyrodkiem, istotą przez samą naturę wyodrębnioną spośród normalnych ludzi. Im wyraźniejszy jest rozdźwięk z otoczeniem, tym bardziej uciążliwy, i nierzadko się zdarza, że w późniejszym życiu swoją osobliwość, swój geniusz, poeta stara się ukryć. Puszkin ukrywał go pod maską gracza, peleryną miłośnika pojedynków, patrycjuszowską togą arystokraty, mieszczańskim surdutem literackiego wyrobnika. I na odwrót: miernota zawsze stara się pokazać swoją rzekomą wyjątkowość, tak samo jak żebrzący symulant wystawia na widok swoje fałszywe wrzody.

Świadomość poety jednak ulega rozdwojeniu: próbując być „wśród biednych dzieci świata", a nawet „najbiedniejszych ze wszystkich", poeta

---

* „Wozrożdienije", 13 II 1937. Podstawą szkicu był odczyt wygłoszony przez Chodasiewicza w Paryżu 23 I 1937 na wieczorze autorskim Vladimira Nabokova, pisarza znanego w tym czasie pod pseudonimem Sirin. Jeśli nie zaznaczono inaczej, przekłady wierszy w tekście: Z. Dmitroca.

uświadamia sobie cudowną naturę swojej osobliwości — nawiedzenie — swoje opętanie, swoje nie straszne, nie ponure, jak u niewidomego od urodzenia, lecz pełne blasku, choć nie mniej fatalne, naznaczenie palcem Bożym. Najbardziej ze wszystkiego w życiu ceni te tajemnicze chwile, kiedy Apollo wzywa go do złożenia świętej ofiary, i jego naznaczenie przejawia się w pełni. Te chwile opętania, świętego nawiedzenia, momentami bliskiego ostatnim drgawkom erotycznym albo epileptycznym mgnieniom „wyższej harmonii", o których opowiada Dostojewski — poeta gotów jest opłacić życiem. I płaci nim: w znaczeniu symbolicznym — zawsze, w znaczeniu dosłownym, literalnym — czasami, ale to „czasami" zdarza się o wiele częściej, niż się wydaje.

W twórczości artystycznej jest strona rzemiosła, zimnego i przemyślanego w y r o b n i c t w a. Ale natura twórczości jest ekstatyczna. Twórczość jest z natury religijna, nie będąc bowiem modlitwą, jest do modlitwy podobna i wyraża stosunek do świata i Boga. Ten ekstatyczny stan, ta wyższa „skłonność duszy do głębszego przeżywania doznań i rozumienia pojęć, zatem także objaśnienia ich", jest natchnieniem. Jest też tym nieustającym „nawiedzeniem", które różni artystę od nieartysty. Właśnie to artysta ceni i celebruje w sobie, to jest jego rozkoszą i namiętnością. Co jednak znamienne: mówiąc o natchnieniu, o swoim stanie modlitewnym, raz po raz napomyka on o innym zajęciu, tak bardzo, wydawać by się mogło, bezużytecznym, że zdrowemu człowiekowi już samo to zestawienie wydaje się niestosowne, bezsensowne, śmieszne. On jednak ceni sobie to zajęcie nie mniej niż swoje „stanie przed Bogiem" i czasami poczytuje je za swoją największą zasługę, uzasadniając nią nawet zuchwałe roszczenie do wdzięcznej pamięci potomnych, ojczyzny, ludzkości.

Już dwa tysiące lat temu pewien poeta, najmądrzejszy piewca zdrowego rozsądku i złotego środka, obwieścił, że wzniósł sobie pomnik trwalszy niż ze spiżu i wyższy od królewskich piramid; że śmierć jest wobec niego bezsilna; że jego imię będzie znane w najbardziej zapadłych stronach jego ziemi dopóty, dopóki będzie trwało jego rodzinne Wieczne Miasto, a sama Muza poezji uwieńczy jego czoło niewiędnącym laurem. Wszystko to wyłożył w czternastu i pół dobitnie brzmiących wersach, a w jednej i pół linii określił swoją zasługę, dającą mu prawo do nieśmiertelności i według niego nie wymagającą żadnych wyjaśnień:

princeps Aoelium carmen ad Italos
deduxisse modos.

„Pierwszy pieśń eolską / Przywiodłem do italskich rytmów" [tłum. Z. Kubiak]. Wielki mi wyczyn. Tymczasem dwanaście wieków później rosyjski Horacy, którego pierś była usiana orderami za poważne zasługi dla państwa, pisał, naśladując łacinę:

Słuch o mnie pójdzie w dal od Białych wód do Czarnych,
Gdzie Wołga, Newa, Don, z Ryfeju Ural gna;
I każden pomni to w plemionach nieprzebranych,
Że bezimienny dziś tym się wsławiłem ja,
Żem pierwszy ważył się w śmiesznym rosyjskim stylu
Cnoty... obwieścić —

tzn. prawo do nieśmiertelności uzasadniał tym, że obwieścił cnoty nie inaczej, lecz właśnie „w śmiesznym rosyjskim stylu" — pierwszy zaczął pisać ody prostym językiem.

Naśladując Horacego i Dierżawina, pisał Puszkin w swoim *Pomniku*:

I długo będę żyw w narodu świadomości
Za to, żem nowe dźwięki dobywać z pieśni śmiał,
Że za Radiszczewem śpiewałem o wolności,
Żem miłosierdzia zwał.

(tłum. S. Flukowski)

Później, widocznie doszedłszy do wniosku, że lud nie za bardzo potrafi docenić nowość „dźwięków", przerobił tę strofę, ale wielce wymowne jest to, że pierwotnie, przed własnym sumieniem, dobywanie nowych dźwięków zaliczył do swoich zasług na równi ze śpiewaniem o wolności i miłosierdziu — a nawet przed tym śpiewaniem. Tak jakby drwił z siebie samego, tego, który przeciwstawił siebie sceptycznemu Onieginowi, i napisał, że ów nie miał „wzniosłej namiętności"

Dla dźwięków życia nie oszczędzać.

W rzeczywistości pod maską ironii została wypowiedziana jego najskrytsza myśl o istocie bycia poetą. Została ona też zupełnie poważnie przez niego powtórzona jako „*credo* poetyckie":

Myśmy stworzeni dla natchnienia,
Dla dźwięków słodkich i modlitwy.
(tłum. J. Tuwim)

Tutaj natchnienie, ogólny stan poetyckiej świadomości, zostało z perfekcyjną dokładnością rozdzielone na dwa równoznaczne i na równi obowiązujące, wzajemnie się uzupełniające elementy: „słodkie dźwięki" i „modlitwy".

Artysta jest opętany przez twórczość. To jego namiętność, jego (wedle określenia Karoliny Pawłowej) „dopust", jego szczęście i udręka, jego święta osobliwość. Ale na równi „nie oszczędza życia" ani dla „dźwięków", ani dla „modlitw". Formalne i znaczeniowe elementy sztuki są dla niego nierozdzielne i dlatego mają tę samą wartość. Tak też jest w rzeczywistości. „Błogie dźwięki" bez „modlitw" nie tworzą sztuki, ale i „modlitwy" bez

„dźwięków" także nie. Dźwięki w sztuce są nie mniej święte niż modlitwy. Sztuka nie wyczerpuje się w samej formie, ale bez formy nie ma racji bytu, a więc i sensu. Dlatego rozpatrywanie twórczości jest niemożliwe bez rozpatrywania formy. Od analizy formy należałoby zaczynać każdy osąd autora, każdą wypowiedź o nim. Analiza formalna jest jednak na tyle trudna i skomplikowana, że mówiąc o Sirinie, nie miałbym odwagi proponować Państwu, ażeby zapuścili się ze mną na ten obszar. W dodatku sam nie przeprowadziłem prawdziwych, dostatecznie gruntownych badań nad Sirinowską formą, ponieważ prawdziwa praca krytycznoliteracka jest w naszych warunkach niemożliwa. Poczyniłem jednak pewne spostrzeżenia i pozwolę sobie podzielić się ich wynikami.

Po dokładnym rozpatrzeniu Sirin okazuje się na ogół artystą formy, chwytu pisarskiego. Nie tylko w tym powszechnie znanym i uznanym sensie, że formalna strona jego pisarstwa wyróżnia się wyjątkową różnorodnością, złożonością, blaskiem i nowością. To jest znane i uznane, ponieważ każdemu rzuca się w oczy. Ale dlatego tak rzuca się w oczy, że Sirin nie tylko nie maskuje, nie ukrywa swoich chwytów, jak najczęściej postępują wszyscy, i w czym na przykład Dostojewski osiągnął zdumiewającą perfekcję; przeciwnie — Sirin sam wydobywa je na wierzch, jak magik, który zadziwiwszy widza, od razu pokazuje mu laboratorium swoich cudów. To według mnie jest klucz do całego Sirina. Jego utwory zamieszkują nie tylko rzeczywiste osoby, ale i niezliczone mrowie chwytów, które, niczym elfy albo gnomy, uwijają się między postaciami, wykonując ogromną pracę — piłują, kroją, przybijają, malują, na oczach widza stawiając i rozbierając te dekoracje, w których rozgrywa się przedstawienie. Budują świat utworu i same bez wątpienia ukazują się jako jego główne postacie. Sirin nie ukrywa ich dlatego, że do jego zasadniczych zadań należy właśnie pokazanie, jak żyją i funkcjonują chwyty.

Jest u Sirina powieść w całości zbudowana na grze samowolnych chwytów. *Zaproszenie na egzekucję* jest niczym innym, jak ciągiem arabesek, wzorów, obrazów, podporządkowanych nie tyle jedności myślowej, ile stylistycznej (co zresztą jest jedną z „myśli" tego utworu). W *Zaproszeniu na egzekucję* nie ma realnego życia, jak i nie ma realnych postaci, z wyjątkiem Cyncynata. Cała reszta jest tylko grą dekoratorów--elfów, grą chwytów i obrazów, zapełniających świadomość twórczą albo, należy raczej powiedzieć, twórcze majaczenie Cyncynata. Wraz z końcem ich gry powieść się urywa. Cyncynat nie zostaje zgładzony i pozostaje nie niezgładzony, dlatego że w całej powieści widzimy go w świecie wyimaginowanym, gdzie niemożliwe są jakiekolwiek realne zdarzenia. W końcowych linijkach dwuwymiarowy, namalowany świat Cyncynata rozpadnie się, a po obalonych dekoracjach, powiada Sirin, „Cyncynat ruszył, szedł pośród kurzu i przewróconych przedmiotów, i trzepoczącego płótna, kierując się w stronę, gdzie, sądząc po głosach, stały istoty podobne do niego". Oczywiście został tutaj pokazany powrót artysty z twórczości do rzeczywistości. Można by rzec, że w tej chwili zostaje wykonana egzekucja, ale nie ta i nie w tym sensie, jak tego oczekiwali bohater i czytelnik — wraz z powrotem do świata „istot podobnych do niego" zostaje zgładzone istnienie Cyncynata jako artysty.

Sirina cechuje uświadomione, albo może tylko doznawane, głębokie przeświadczenie, że świat twórczości, prawdziwy świat artysty, dzięki działaniu obrazów i chwytów, charakteryzuje pozorne podobieństwo do realnego świata, lecz w rzeczywistości jest on zbudowany z zupełnie innego tworzywa, na tyle innego, że przejście z jednego świata do drugiego, w jakimkolwiek kierunku, jest podobne do śmierci. Przedstawiane jest też przez Sirina na kształt śmierci. Jeżeli Cyncynat umiera, przechodząc ze świata twórczości do świata realnego, to na odwrót — bohater opowiadania Terra incognita umiera w chwili, kiedy wreszcie całkowicie zanurza się w świecie wyobraźni. I chociaż w jednym i w drugim przypadku przejście dokonuje się w diametralnie przeciwnych kierunkach, jest jednak przedstawione przez Sirina na kształt rozpadu dekoracji. Obydwa światy w stosunku do siebie są dla Sirina iluzoryczne.

Zupełnie tak samo sprzedawca motyli, tytułowy bohater opowiadania Pilgram, umiera dla swojej żony, dla swoich klientów, dla całego świata — w chwili, kiedy udaje się do Hiszpanii — kraju niepodobnego do prawdziwej Hiszpanii, ponieważ jest on stworzony w jego marzeniach. Zupełnie tak samo Łużyn umiera w chwili, kiedy wyskakując z okna na białe i czarne kwadraty berlińskiego podwórza, ostatecznie wypada z rzeczywistości i pogrąża się w świecie swojej szachowej twórczości — tam, gdzie nie ma już ani żony, ani znajomych, ani mieszkania, są tylko czyste, abstrakcyjne współzależności twórczych chwytów.

Jeżeli Pilgram, Terra incognita i Zaproszenie na egzekucję są całkowicie poświęcone tematowi współzależności światów, to Obrona Łużyna, pierwsza rzecz, w której Sirin objawił się w całej okazałości swojego talentu (być może dlatego, że tutaj po raz pierwszy odnalazł główne motywy swojej twórczości) — to Obrona Łużyna, należąca też do tego cyklu, jednocześnie stanowi już przejście do drugiej serii Sirinowego pisarstwa, gdzie autor stawia przed sobą inne problemy, niezmiennie jednak związane z tematem twórczości i osobowości twórczej. Problemy te mają znacznie bardziej ograniczony, można by rzec — profesjonalny charakter. W osobie Łużyna została uwidoczniona właśnie potworność takiego profesjonalizmu, zostało pokazane, jak ustawiczne przebywanie artysty w świecie twórczości, jeśli jest on obdarzony talentem, a nie geniuszem, jak gdyby wysysa z niego krew, zamieniając go w automat nieprzystosowany do rzeczywistości i ginący w zetknięciu z nią.

W Szpiclu został przedstawiony artystyczny szarlatan, samozwaniec, człowiek pozbawiony talentu, w istocie obcy sztuce, ale próbujący uchodzić za artystę. Gubi go kilka własnych błędów; oczywiście nie umiera, lecz tylko zmienia rodzaj zajęcia — ponieważ w świecie twórczości nigdy przecież nie był i nie ma w jego historii przejścia z jednego świata do drugiego. W *Szpiclu* jednak jest już zarysowany temat, który stał się głównym tematem *Rozpaczy*, jednej z najlepszych powieści Sirina. Zostały w niej pokazane męki artysty prawdziwego, surowego wobec siebie. Ginie on z powodu jednego błędu, jednego niedopatrzenia, popełnionego w utworze, który pochłonął wszystkie jego siły twórcze. Tworząc, dopuszczał myśl, że publiczność, ludzkość, może nie zrozumieć i nie docenić jego dzieła — i gotów był dumnie znosić brak uznania. Do rozpaczy doprowadza go to, że klęska okazuje się zawiniona przez niego samego, ponieważ jest on tylko talentem, a nie geniuszem.

Życie artysty, życie chwytu w świadomości artysty — oto temat Sirina, w mniejszym lub większym stopniu odsłaniany w niemalże wszystkich jego utworach, począwszy od *Obrony Łużyna*. Jednak artysta (a mówiąc ściślej, pisarz) nigdzie nie został przez niego pokazany wprost, ale zawsze pod maską: szachisty, handlowca itd. Sądzę, że jest po temu wiele przyczyn. Najważniejsza z nich tkwi w tym, że i tutaj mamy do czynienia z chwytem, zresztą nader zwyczajnym. Formaliści nazywają go uniezwykleniem. Polega on na pokazywaniu przedmiotu w niezwykłej sytuacji, przydającej mu nową funkcję, odkrywającej w nim nowe strony, zmuszającej do postrzegania go bardziej naturalnie. Ale są też inne przyczyny. Pokazawszy swoich bohaterów wprost jako pisarzy, Sirin musiałby, przedstawiając ich pracę twórczą, wkładać powieść w opowieść albo opowieść w opowieść, co by niepomiernie skomplikowało fabułę i wymagało od czytelnika pewnej znajomości pisarskiego rzemiosła. Ten sam problem powstałby, tylko przysparzając jeszcze wiele innych trudności, gdyby Sirin zrobił ich malarzami, rzeźbiarzami, aktorami. Pozbawia on swoje postaci cech zawodowo-artystycznych, ale Łużyn pracuje nad problemami szachowymi, a Hermann — nad zamysłem zbrodni zupełnie tak, jak artysta pracuje nad swoimi utworami. Na koniec należy wziąć pod uwagę to, że oprócz bohatera *Szpicla*, wszyscy Sirinowscy bohaterowie są prawdziwymi wybitnymi artystami. Spośród nich Łużyn i Hermann — jak już powiedziałem — to tylko talenty, lecz nie geniusze, ale i im nie można odmówić wrodzonego artyzmu. Cyncynat, Pilgram i anonimowy bohater *Terra incognita* nie posiadają tych ujemnych cech, którymi wyróżniają się Łużyn i Hermann. A zatem wszyscy oni, pokazani bez masek, otwarcie, jako artyści, staliby się, mówiąc językiem nauczycieli literatury, typami pozytywnymi, co, jak wiadomo, przysparza autorowi wyjątkowych i w danym przypadku zupełnie niepotrzebnych trudności. Ponadto autorowi w tym przypadku byłoby niełatwo uchronić ich od podniosłości i ckliwości, niemal nieodłącznych od literackich portretów prawdziwych artystów. Tylko bohatera *Szpicla* mógłby Sirin zrobić literatem, omijając wszelkie trudności — właśnie dlatego, że ten bohater to prawdziwy pisarz. Zresztą sądzę, a nawet jestem niemal o tym przekonany, że Sirin, posiadający wielki zapas złośliwych spostrzeżeń, kiedyś sobie pofolguje i podaruje nam bezlitosny satyryczny portret pisarza. Taki portret byłby czymś zupełnie naturalnym w rozwijaniu podstawowego tematu, który nim zawładnął.

1937

WŁADYSŁAW CHODASIEWICZ
tłum. ZBIGNIEW DMITROCA

NOTA TŁUMACZA:
„z Ryfeju Ural gna...". Ryfej — starożytna nazwa gór Uralu.

„Zresztą sądzę, a nawet jestem niemal o tym przekonany, że Sirin, posiadający wielki zapas złośliwych spostrzeżeń, kiedyś sobie pofolguje i podaruje nam bezlitosny satyryczny portret pisarza" — taki portret „podarował" Nabokov... w powieści *Dar*, gdzie w postaci Konczejewa ukazany jest sam Chodasiewicz, sławny poeta i wzór dla głównego bohatera, początkującego literata.

WŁADYSŁAW CHODASIEWICZ

DOM SZTUK*

W latach 1920–1922 stowarzyszenie „Stary Petersburg" (potem się okazało, że jego oficjalna nazwa brzmiała nieco inaczej) przeżywało epokę rozkwitu, można wręcz ją było nazwać natchnioną. Przyczyn było kilka. Jedna z nich, prostsza, można by powiedzieć: materialna, polegała na tym, że zbiory stowarzyszenia zaczęły się gwałtownie i nieoczekiwanie powiększać: wpłynęło wiele przedmiotów z prywatnych kolekcji i archiwów. Jednak wydaje mi się, że jeszcze większą rolę odegrały okoliczności zupełnie innego rodzaju. Po pierwsze, w miarę tego, jak życie biegło naprzód, członkowie stowarzyszenia coraz silniej odczuwali, że rozłąka z przeszłością jest nieunikniona — i stąd wynikało pragnienie, aby jak najdokładniej zachować pamięć o niej. Po drugie (co może się wydać czymś nieoczekiwanym dla tych, którzy w tamtym czasie nie mieszkali w Petersburgu), właśnie wtedy sam Petersburg stał się niezwykle piękny, tak jak nie był dawno, a być może nawet nigdy.

Ludzie, którzy pracowali w „Starym Petersburgu" bynajmniej nie byli bolszewikami. Niektórych z jego założycieli niedawno rozstrzelano — wystarczy choćby wspomnieć P. P. Wejnera. Tak jak wszyscy, którzy w tamtych czasach czuli, myśleli i rozumieli, nie mogli nie zauważyć, że Petersburgowi było z nieszczęściem do twarzy. Moskwa pozbawiona kupieckiej i administracyjnej krzątaniny byłaby godna pożałowania. Natomiast Petersburg stał się wzniosły.

Razem z szyldami z miasta dosłownie spełzła cała niepotrzebna pstrokacizna. Zwyczajne, pospolite domy zyskały harmonię i surowość, którą przedtem miały w sobie tylko pałace. Petersburg się wyludnił, po ulicach

* W. Chodasiewicz, *Dom Sztuk*. Fragmenty szkicu w wyborze Tłumaczki. W: W. Chodasiewicz, *Nekropol*, Sankt Petersburg, Azbuka, 2001, s. 256–270.

41

przestały kursować tramwaje, czasami zastukały tylko końskie kopyta albo zatrąbił samochód i okazało się, że bezruch bardziej pasuje do tego miasta niż nieustanny ruch i pośpiech. Co prawda w Petersburgu nie pojawiło się nic nowego, ale miasto straciło wszystko, co zakłócało jego piękno. Są ludzie, którzy na łożu śmierci piękniej: tak było podobno z Puszkinem i tak właśnie stało się z Petersburgiem. Ta piękność jest jednak chwilowa. A potem następuje straszny, niewyobrażalny rozkład. Ale w rozpamiętywaniu tej chwili jest niewymowna, ściskająca serce rozkosz. Rozpad Petersburga rozpoczął się już na naszych oczach: gdzieś tam zerwano bruk, obsypała się sztukateria, zachwiała się ściana, a posąg stracił rękę. To ledwie zauważalne zniszczenie jeszcze było piękne i trawa, która tu i ówdzie przebijała się wzdłuż szczelin trotuarów, upiększała to cudowne miasto tak jak bluszcz upiększa ruiny. Dzienny Petersburg był cichy i wzniosły, tak samo jak nocny. Po nocach na skwerze Aleksandra, nad Mojką, w pobliżu Błękitnego mostu, śpiewał słowik. W tym wspaniałym, ale i dziwnym mieście życie toczyło się swoją koleją. W sensie administracyjnym Petersburg stał się prowincją. Handel zamarł jak wszędzie. Stanęły fabryki i zakłady przemysłowe, powietrze było świeże i pachniało morzem. Robotnicy i handlarze albo się rozjechali, albo po prostu nie było ich widać. Natomiast świat naukowy, literacki, teatralny i artystyczny objawił się z wyjątkową wyrazistością. Bolszewicy jeszcze nie wiedzieli, jak nad nim zapanować, chociaż już intensywnie nad tym myśleli i oto dożywaliśmy ostatnich dni swobody w niezwykłym, twórczym uniesieniu. Głód i chłód nie obniżał temperatury tego entuzjazmu, raczej ją podnosił. Miał rację poeta, piszący wówczas:

I tak mi lekko jest od głodu
I tak wesoło od natchnienia.

Być może nic wybitnego wtedy akurat nie powstało, ale sam puls literackiego życia był wyraźnie podwyższony. Trzeba do tego dodać, że społeczeństwo, pozbawione przez rewolucję wielu obywatelskich nawyków, postawione wobec trudnych pytań, odnosiło się do literatury z wyjątkową uwagą. Wykłady, dyskusje, wieczory prozy i poezji przyciągały ogromną publiczność. W tamtym okresie literackie życie Petersburga skupiało się pod trzema adresami: w Domu Uczonych, w Domu Literatów i w Domu Sztuk, które służyły za schronienie nie tylko w sensie duchowym, ale także jak najbardziej życiowym, bo w każdym z tych miejsc mogli znaleźć przystań ludzie pozbawieni przez rewolucję dachu nad głową. Każdy z tych domów miał swój własny charakter i obyczaje. Opowiem o Domu Sztuk, czyli o Disku, jak go niekiedy nazywano. Był mi szczególnie bliski.

Mieścił się Disk w ciemnoczerwonym domu koło Policyjnego mostu (w stronę Zielonego) i wychodził trzema fasadami na Mojkę, Newski

Prospekt i Wielką Morską. Do połowy XVIII wieku tutaj znajdował się drewniany Pałac Zimowy. [...]

Disk zajmował trzy mieszkania: dwa składały się ze zwykłych pokoi umeblowanych, natomiast trzecie należało do gospodarza domu, znanego kupca Jelisiejewa. Mieszkanie było ogromne, zajmowało trzy kondygnacje, z korytarzami, zakrętami i przytulnymi kącikami, wykończone z jarmarcznym przepychem. Nie pożałowano mahoniu, dębu, surowego jedwabiu, złota oraz różowej i błękitnej farby. To mieszkanie było sercem Disku. Obok znajdował się wielki salon lustrzany, w którym odbywały się wykłady, a między wykładami koncerty. Do niego przylegał błękitny pokój gościnny, udekorowany rzeźbami Rodina, do którego gospodarz miał szczególną słabość. W dniu zebrań pokój gościnny zamieniał się w salon artystyczny; właśnie tam Kornel Czukowski i Gumilow mieli wykłady dla studentów o poezji i sztuce przekładu. Po wykładach młodzież szalała, wymyślając rozmaite gry i zabawy w sąsiednim holu. W tej bieganinie i radosnej szamotaninie Gumilow dzielnie uczestniczył. [...]

Mieszkanie Osipa Mandelsztama przedstawiało coś tak fantastycznego i dziwacznego jak on sam — czarującą i kapryśną istotę, w której uległość współgrała z uporem, rozum z lekkomyślnością, znakomite uzdolnienia z niemożnością zdania choćby jednego uniwersyteckiego egzaminu, lenistwo z pracowitością zmuszającą go dosłownie całymi miesiącami do ślęczenia nad jednym nie dość doskonałym wierszem, zaś zajęcza tchórzliwość łączyła się z męstwem prawie heroicznym. Nie można go było nie lubić, a on wykorzystywał to z uporem małego tyrana, zostawiając przyjaciołom usuwanie mu z drogi rozmaitych przeszkód. Swoją rację żywnościową przez cały czas wymieniał na słodycze, które uwielbiał i zjadał w samotności. Za to podczas obiadu i kolacji przysiadał się to tu, to tam, wszczynał interesujące rozmowy i uśpiwszy uwagę stołowników, nagle oświadczał: — No, a teraz siadamy do kolacji! [...]

Wróćmy jeszcze na chwilę do mieszkania Jelisiejewa. Było w nim kilka pokoi położonych na różnych piętrach i jakby nie pasujących do pierwotnego planu kamienicy. Z głównego korytarza prowadziły kręte schody na ostatnie piętro. Wchodząc po nich i mijając coś w rodzaju maleńkiej sali gimnastycznej, wchodziło się prosto do dawnej sypialni gospodarza, zajmowanej teraz przez Wiktora Szkłowskiego. Na piętrze, poniżej korytarza, w przestronnym, ale trochę ciemnym pokoju wykończonym drzewem z ciemnego dębu, mieszkała zazwyczaj niedostępna panna W. I. Ikskul, która jednak umiała ugościć i świetną herbatą, i ciekawą rozmową — w większości były to wspomnienia z jej długiego, wypełnionego niezwykłymi zdarzeniami życia. Często ją prosiłem, aby zapisywała albo dyktowała te wspomnienia, ale ona tylko uśmiechała się gorzko i machała ręką. W przeciwległym końcu korytarza mieściła się prawdziwa rosyjska łaźnia z rozbieralnią; wyłożono ją miękkimi dywanami i przekształcono w prywatne mieszkanie Gumilowa. W sąsiedztwie znajdował się duży i chłodny pokój Marietty Szaginian, którą, nie wiadomo dlaczego, zaczął często odwiedzać stary, siwobrody marksista Lew Dejcz. Marietta była kompletnie głucha. Z Dejczem przyzwyczaili się zsuwać razem dwa krzesła i przykrywać je jedną, czerwoną, barchanową narzutą. „Ja uczę go symbolizmu, a on mnie — marksizmu" — mówiła Marietta. Zdaje się, że lekcje Dejcza okazały się nadzwyczaj skuteczne. I tak się wówczas żyło w Domu Sztuk. Oczywiście, jak wszelkie wspólne życie, nie było ono pozbawione swoich małych sensacji i wydarzeń, kilku drobnych intryg i towarzyskich powikłań, ale w gruncie rzeczy to nasze ówczesne życie było godne, wewnętrznie szlachetne, a przede wszystkim, jak już mówiłem, przeniknięte autentycznym duchem twórczej pracy. Dlatego też schodzili się do nas ludzie z całego Petersburga, aby pooddychać czystą atmosferą, a także ogrzać się w przyjaznym cieple, którego w tamtych czasach tak bardzo byliśmy spragnieni. Wieczorem zapalały się światła w oknach — niektóre widać było aż z Fontanki — i nagle dom wydawał się okrętem, płynącym przez mrok, zamieć i niepogodę.

Dlatego Zinowiew rozpędził nas jesienią 1922 roku.

WŁADYSŁAW CHODASIEWICZ
tłum. ANNA PIWKOWSKA

„Zeszyty Literackie" w internecie

http://zls.mimuw.edu.pl/ZL/

WŁADYSŁAW CHODASIEWICZ

WIERSZE

* * *

Strachliwy bracie, przybyły w noc ciemną
Przez gęste chaszcze i zwiędnięte trawy —
Przytul się do mnie, przywrzyj z całej siły!...
Cios nieuchronny będzie celny, krwawy.

We śnie zginiemy tajemniczą nocą.
Gorzkimi łzami zdusi się morderca.
Zbliżają się dalekie błyskawice.
Tak lekko, lekko, a krew cieknie z serca.

16 października 1906

Matce

Mamo! choć ty mi odpowiedz i zechciej wysłuchać: ciężko
Na tym padole żyć! Po coś na świat mnie wydała?
Mamo! Może ja sam wszystko zniszczyłem na zawsze —
Ale czemu to życie — jak wino, jak ogień, jak strzała?

Wstyd mi, wstyd mi rozmawiać z tobą o mojej miłości,
Wstyd mi powiedzieć, że płaczę z powodu kobiety, mamo!
Przykro mi niepokoić starość niepocieszoną
Udręką duszy rogatej, zaślepionej, fałszywej!
Strach się przyznać, że dzisiaj wcale mnie już nie obchodzi
Ani życie, którego mnie sama uczyłaś,
Ani modlitwy, ani książki, ani pieśni.
Wszystko już zapomniałem! Wszystko przepadło, mamo!
Zaprzepaściło się wszystko, gdy odurzony winem
Włóczyłem się po ulicach, śpiewając i krzycząc.
Czy ty jedna chcesz poznać całą prawdę o mnie?
Chcesz? — to szczerze wyznaję. Niewiele mi trzeba:
Tylko znowu zaznawać czułych pocałunków
(Wąskich ust z różowymi smużkami pomadki!),
Tylko znów móc zawołać: „Królewno! Królewno!" —
I usłyszeć odpowiedź: „Na zawsze".

Dobra mamo! Włóż stare paletko
I idź pomodlić się do Częstochowskiej
Za swojego nieszczęsnego syna
I kobietę z czarną kokardą!

[Jesień 1910]

Z mysich wierszy

Wokół wojna. Lecz do nas w podziemie
Nie dochodzą jej krwawe zmagania.
U nas — wieczna pielgrzymka, drobienie,
W naszym świecie — swobodne przestrzenie
Pokornego zbawczego dumania.

Dla ostatniej polnej myszy w świecie
Jestem bratem. Obca jest nam wojna.
Ale Pan Bóg niech ma cię w opiece,
Moja sroga ojczyzno dostojna!

Ja za Rosję we dnie wielkiej bitwy
Niesłyszalny wiersz do nieba wznoszę:
Może mysie żarliwe modlitwy
Panu Bogu są od innych droższe...

Słodka Francjo! Wśród twojej przyrody
Śwista miecz, winorośl tnąc przy glebie.
Ukochana kolebko swobody!
Nie jest myszą, kto nie kochał ciebie!

Dzień i noc przy dźwiękach maszyn wroga
Trwałaś, Belgio, pocąc się jak myszka —
Rozszarpały ciebie, moja droga,
Do cna szwabskie wąsate kociska...

U nas wojna! Proch co rusz do góry
Śmiercionośnym wściekłym gazem wali,
A w podziemiu, gdzie, tajemne dziury,
Bogobojny szmer, cierpnięcie skóry,
I ta świeczka, co się za was pali.

17 września 1914

* *
*

Jak cudownie po deszczu pachnie ciepła noc.
Księżyc szybko przemyka wpośród białych chmur.
    Derkacz w trawie wilgotnej terkocze co rusz.

Do zwodniczych ust usta lgną dziś pierwszy raz.
Właśnie, ciebie dotknąwszy, moje ręce drżą...
    Od tej chwili minęło, ot, szesnaście lat.

8 stycznia 1918

Ballada

Tak siedzę w okrągłym pokoju,
Mdłe światło mi pada na głowę.
Wpatruję się w niebo na tynku
I słońce szesnastowatowe.

Wokoło — i też w kręgu światła,
Stół, krzesła i łóżko — nic więcej.
Tak siedzę — niepewny, speszony
I nie wiem, gdzie podziać mam ręce.

Bieleją palemki mrozowe
Bezgłośnie na szybach kwitnące.
Zegarek z blaszanym pogłosem
Rytmicznie grzechocze w kieszonce.

O, gnuśne, żebracze ubóstwo
Dni pełnych rozpaczy i znoju!
I komu wyjawić, jak żal mi
I siebie, i rzeczy w pokoju?

Zaczynam się z wolna kołysać,
Kolana objąwszy rękami,
I nagle zaczynam w tym transie
Ze sobą rozmawiać wierszami.

Ta mowa nieskładna, żarliwa!
Niczego z tych zdań nie pojmuję,
Lecz dźwięki prawdziwsze od sensu
I słowo nad wszystkim tryumfuje.

I muzyka, muzyka, muzyka
Mój śpiew coraz bardziej porywa,
I wąskie, i wąskie, i wąskie
Na wylot mnie ostrze przeszywa.

I sam ponad sobą wyrastam,
Nad życia martwotą stanąłem,
Stopami w podziemnych płomieniach,
Do gwiazd ciekłych wznoszę się czołem.

I widzę wielkimi oczami,
A oczy to może wężowe —
Jak śpiewu dziwnego słuchają
Nieszczęsne przedmioty domowe.

I cały mój pokój porywa
Wir tańca miarowy i płynny,
I ktoś ciężką lirę mi daje
Do rąk przez gwałtowny wiatr zimny.

I słońce szesnastowatowe,
I niebo na tynku zniknęło:
Na zrębie skał gładkich i czarnych
Opiera swe stopy Orfeusz.

9–22 grudnia 1921

Przed lustrem

Nel mezzo del cammin di nostra vita

Ja, ja, ja. Strasznie dziwne to słowo!
Czyżby ten tu przede mną — to ja?
Tego mama kochała? Z tą głową
Wypłowiałą i twarzą sfinksową,
Który zawsze świętą rację ma?

Czy ów młodzian, który na parkietach
Z letniczkami tańczył niestrudzenie —
To ten sam, co odzewem w gazetach
W żółtodziobych wyzwala poetach
Obrzydzenie, złość i przerażenie?

Czyżby tamten, co w śródnocne spory
Wkładał całą żarliwość dziecinną —
To też ja, do uniesień nieskory,
Co tragiczne rozmowy, perory
Dziś kwituje milczeniem i drwiną?

Zresztą zawsze tak jest, gdy upłynie
Pół fatalnej naszej ziemskiej drogi:
Od błahostki — ku ważnej przyczynie,
Naraz widzisz w krąg siebie pustynię,
I sam nie wiesz, skąd niosły cię nogi.

Na paryski ten strych, w rzeczy samej,
Nie zagnała mnie pantera zła.
Wergilego nie mam za plecami —
Jest jedynie samotność — w ramie
Mówiącego prawdę w oczy szkła.

18–23 lipca 1924

Daktyle

1

Był sześciopalcy mój ojciec. Po płótnie napiętym jak bęben
    Bruni go uczył cierpliwie pędzel mięciutki prowadzić.
Tam, kędy sfinksy tebańskie spojrzeniem mierzyły się wzajem,
    W letnim paltocie, zmarznięty, zimą przebiegał przez Newę.

A powracając na Litwę, wesoły i biedny artysta,
Sporo on tam przyozdobił polskich i ruskich kościołów.

2

Był sześciopalcy mój ojciec. Takimi się rodzą szczęśliwcy.
Tam, gdzie wzdłuż miedzy zielonej dzikie rozsiadły się grusze,
Tam, kędy Wilia i Niemen unoszą błękitne odmęty,
W pewnej ubogiej rodzinie spotkał nareszcie swe szczęście.
Pomnę w komodzie z dzieciństwa pantofle i welon maminy.
Mamo! Modlitwa i miłość, wierność i śmierć — tyś jest wszystko!

3

Był sześciopalcy mój ojciec. Bywało, na miękkiej kanapie,
W wieczór zaczniemy zabawę w sroczkę, co kaszkę warzyła.
Palce na ręce ojcowskiej jeden po drugim starannie
Zginam i liczę kolejno — pięć. A tym szóstym ja jestem.
Było nas, dzieci, sześcioro. Doprawdy: ciężko pracując
Tamtych pięcioro wykarmił — mnie, najmłodszego, nie zdążył.

4

Był sześciopalcy mój ojciec. Jak mały zbyteczny paluszek
Zmyślnie potrafił ukrywać w lewej zwiniętej w pięść ręce,
Tak i na samym dnie duszy na zawsze zataił przed światem
Pamięć o swojej przeszłości, smutek po świętym rzemiośle.
Kupcem z rozsądku zostawszy — już nigdy do tego nie wracał,
Nie przypominał, nie biadał. Lubił posiedzieć w milczeniu.

5

Był sześciopalcy mój ojciec. W kościstej, lecz pięknej swej dłoni
Ile on barw, ile linii schował, zacisnął, zataił?
Malarz przygląda się światu — osądza, i wręcz demoniczną
Mocą i wolą artysty — tworzy świat inny, swój własny.
On zamknął oczy na sztukę, paletę i pędzel odstawił
I nie osądzał, nie tworzył... Ciężka i słodka to dola!

6

Był sześciopalcy mój ojciec. A syn? Ani w sercu pokory
Ni wielodzietnej rodziny; ni sześciu palców u ręki

Nie odziedziczył, nie przejął. I ciągle jak gracz na złą kartę,
Stawia na słowo, na brzmienie — duszę i życie poety...
Dziś, w noc styczniową, pijany, syn sześciopalcym daktylem
Sześciopalcymi strofami rozpamiętuje o ojcu.

Styczeń 1927–3 marca 1928

NOTA TŁUMACZA:
Fiodor Bruni (1799–1875), malarz, w latach czterdziestych XIX w. czołowy przedstawiciel rosyjskiego akademizmu. Ojciec poety, Felicjan Chodasiewicz, studiował w jego pracowni malarstwo w Petersburskiej Akademii Sztuk Pięknych.

Pamięci kota Murra

W zabawach taki mądry, w mądrości zabawny —
Serdeczny mój powiernik i moje natchnienie!
Teraz on w tych ogrodach, za rzeką płomieni,
Gdzie z jaskółką Dierżawin, z wróblem Katull sławny.

O, rozkoszne ogrody za rzeką płomieni,
Gdzie tłuszczy podłej nie ma, gdzie w słodkiej błogości
Zaznają należnego spokoju wieczności
I poetów, i zwierząt ukochane cienie!

Kiedyż i na mnie kolej? Nie chcę przyśpieszenia
Kresu moich lat czarnych na doczesnym świecie,
Lecz do tych, wyłowionych przez tajemne sieci,
Coraz częściej i chętniej mkną moje marzenia.

[1934]

tłum. ZBIGNIEW DMITROCA

Dom

Tutaj był domek. Właśnie rozebrano
Na drewno dach. W dole zostały cegły
Jak rdzeń potężny. Nieraz, chcąc odpocząć,
Przychodzę tutaj wieczorami. Niebo,
W zielonych liściach na podwórku drzewa
Tak młodo wschodzą ponad tą ruiną
I tak się jasno rysują otwory
Szerokich okien. Osunięta belka
Podobna do kolumny. Chłód zatęchły
Bije od śmieci i zbitego tynku,
Zapełniających pokoje, gdzie kiedyś
Mieszkali ludzie...
Gdzie się kłócili, godzili, w pończochę
Składając pilnie na czarną godzinę
Zmięte pieniądze; gdzie w mrocznym zaduchu
Zwykłe pieszczoty małżeńskiego łoża
Szły swoim trybem; gdzie w gorączce chorzy
Spływali potem; gdzie się bez rozgłosu
Rodzili ludzie, umierali ludzie;
To wszystko teraz otwarte na przestrzał
Oku przechodnia. — O, jakże szczęśliwy,
Kto wolną stopą potrąca zwycięsko
Ten kurz, a kijem wędrownym dotyka
Opustoszałych ścian tego domostwa!
Czy to komnaty wielkiego Ramzesa,
Czy nieznanego izba wyrobnika —
Dla podróżnego jakaż to różnica,
Gdy mu to samo o przeszłości mówią?
Czy rząd triumfalnych kolumn, czy otwory
Drzwi, co tu były — tak samo go wiodą
Z pustki do pustki, a ta pustka druga
Taka jak pierwsza...
        Oto balustrada
Strzaskanych schodów pnie się aż ku niebu
I tam się kończy, gdzie schodowa klatka
Wydaje mi się wysoką trybuną,
Ale bez mówcy. A tymczasem w niebie
Już pierwsza gwiazda zabłysła wieczorna,
Wyniosłych myśli naszych przewodniczka.

Tak, jesteś piękny, czasie! O, jak miło
Odetchnąć twoim straszliwym obszarem!

Na cóż ukrywać? Jak zbudzone dziecię
Serce człowieka igra, kiedy wojna,
Zaraza albo jakie krwawe bunty
Spadają nagle i wstrząsają ziemią:
A wtenczas czas się rozwiera jak niebo
I człowiek w żalu swym nieukojony
Rzuca się w otchłań, której tak już pragnął.

Jak ptak w powietrzu, ryba w oceanie,
Jak robak śliski w głębi czarnej ziemi,
Jak salamandra w ogniu, tak się człowiek
Porusza w czasie. Koczownik półdziki,
Ze zmian księżyca, z kształtu gwiazdozbiorów
Stara się przecież tę otchłań wymierzyć,
Z trudem w kronikach stawiając litery,
Wnosi w nie sprawy, jak wyspy na mapę.
Po ojcu syn przychodzi. Grody, państwa,
Ustawy, prawdy — mijają. Z jednaką
Człowiek radością buduje i niszczy:
Wynalazł dzieje — a więc jest szczęśliwy!
I z przerażeniem, z tajemną rozkoszą
Patrzy, szalony, jak między przeszłością
I tym, co będzie, niby jasna struga,
Co spływa poprzez palce — nieprzerwanie
Przecieka życie. I tylko drży serce,
Jak lekka flaga na maszcie okrętu,
Między wspomnieniem dawnym i nadzieją,
Ową pamięcią przyszłości...
                              Tymczasem
Szeleszczą kroki. Garbata staruszka
Z węzełkiem sporym. Pomarszczoną dłonią
Ze ścian odrywa deski, wygarniając
Zza nich pakuły. Podchodzę więc do niej
I nic nie mówiąc, w jak najlepszej zgodzie
Oboje dzieło czasu wypełniamy.
Ciemnieje. Księżyc zielony zza ściany
Wstaje i spływa wąska strużka blasku
Po śliskich kaflach strzaskanego pieca.

1919–1920

WŁADYSŁAW CHODASIEWICZ
tłum. PAWEŁ HERTZ

VLADIMIR NABOKOV

O CHODASIEWICZU*

Ten wybitny poeta naszych czasów, literacki potomek Puszkina z linii Tiutczewa, pozostanie chlubą rosyjskiej poezji, jak długo trwać będzie pamięć o niej. Poetycki dar Chodasiewicza tym bardziej zadziwia, że rozwinął się w pełni w latach skołowacenia naszego piśmiennictwa, kiedy to rewolucja dokładnie podzieliła poetów na państwowych optymistów i pozapaństwowych pesymistów, na tamtejszych chwatów i tutejszych hipochondryków, przy czym doszło do uderzającego paradoksu: wewnątrz Rosji działa zakaz zewnętrzny, a na zewnątrz — wewnętrzny. Wola rządu, bezwzględnie domagającego się łaskawej literackiej uwagi dla traktora lub spadochronu, czerwonogwardzisty lub politruka, tj. dla jakiejś powierzchowności świata, jest oczywiście o wiele silniejsza od tutejszego nastawienia, zwróconego ku światu wewnętrznemu, ledwie odczuwanego przez słabych, a pogardzanego przez silnych, nastawienia, które w latach dwudziestych pobudzało do rymowanej tęsknoty za rostralną kolumną, a obecnie doprowadziło do nie zawsze głębokich i nie zawsze szczerych trosk religijnych. Sztuka, autentyczna sztuka, której cel leży w pobliżu jej źródła, to znaczy w miejscach wyniosłych i niezamieszkanych, a nie w gęsto zaludnionej krainie duchowych porywów, wyrodziła się u nas, niestety, w lirykę leczniczą. I choć jest zrozumiałe, że osobista rozpacz mimowolnie szuka wspólnej drogi, aby sobie ulżyć, to poezja nie ma tu nic do rzeczy, pokuta albo Sekwana są bardziej kompetentne. Jakakolwiek bądź wspólna droga w sztuce jest zła właśnie dlatego, że wspólna. O ile jednak w granicach Rosji trudno wyobrazić sobie poetę, który by odmówił naginania swojego głosu, tzn. na tyle nierozsądnego, by stawiać wolność mu-

---

* „Sowriemiennyje Zapiski" 1939 nr 69 (Paryż). Inna, powstała po angielsku, wersja tego wspomnienia, w tłum. Leszka Engelkinga — por. „ZL" 1994 nr 3 (47).

zy ponad własną, o tyle poza granicami Rosji łatwiej, wydawałoby się, powinni się znaleźć śmiałkowie stroniący od jakiejkolwiek bądź wspólnoty interesów poetyckich, tego swoistego komunizmu dusz. W Rosji nawet talent nie ocala, na wygnaniu ocala tylko talent. Choć ostatnie lata Chodasiewicza były ciężkie, choć dręczyła go nasza mizerna emigrancka dola, choć jego gaśnięciu towarzyszyła stara, wypróbowana ludzka obojętność, Chodasiewicz ocalał dla Rosji — ba, sam byłby gotów przyznać, mimo żółci i kąśliwych żartów, mimo chłodu i mroku naszych dni, że zajmuje miejsce szczególne: szczęśliwe odosobnienie na niedostępnych innym wyżynach.

Nie mam tutaj zamiaru kogokolwiek szturchnąć kadziłem: ten i ów z poetów obecnego pokolenia jest jeszcze w drodze i — kto wie? — może dojdzie do szczytów sztuki poetyckiej, jeśli się nie zagubi w tym drugorzędnym Paryżu, który z lekkim przechyłem pławi się w knajpianych lustrach, nie stykając się pod żadnym pozorem z nieruchomym i nieprzeniknionym Paryżem francuskim. Jakby czując w palcach swój rozgałęziający się wpływ na poezję powstającą za granicą, Chodasiewicz poczuwał się do niejakiej odpowiedzialności za nią: jej losy bardziej go drażniły niż zasmucały. Tani smętek zdawał mu się raczej parodią niż echem jego *Europejskiej nocy*, gdzie gorycz, gniew, anioły, zbieg samogłosek — wszystko jest prawdziwe, jedyne w swoim rodzaju, niezwiązane z owymi dyżurnymi nastrojami, które zmąciły wiersze jego licznych połowicznych uczniów. Mówienie o „mistrzostwie" Chodasiewicza to niedorzeczność, a wręcz bluźnierstwo w odniesieniu do poezji w ogóle, do jego zaś wierszy w jaskrawej szczególności; pojęcie „mistrzostwa", które samo z siebie rodzi swój cudzysłów, przemieniając się w dodatek, w cień, i które wymaga logicznej kompensacji w postaci jakiejś rzeczywistej wielkości, łatwo może nas doprowadzić do specyficznego, ckliwego stosunku do poezji, w wyniku czego z niej samej pozostaje na koniec tylko mokre od łez miejsce. I nie dlatego jest to grzeszne, że nawet *purs sanglots* wymagają prawdziwej wiedzy o regułach wierszowania, o języku i wadze słów; ani nie dlatego jest to śmieszne, że poeta, który w niechlujnych wierszach napomyka o znikomości sztuki wobec ludzkiej męki, zachowuje się równie fałszywie i obłudnie jak mistrz ceremonii pogrzebowych, który by się użalał na krótkość życia na ziemi; rozbrat w świadomości między wytworem a rzeczą dlatego jest tak grzeszny i śmieszny, że rozsadza samą istotę tego, co, jakkolwiek by to nazwać — „sztuka", „poezja", „piękno" — w rzeczywistości jest nierozłączne od wszystkich swoich tajemnie niezbędnych przymiotów. Innymi słowy, prawdziwy wiersz (a takich w literaturze rosyjskiej zbierze się co najmniej trzysta) można obracać tak, żeby czytelnik widział w nim tylko myśl, albo tylko uczucie, albo tylko obraz, albo tylko dźwięk — czy co tam jeszcze można znaleźć, od „instrumentacji" do „obrazowania" — lecz są to wszystko jedynie przypadkowo wybrane ścianki kryształu, całości, z których żadna nie zasługiwałaby na naszą uwagę i, oczywiście, nie wywoływałaby najmniejszego wzruszenia, prócz chyba tylko pośredniego, przypominając jakąś inną „całość" — czyjś głos, pokój, noc; gdyby cały wiersz nie posiadał tej olśniewającej suwerenności, w porównaniu z którą określenie „mistrzostwo" brzmi tak samo ubliżająco, jak „przekupna szczerość". To, co powiedziałem, bynajmniej nie jest nowe, lecz trzeba to powtórzyć w odniesieniu do Chodasiewicza. W porównaniu z wierszami przybliżającymi (tzn. przepięknymi właśnie dzięki swojemu przybliżeniu — tak jak bywają przepiękne oczy krótkowidza — i osiągającymi owo przybliżenie poprzez słuszny wybór, który w innych, bardziej nadobnych okolicznościach wiersza uchodziłby za „mistrzostwo"), poezja Chodasiewicza może się wydawać czytelnikowi nie dość obrobiona — umyślnie używam tego nieapetycznego epitetu. Ale cała rzecz polega na tym, że jego wiersze nie potrzebują żadnego określenia „formy", jak to się dzieje w przypadku każdej prawdziwej poezji. Czuję się nieswojo, że w tym artykule, w rejestrowanych naprędce myślach, jakie pobudziła śmierć Chodasiewicza, nawiążuję jakby do jego niejasnego nieuznania i niejasno polemizuję z widziadłami, które mogłyby podawać w wątpliwość czar i znaczenie jego poetyckiego geniuszu. Sława, uznanie — wszystkie te dość mylące zjawiska jedynie śmierć umieszcza we właściwej perspektywie. Przypuszczam, że niemało osób, czytając z ciekawością kolejny krytyczny artykuł w „Wozrożdienije" (a krytyczne teksty Chodasiewicza, przy całej ich mądrej harmonii, nie dorównywały jego poezji, jakby pozbawione jej pulsu i czaru), po prostu nie wiedziało, że Chodasiewicz jest poetą. Znajdą się zapewne i tacy, których początkowo zaskoczy jego pośmiertna sława. Pomijając wszystko inne, ostatnimi czasy nie drukował wierszy, a czytelnik jest zapominalski, również i krytyka nasza, nerwowo zajmująca się współczesnością, która jeszcze się nie ustała, nie ma czasu ani słów, aby przypominać o tym, co ważne. Tak czy inaczej, wszystko się teraz skończyło: przekazany w testamencie skarb stoi na półce, widoczny dla przyszłości, a ten, kto go wydobył, odszedł tam, skąd, być może, coś tam dobiega do uszu wielkich poetów, przeszywając naszą egzystencję chłodem zaświatów — i przydając sztuce owo tajemne coś, które stanowi jej niezbywalny znak. No cóż, życie jeszcze trochę się przesunęło, jeszcze jedno przyzwyczajenie uległo zakłóceniu — n a s z e przyzwyczajenie do c z y j e g o ś życia. Nie ma pocieszenia, gdy uczucie straty zostaje spotęgowane osobistym wspomnieniem o krótkim, kruchym, topniejącym jak bryłka gradu na parapecie, obrazie człowieka.

VLADIMIR NABOKOV
tłum. Maryna Ochab

NINA BERBEROWA

WŁADYSŁAW CHODASIEWICZ*

Czas przyznać — mimo wszelkich elementów polityki i politycznej polemiki dzisiejszej doby — że poezja rosyjska się skończyła (miejmy nadzieję, chwilowo) i że stało się to w tych latach, kiedy umarli na emigracji ostatni rosyjscy poeci, ukształtowani przed rewolucją 1917 roku, a w ZSRR złamane zostały ostatnie próby swobodnej twórczości. Jeden czy dwóch poetów, egzystujących jeszcze na Zachodzie, który zapewnia im swoje warunki: który daje wolność i niezależność, możliwość tworzenia i całkowity brak audytorium — to nie rosyjska poezja, tak jak nie jest rosyjską sztuką dramatyczną pięciu, sześciu aktorów rozsianych na uchodźstwie. W ZSRR nawet najbardziej żarliwi wielbiciele chóralnego śpiewu i czastuszek nie uznają za poezję wyśpiewywanych w całym kraju wojennych i miłosnych kupletów. W okresie II wojny światowej zaszły dwa niezmiernie ważne fakty: śmierć Chodasiewicza i Cwietajewej pozbawiła literaturę rosyjską dwojga jej najznakomitszych „wolnych" przedstawicieli, a dyrektywy, jakie Pasternak otrzymał od radzieckiego rządu, i wymuszone „przeistoczenie się" Achmatowej zdusiły literaturę w ojczyźnie. Któż tam pozostał? Autorzy pieśni dla czerwonogwardzistów i romansów dla kinematografii. Kto pozostał tutaj? Z młodzieży, która wyrosła na emigracji, kilka osób odeszło do literatury obcej; wśród młodych, którzy przybyli tu w czasie wojny, jest parę „nadziei", ale jeszcze za wcześnie o nich mówić.

I tak oto zostaliśmy — my żyjący, żywi — postawieni wobec sytuacji w historii literatury wyjątkowej: zupełnym i niewątpliwym zakończeniem trwającego blisko dwieście lat okresu, w którym powstały nieśmiertelne pomniki rosyjskiego ducha. Pomimo Gogola i Dostojewskiego, poezja rosyj-

*„Grani" 1951 nr 12 (Frankfurt nad Menem).

57

ska była, jako całość, bardziej uduchowiona, dramatyczna, nasycona i skomplikowana niż rosyjska proza, lecz okazała się mniej zdolna do życia niż ta ostatnia. Zagłada poezji na tym świecie, skąd stopniowo znikają wielkie skarby przeszłości, pozostała jednak niemal niezauważona. Przyczyn jest wiele: niechęć do przemyślenia do końca tragedii, której jesteśmy widzami; jakiś właściwy człowiekowi nieświadomy optymizm, który w momencie dziejącej się już katastrofy pozwala mu mówić: „Może nie jest tak źle, jak na to wygląda"; nasycony groźnymi zjawiskami czas, który nam przypadł w udziale, prowadzący nas od straty do straty. Jakkolwiek by było, jeden z ostatnich żyjących wśród nas poetów, Władysław Chodasiewicz, swoją twórczością zwieńczył wielki okres rosyjskiej poezji. Zaczął się ten okres od *Ody na zdobycie Chocimia* Łomonosowa (1739) i, w harmonijnej zgodzie z całą poezją Zachodu, przeżył swój rozwój i rozkwit.

Władysław Chodasiewicz, w połowie polskiego pochodzenia, urodził się w Moskwie w 1886 roku; jako młody student i początkujący poeta dał się wciągnąć w moskiewskie życie literackie, gdzie rej wodził w owym czasie Walery Briusow. Był to bogaty w talenty, głośny, gorący okres rosyjskiego życia: po kilkudziesięciu latach kulturalnego zastoju symboliści (poeci i prozaicy), malarze, działacze teatralni i muzycy t w o r z y l i k u l t u r ę na oczach otaczających ich ludzi. Andriej Bieły i Briusow w poezji, tak jak Stanisławski, Aleksander Benois czy Rachmaninow w swoich dziedzinach, uczestniczyli w postępowym ruchu, który zaczął się wtedy w Rosji i miał swoje odpowiedniki w życiu gospodarczym i społecznym, w filozofii i technice. Między 1905 a 1917 rokiem Chodasiewicz zdążył dorosnąć, jego gusta okrzepły, jego idee twórcze dojrzały. W okres upadku Rosji wkroczył jako człowiek ukształtowany.

W historii poezji rosyjskiej, abstrahując od szkolnych definicji „romantyzmu", „klasycyzmu", „symbolizmu" itp., można jasno wyróżnić dwie główne linie, które przez dwa stulecia biegły równolegle (przeplatając się jeden jedyny raz w osobie Puszkina) i nadały jej to wyjątkowo bogate oblicze, jakim się odznacza. Jedna z tych linii zrodziła się jakby z m ą d r o ś c i, druga — ze ś p i e w n o ś c i.

Nie zapominamy, że w poezji, tak jak i w ogóle w sztuce, forma i treść są nierozerwalnie zespolone, że w autentycznym dziele sztuki forma jest samą jego treścią, toteż nie dziwi nas przeciwstawienie m ą d r o ś c i – ś p i e w n o ś c i, tj. przeciwstawienie cechy treści cesze formy. Mądrość to punkt wyjścia poetów, którzy w natchnieniu wychodzili od myśli, śpiewność natomiast — tych, którzy wychodzili od dźwięku i melodii. Dierżawin i Batiuszkow należeli do poetów pierwszej grupy. Ich poezja jest mądra, myśląca, podczas gdy poezja Żukowskiego jest śpiewna, uczuciowa. W geniuszu Puszkina obie te właściwości skrzyżowały się, choć, być może, pierwsza z nich w jakiś sposób górowała. Lermontow, Fet, Balmont, Błok, Cwietajewa — zdawać by się mogło, że nic (albo prawie nic) ich nie łączy — doprowadzili do naszych czasów ś p i e w n ą linię rosyjskiej poezji. Baratynski, Tiutczew, Annienski, Chodasiewicz przedłużali nić, rzuconą im przez ich poprzedników; poezja tych twórców jest bardziej „głęboka" niż „piękna", bardziej rozumna niż natchniona, bardziej surowa niż muzykalna. Tę głębię, rozumność i ostrość Chodasiewicz doprowadził do maksimum: często bywa prozaiczny, niekiedy oschły, ostry, nasycony, a tworzyć znaczy dla niego nie tyle ś p i e w a ć, co r o z m y ś l a ć. Poetyckie metody XIX wieku, które lubił wskrzeszać, odnawiając je po swojemu, łączą się w jego poezji ze współczesną ostrością poetyckiej percepcji i śmiałością obrazów.

Bardzo wcześnie wybrał oszczędność efektów zewnętrznych, skromność środków, nie „estradową", lecz „kameralną" intonację — warunki życia zewnętrznego w Rosji tamych czasów (po 1917 roku) podpowiedziały mu w tym sensie jego poetycką drogę: wokół panował głośny krzyk, pstrokaty chaos „widowiska", jakie urządzali futuryści. Może najlepsze swoje rzeczy napisał w ciągu pięciu lat przeżytych w Rosji radzieckiej w biedzie i wyrzeczeniach, przygnieciony tym, co się wokół niego działo, tracąc rówieśników i współczesnych, znękany grubiaństwem i nędzą nowego bytowania. W owym zewnętrznym życiu nie było niczego, co by harmonizowało z jego mroczną, czystą, poważną i głęboką poezją. Ale za tym życiem przeświecał dla niego nieprzerwanie ów byt, którego większość ludzi nie zna i nie odgaduje, a który tak porusza i prześladuje poetów. U Chodasiewicza tylko cienka ścianka dzieli nasz świat od tego drugiego świata, skąd dobiegało go tak wiele obrazów i dźwięków. Lecz „dar tajemnego słyszenia" nie był mu lekki. Jak mówi z znakomitym wierszu *Jaskółki*:

Dopóki z porów krew nie wyjdzie wszystka,
Dopóki ziemskie wypłakujesz oczy —
Nie będziesz duchem.

(tłum. Z. Dmitroca)

Ale nie bał się cierpień, każda burza była dla niego burzą „umiłowaną", gdzie nie ma miejsca na wątpliwości, żale, marne chwile. W wierszu *Automobil* mówi o strasznych „niedostatkach duszy" — „jakby ją wyżarł ostry kwas", skąd wyrugowane zostało wszystko, co miłe, tkliwe i jasne. Czasem niemal brutalnie, dosadnymi dysonansami przypomina nam o tym, że gdzieś „bije inne życie" i o możliwości przeniesienia się tam — danej wybranym, upartym i nieustraszonym, a przede wszystkim żarliwie pragnącym.

W lutym 1921 roku w petersburskim Domu Literatów odbył się jeden z ostatnich swobodnych wieczorów literackich. Spotkanie było poświęcone Puszkinowi i na tym właśnie wieczorze Aleksander Błok wygłosił swoją słynną (i jakże proroczą) mowę o poezji i czerni, tej czerni, która chce zdusić poezję. Występujący na tymże wieczorze Chodasiewicz posunął się jeszcze dalej, powiedział mianowicie, że nadchodzą czasy, kiedy „w zapa-

dającym mroku wypada nam wołać" — ponieważ nie mamy możliwości swobodnego wyrażenia swoich myśli, musimy zawczasu umówić się, jakim słowem dawać o sobie znać, jakie wybrać „słowo" dla poetów, którzy za chwilę zostaną zmuszeni do milczenia. „Umówmy się, będziemy się nawoływać imieniem Puszkina — powiedział Chodasiewicz — ażeby się odnaleźć na tej strasznej pustyni, gdzie się niebawem znajdziemy".
Błędem byłoby uznać te słowa za pychę. Chodasiewicz już wtedy miał jasne wyobrażenie końca, jaki czeka rosyjską poezję. Czy łączyło go z poetami jego pokolenia poczucie jednego, ciążącego nad nimi fatum? Nie, w tamtym czasie może jeszcze nie. Oczywiście, bardziej go frasował własny poetycki los i własna zguba aniżeli los jego pokolenia. O tym losie i o tej zgubie nadal pisał w swoich wierszach. Rzadko pojawiają się w nich tzw. „obywatelskie" motywy — dominuje temat możliwego i niemożliwego osobistego ocalenia. O ile, słowami Tiutczewa, jego dusza „nie mogła znieść szczęścia", o tyle mogła „znieść siebie". Wśród „miałkich prawd" szukał wielkiej prawdy i nieraz pragnął, jak niegdyś Błok, znaleźć w końcu ową nić, za którą dobrze byłoby pociągnąć raz a dobrze, żeby w jednej chwili zmienić cały porządek świata, żeby wreszcie coś się zerwało i by otworzyło się to, co prawdziwe, autentyczne, dla czego warto żyć i tworzyć.

Nie żywiołowy akt, lecz indywidualny proces zajmował jego myśli: jak wyrwać się do rzeczywistości tworzonej na nowo, jak z tutejszego „sztucznego i bezwzględnego" świata wejść w świat inny? — Na tym polegało jego zadanie. Rozwiązać je pomagało mu natchnienie, o którym tak dobitnie mówi w ostatnich strofach swojej *Ballady*:

I słońce szesnastowatowe
I niebo na tynku zniknęło:
Na zrębie skał gładkich i czarnych
Opiera swe stopy Orfeusz.
(tłum. Z. Dmitroca)

Nie da się w pięćdziesięciu liniach powiedzieć o głębokiej istocie wielkiego poety, o tajemnych drogach jego poezji. Nie da się jednym czy dwoma zdaniami wprowadzić czytelnika w świat Chodasiewicza, świat życia sąsiadujący ze światem śmierci, w krainę jego psychicznych i duchowych przeobrażeń. Trzy tomiki składają się na jeden niewielki zbiór wierszy, opublikowany w Paryżu w 1927 roku. Pierwszy z owych tomików, wydany w 1918 roku, jest najbardziej filozoficzny, drugi (1922) najbardziej wypracowany, trzeci (1927) najbardziej tragiczny. W pierwszym z nich, *Drogą ziarna*, Chodasiewicz próbuje pojąć bieg czasu. Pod tym względem szczególnie charakterystyczny jest wiersz otwierający ten znakomity tomik:

Powoli idzie siewca równymi bruzdami.
I ojciec i dziad jego tymi szli śladami.

Jak złoto w jego ręce połyskuje ziarno,
Lecz ono nieuchronnie padnie w ziemię czarną.

I tam, gdzie ślepy robak pełznąc się kieruje,
W tajemnym czasie umrze i wnet wykiełkuje.

Tak samo dusza moja tę drogę przechodzi:
Zstąpiwszy w ciemność, umrze — i tam się odrodzi.

I ty, moja ojczyzno, ty, jej ludu mnogi,
Umrzesz i się odrodzisz przez ten rok pożogi —

Przeto, że mądrość dana nam elementarna:
Przeznaczeniem żyjących jest iść drogą ziarna.

Pod koniec 1917 roku wiersze te dźwięczały w Rosji nadzieją, Chodasiewicz miał jeszcze nadzieję, póki żył u siebie w ojczyźnie. W 1922 roku emigrował — z własnej woli. Dowiedział się później, że figurował na liście osób mających zostać wydalonymi za granicę trzy miesiące po jego wyjeździe. Przez trzy lata tułał się po Europie — był w Niemczech, w Czechach, we Włoszech, w Anglii — w końcu osiadł w Paryżu.

Ciężka lira — drugi jego tomik — sprowokowała taką oto wypowiedź Andrieja Biełego: „Jak w treści Chodasiewicz sukcesywnie podejmuje zadania najlepszych tradycji wielkiej poezji naszej, tak samo i w formie wznosi się on do «legionu sławnych» poetów. Radość: za naszych dni pojawił się wielki poeta. A takie narodziny to rzadkość". Celność, siła, cierpkość i gorycz owego tomiku czynią zeń zjawisko wyjątkowe we współczesnej poezji rosyjskiej.

Tematem jest powrót „do domu" z ziemskiego piekła; nie ów swobodny powrót, o którym mówili romantycy, lecz powrót wymuszony, nieunikniony, fatalny; tematem jest kres życia, koniec tego, co widzialne współcześnie, śmierć ludzi i rzeczy — ostanie się tylko słabe tchnienie ducha, potężnego w swojej słabości, wiecznego w swoim zbuntowanym cierpieniu i poznawaniu.

Ni żyć, ni śpiewać wręcz nie warto;
Licha toporność na tym świecie.
Krawiec coś szyje, cieśla stawia:
Szwy się rozejdą, dom rozleci.

Kilka lat po wydaniu trzeciego tomiku wierszy pt. *Europejska noc* Chodasiewiczowi było sądzone zamilknąć. Przez ostatnie dziesięć lat życia napisał zaledwie około piętnastu wierszy. E u r o p e j s k ą   n o c ujrzał wcześniej niż inni, a ujrzawszy ją, przeraził się i zamilkł.

Ale to milczenie dotknęło jedynie poezję. W ciągu tego dziesięciolecia wyłonił się w Paryżu, w prasie rosyjskiej, jako krytyk literacki, zamieszczając z tygodnia na tydzień swoje krytyczne artykuły w gazecie

„Wozrożdienije". Nie były to recenzje ukazujących się książek (za granicą albo w ZSRR), gdzie główną sprawą jest ocena treści, lecz zawsze głęboko przemyślane i uzasadnione wypowiedzi na temat danego utworu, poruszające przy okazji rozmaite zagadnienia współczesności, nie tylko czysto literackie, ale i filozoficzne, historyczne i polityczne. Z tego powodu wiele ówczesnych artykułów Chodasiewicza bynajmniej się nie zestarzało, jak to zwykle bywa z tekstami zawodowych krytyków literackich, lecz przeciwnie — zyskały one szczególny sens w świetle zaszłych wypadków.

W tamtych latach Chodasiewicz chętnie wracał do kwestii wspólnej doli rosyjskich poetów i pisarzy w związku z rosyjską rzeczywistością, lubił mówić o powołaniu i celach literatury, o geście poety, o odpowiedzialności człowieka piszącego, o trudnej drodze pisarza, świadomie wybierającego tę drogę. O znaczeniu tego „pola działalności" wspomina parokrotnie w swoich wierszach, ale szczególnie ostro wyraził te myśli w takich artykułach, jak *Krwawe pożywienie*, które teraz, po dwudziestu latach, wydają się tak samo, jeśli nie bardziej, aktualne jak wtedy. Chodasiewicza otaczał krąg młodych poetów, częściowo wzorujących się na nim, odnoszących się do niego z szacunkiem i miłością, wsłuchujących się uważnie we wszystkie jego sądy.

Obok działalności gazetowej, częściowo wymuszonej, zajmował się, jak zresztą przez całe swoje życie, Puszkinem. W Rosji Puszkin (jak Goethe w Niemczech) był osobną nauką, by tak rzec, osobnym f a k u l t e t e m. Teraz oczywiście i to się skończyło ze śmiercią ostatnich puszkinistów (zlikwidowani zostali nie tylko puszkiniści formacji przedrewolucyjnej, lecz i wspaniałe pokolenie młodych puszkinistów lat trzydziestych). Trzeba powiedzieć, że w tej dziedzinie Chodasiewicz nie zrobił tego, co zamierzał — ze wszystkich jego prac ostała się tylko jedna książka, *O Puszkinie*, i z dziesięć artykułów historyczno-literackich, rozrzuconych po wielu czasopismach. Biografia Puszkina, o której napisaniu marzył nieledwie całe życie, pozostała nie napisana.

Zostawił nam za to drugą biografię — poety Dierżawina, która podaje wszystko, co tylko można wiedzieć o osobie, życiu i twórczości tego poetyckiego przodka samego Chodasiewicza. Z prostotą, żywością i subtelnym zrozumieniem ludzi i epoki Chodasiewicz opisał w tej książce wiek XVIII, Katarzynę II, wstępowanie skromnego urzędnika na szczyty drabiny państwowej, przeobrażenie młodzieńca z prowincji w wielkiego rosyjskiego poetę, do tej pory żyjącego wśród nas. Na stronicach tej biografii Chodasiewicz okazuje się wielkim mistrzem rosyjskiej prozy.

Na kilka miesięcy przed śmiercią, w 1939 roku, wyszły zebrane przez niego w jedną całość wspomnienia o współczesnych, *Nekropol*. Te memuary wyróżniają się wśród wielu innych jasnością, trafnością i prawdą. Nic tu nie jest upiększone ani przyozdobione fantazyjnym lokiem: współcześni Chodasiewicza (częściowo starsi od niego) — Błok, Gorki, Briusow,

Sołogub i inni — stają przed nami jak żywi, wskrzeszeni mocnym, wiernym i celnym słowem pamiętnikarza, który o sobie mówi jak najmniej, tylko to, co niezbędne. Bez tej książki nie mielibyśmy pojęcia o „bohaterach czasów minionych", o uczestnikach krótkiego, lecz wspaniałego okresu rosyjskiego życia literackiego w początkach naszego stulecia.

Chodasiewicz, przez całe życie wątłego zdrowia, był wątły również z wyglądu, miał w sobie coś z „ducha", widma, jakąś lekkość i związaną z nią grację w sposobie chodzenia i poruszania się. Chorował od dzieciństwa i życie zawsze było mu brzemieniem, a wygnanie i myśl o losie Rosji ciążyły mu nieustannie; im jaśniej otwierała się przed nim przyszłość, tym trudniej było mu dźwigać ten ciężar. Po długiej i ciężkiej chorobie zmarł w Paryżu (gdzie przeżył piętnaście lat), przeczuwając wojnę i związane z nią katastrofy (wojna wybuchła dwa i pół miesiąca po jego śmierci). Równo rok później, 14 czerwca, w rocznicę śmierci poety, przyjaciele nie mogli się zebrać przy jego grobie: w ten dzień wojska niemieckie wkroczyły do Paryża, a jeszcze trzy lata później, po strasznych bombardowaniach, otaczające jego mogiłę groby na cmentarzu Billancourt okazały się zburzone... Wszystko to wieńczy życie Chodasiewicza złowieszczym, a jednocześnie harmonizującym z tym życiem końcem.

W życiu i w literaturze łączyły go wielorakie stosunki z wieloma rosyjskimi literatami tych czasów, głęboko ceniącymi jego krytyczny umysł, jego poezje i rozmowy z nim. Dymitr Mereżkowski tak pisał o jego śmierci:

„Nie mogę powiedzieć o Chodasiewiczu «był», chce mi się powiedzieć «jest». Ten osobliwie utalentowany człowiek jest nie tylko wybitny jako poeta, ale i jako człowiek. Zawsze ceniłem w nim — bardziej niż wszystko inne — mocny, jasny, niezachwiany stosunek do «tamtego» (radzieckiego). Czy wielu jest wśród nas takich jak on — wiernych i odważnych do końca, do śmierci? Wierny temu, co kochał i uważał za prawdę, odszedł tam, lecz wśród nas pozostanie żywy. I dlatego nie mogę i nie chcę powiedzieć o nim «Chodasiewicz był», tylko mówię «Chodasiewicz jest»".

Mereżkowski ma absolutną rację: Chodasiewicz był nieugiętym wrogiem reżimu obecnej Rosji.

W różnych okresach życia przyjaźnił się z A. Biełym, M. Gorkim, Z. I. Gippius; prowadził z nimi korespondencję, która wiele da przyszłemu badaczowi naszych czasów. Jeden z jego najbliższych przyjaciół i wiernych admiratorów, W. Welde, napisał o nim słowa, które może najlepiej przybliżają czytelnikowi tego jedynego w swoim rodzaju rosyjskiego poetę:

„Być może trzeba jeszcze objaśniać komuś całą powagę tego, co wiąże nas z tym poetą, oraz tego, co wiąże się z nim dla nas. Być może trzeba jeszcze objaśniać, że jest on rzeczywiście n a s z y m poetą, nie tylko w tym sensie, że należy do popuszkinowskiej Rosji, do pogoethowskiej Europy, do naszej wspólnej nieprzerwanej historii, lecz i w tym bardziej porażającym, jeśli nie mniej ważnym sensie, który czyni zeń najgłębszego naszego współczesnego ostatnich dziesięciu lat".

Wygnanie zawsze jest tragedią, emigracja zawsze jest nieszczęściem. Ale dla poety emigracja to zguba, i Chodasiewicz zdawał sobie sprawę z tego, co zgotował mu los. Uchodząc z Rosji, wiedział, co to jest Rosja; żyjąc w Europie, odgadywał jej przyszłe losy i rozumiał, do czego ją prowadzi zakończenie wielkiego historycznego okresu. Przez całe swoje życie ani razu nie wygłosił choćby jednego słowa dla uciechy „galerii" i jeszcze na kilka lat przed śmiercią ujrzał, że przed nami, po t e j stronie śmierci, n i c z e g o n i e m a. Mówienie o tym w wierszach wydawało mu się bluźnierstwem — skoro n i c z e g o nie ma, to po co wiersze? W pewnym prywatnym liście z 1932 roku uronił dwa zdania:

„Nie mam już niczego".

„Pora postawić krzyżyk na hardych zamiarach".

Żył jeszcze potem siedem lat.

NINA BERBEROWA
tłum. Maryna Ochab

ROBERT PINSKY

POETA ZASŁUGUJĄCY NA PROTEST*

Kiedy dowiedziałem się, że jutro na pogrzebie Czesława Miłosza w kościele Mariackim w Krakowie zbiorą się protestujący demonstranci, z łatwością mogłem wyobrazić sobie śmiech tego wielkiego poety. Zapewne sądzą oni, że Miłosz był nie dość polski lub nie dość katolicki. Przez całe swoje życie wywoływał podobne reakcje niechęci. Tak to już jest, gdy ktoś będąc wielkim pisarzem, poświęcił się rzeczom ostatecznym (nazwijmy go humanistą eschatologicznym). Miłosz doprowadzał do szaleństwa ludzi o mentalności autorytarnej. Kiedy w latach siedemdziesiątych w oficjalnej bibliografii pojawiła się wzmianka — niewątpliwie, choć bez nazwiska — o nim, jako o jednym z wielu mało istotnych poetów pokolenia, zrozumiał, że komunistyczne władze przymierzają się do jego rehabilitacji.

Mieszkał wówczas w Berkeley w Kalifornii. Podzielił się nowiną z amerykańskimi przyjaciółmi, okraszając opowieść gromkim śmiechem, donośnym wyrazem radości tyleż serdecznym, co ironicznym. Jego śmiech był zaraźliwy, a właściwie władczy — reprezentował autorytet ludzkiej inteligencji tryumfującej nad antyautorytetem małodusznego reżimu.

Nie po raz pierwszy Miłosz stał się pisarzem zakazanym. Przeżył okupację hitlerowską w Polsce, co nie udało się jego wielu bliskim przyjaciołom. Przeżył także starcie z powojenną władzą komunistyczną oraz decyzję pozostania na emigracji. W opublikowanym w roku 1975 wierszu *Czarodziejska góra* pisał: „I sława mnie ominie, ni tiary ani korony?", co oznacza, że Miłosz umiał znieść los artysty na wygnaniu, zdając sobie sprawę, że zyska uznanie jedynie nielicznych. W wierszu *Moja wierna mowo* pisał o języku polskim: „Byłaś moją ojczyzną, bo zabrakło innej".

W roku 1980, kiedy w Polsce powstała Solidarność otrzymał Nagrodę Nobla w dziedzinie literatury. Wersy jego utworów pojawiły się na trans-

---

* „The New York Times", 26 VIII 2004. Drukujemy za łaskawą zgodą Autora.

parentach, a także na słynnym pomniku, wzniesionym w Gdańsku. Kiedy władze zezwoliły na druk poezji Miłosza, długie kolejki ustawiały się po jego książki, choć ludziom w Polsce brakowało wtedy jedzenia i pieniędzy. W Berkeley Miłosz pokazywał czasem znajomym rysunek z warszawskiej gazety, składający się z trzech obrazków. Na pierwszym mężczyzna idzie, czytając książkę, za rogiem czai się jakaś ponura postać; na drugim postać wyskakuje z cienia i zadaje mężczyźnie cios w plecy, wreszcie na ostatnim rysunku zabójca odchodzi od zakrwawionych zwłok, czytając zrabowaną książkę. Teraz dopiero widoczna jest okładka, a na niej napis: Miłosz *Wiersze*. Pamiętam poetę pokazującego ten krótki komiks i jego charakterystyczne wybuchy śmiechu — sceptyczne, lecz niezaprzeczalnie pełne zadowolenia.

Zachowując upartą wierność wobec języka ojczystego i kraju rodzinnego, stał się Miłosz poetą światowym. Dzięki trwaniu przy pozornie staroświeckich zasadach wpojonych w dzieciństwie — wierze w siłę rozumu, umiłowaniu natury i kosmopolitycznym poglądom zaszczepionym przez stryja, O. V. de L. Milosza, poeta mógł oprzeć się śmiercionośnym ideologiom nazizmu i sowieckiego komunizmu. Dzięki przywiązaniu do swojej pracy i wskutek odmian losu — wbrew własnym oczekiwaniom — potrafił przeciwstawić się wielkim i groźnym ideologiom oraz próbom wymazania go z kart historii.

Kosmopolityczna i eklektyczna część wyobraźni Miłosza ukształtowała się być może nie tylko pod wpływem O. V. de L. Milosza. Wiele zawdzięczał także rodzinnemu Wilnu, które jako żywe centrum intelektualne było miastem jednocześnie żydowskim, polskim i litewskim. Po tryumfalnym powrocie, który przez całe dziesięciolecia wydawał się niemożliwy, Miłosz został uhonorowany w Wilnie, które nie jest już żydowskie czy polskie, lecz całkowicie litewskie. Stopniowo przeprowadził się z Berkeley do Krakowa, miasta uniwersyteckiego, które w odróżnieniu od Warszawy przetrwało wojnę, zachowując w stanie nienaruszonym starą substancję swoich budynków.

Napisany prozą *Zniewolony umysł* jest nie tyle dziełem antykomunistycznym, ile raczej zapisem pułapek, kompromisów i autoiluzji oraz samobójczej hipokryzji, na jakie wystawieni są pisarze i intelektualiści w państwie policyjnym. Wszyscy, którzy przypuszczają, że poeci czy uczeni są ze swej natury przewodnikami w świecie ludzkiej moralności, odnajdą w *Zniewolonym umyśle* niezachwianą choć wspaniałomyślną rewizję takich poglądów. Książka ta przeżyła nie tylko sam system sowiecki, ale także jego upadek.

W zeszłym miesiącu, w przeddzień dziewięćdziesiątych trzecich urodzin Czesława Miłosza i na kilka tygodni przed jego śmiercią, odwiedziłem poetę w szpitalu w Krakowie. Powitał mnie ze znajomą mieszaniną uprzejmości i uważnego rachunku sumienia.

— Jestem bardzo wzruszony, że przyszedłeś mnie odwiedzić. Na szczęście jestem przytomny — powiedział.

Te charakterystyczne słowa wskazują na to, że duch i umysł były w stanie takim, jak zawsze. To tylko ciało było zbyt słabe, żeby dalej pisać, a nawet żeby dyktować. Na pytanie: Czy układasz jakieś zdania w głowie, czy piszesz w myślach? — odpowiedział:

— Niee... — wydłużając śpiewną, słowiańską sylabę. — Mam w głowie tylko absurdalny *bric-à-brac*.

Tak zabawnie użyte, skromne francuskie wyrażenie, było dowodem na bardzo subtelne opanowanie angielskiego, języka, w którym napisał tylko jeden wiersz *Do Radży Rao*. Następnie postanowił dać mi przykład tej gmatwaniny. Opowiedział mi sen, jaki przyśnił mu się tego dnia w szpitalu.

— Śniło mi się, że byłem w XVIII wieku w Bostonie. Spierałem się z purytanami — powiedział. A potem dodał:

— Wszyscy byli w mundurach — tutaj odezwał się znajomy, donośny śmiech, absurdalny i zamierzony, pełen pożądania i odrazy, żalu i odrodzenia. Pogłos tego śmiechu okazał się bardzo ważny w XX wieku i będzie trwał w jego niedoścignionym dziele. Wrogowie tego wspaniałego dźwięku nie mogli uciszyć go nawet na wygnaniu, protesty pełne zdumienia i złości także w domu nie mogą stłumić jego zwycięstwa.

tłum. Łukasz Gałecki

BENEDETTA CRAVERI

MIŁOSZ, PIEWCA POLSKIEJ DUCHOWOŚCI*

Trudno było nie odczuwać onieśmielenia w obecności Czesława Miłosza, nie tylko z powodu otaczającej go aury wielkiego poety, laureata Nagrody Nobla. Miał posturę renesansowego kondotiera, piękną twarz o świetlistych oczach, których błękit przechodził w stalową szarość, gęste, krzaczaste brwi; wszystko w nim promieniowało godnością i siłą. Widocznemu zniecierpliwieniu czczą gadaniną towarzyszyła chłodna uprzejmość wielkiego pana, lecz jego donośny, barytonowy śmiech okazywał się niespodziewanie formą życzliwości wobec rozmówcy, sprawiając, że ten ostatni zaczynał czuć się swobodnie.

* „La Repubblica", 15 VIII 2004. Drukujemy za łaskawą zgodą Autorki.

Miałam szczęście spotkać go wielokrotnie w ostatnich latach: we Włoszech, Stanach Zjednoczonych, w jego odnalezionej Polsce; najgłębiej zapadła mi w pamięć jego obecność na pogrzebie Josifa Brodskiego w Wenecji. Był 21 czerwca 1997 roku, niemal osiemdziesięciopięcioletni Miłosz przyjechał złożyć hołd młodszemu o wiele lat poecie rosyjskiemu, również laureatowi Nagrody Nobla. Widzę go jeszcze, jak stoi wyprostowany, milczący, poważny w gronie przyjaciół przybyłych z nowego i starego kontynentu, niczym wiekowy złoty dąb z litewskiej puszczy pośród czarnych cyprysów na wyspie San Michele. Być może Miłosz myślał wtedy o swoim pierwszym spotkaniu z Brodskim, który dopiero co przybył do Stanów Zjednoczonych, wydalony ze Związku Radzieckiego i uznany tam za pasożyta i wywrotowca. Kolejnemu słowiańskiemu poecie przyszło, dwadzieścia lat po nim, stawić czoło podobnej próbie emigracji, oderwania od ojczystego języka i trawił go prawdopodobnie ten sam niepokój o swoją przyszłość poety, wykorzenionego z ojczystego kraju.

Oficjalne wygnanie Miłosza zaczęło się w 1951 roku w Paryżu, kiedy, przyjechawszy objąć stanowisko pierwszego sekretarza ambasady Polskiej Rzeczypospolitej Ludowej, poprosił rząd francuski o azyl polityczny. W książce-wywiadzie *Miłosz racconta Miłosz* (1983), wspominając powody, które skłoniły go do zerwania z reżimem panującym w Polsce, wskazywał przede wszystkim na odmowę bycia „wspólnikiem". Walka z komunizmem, jaką prowadził odtąd pisarz, nie miała charakteru wyłącznie politycznego: komunizm stanowił dlań wcielenie nihilizmu i należało go zwalczać bardziej w sferze moralności i ducha niż ideologii.

Niezależnie jednak od radykalnego odrzucenia totalitarnego systemu, którego perwersyjne mechanizmy przedstawił w *Zniewolonym umyśle* (1953), emigracja, mająca go zaprowadzić z Litwy do Polski, do Francji i do Stanów Zjednoczonych, była dla Miłosza wewnętrzną koniecznością, oznaczała nieuleganie jakimkolwiek uwarunkowaniom, ciasnemu polskiemu nacjonalizmowi, do którego żywił głęboką awersję, oraz możliwość wpisania się w rozległą panoramę literatury europejskiej. Od samego początku jego intelektualna przygoda, podobnie jak jego poezja, zawieszona, jak napisał Wojciech Karpiński, „pomiędzy anatemą a ekstazą", sytuowała się pod znakiem odmienności, komplikacji, paradoksu, sprzeczności. Urodził się w 1911 roku w Szetejniach nad rzeką Niewiażą na Litwie, w polskiej rodzinie szlacheckiej; o jego narodowości zadecydował język rodziców, język polski, lecz wspomnienie dzieciństwa na Litwie, przywołanego tak sugestywnie w powieści *Dolina Issy* (1955) i w wielu wierszach, głęboko zapuściło korzenie w jego pamięci. Ojczyzna młodości, Litwa, miała stać się dla niego nie tylko ważnym źródłem poetyckiego natchnienia, lecz oznaczała również doświadczenie kraju wielojęzycznego i wieloetnicznego, gdzie rozmaite tradycje religijne — katolicyzm, prawosławie, judaizm — współistniały z pradawnymi pogańskimi wierzeniami, sprawiając, że poeta stał się uczulony na wszelką formę nacjonalizmu i sekciarstwa. Litwa była znaczącym drobnym elementem mozaiki owej *Rodzinnej Europy* (1959), której wspomnienie utrwalił Miłosz na zawsze na kartach tej niezwykłej książki. Niezbywalnym doświadczeniem, jak miał udowodnić, wpisując swoje dzieło w nurt polskiej tradycji, lecz się z nią do końca nie utożsamiając.

Równie decydujący z punktu widzenia intelektualnego dojrzewania pisarza okazać się miał wpływ stryja, który wybrał niegdyś Paryż i język francuski, poety symbolisty O. V. de L. Milosza, jednego z sekretnych mistrzów poezji europejskiej.

Oscar wtajemniczał dwudziestoletniego bratanka w hermeneutykę, judaizm, okultyzm, twórczość Blake'a, Swedenborga, katastroficzne odczytywanie Apokalipsy. Stawiał go przede wszystkim w obliczu pytania sformułowanego przez Hölderlina, później zaś powtórzonego przez Heideggera: cóż po poecie w dzisiejszych czasach? Odpowiedź sugerowana przez stryja polegała na rezygnacji z prób przywrócenia przeszłości, na zwróceniu się ku szerokim horyzontom, wyznaczając domenie poezji ścisłe granice punktu widzenia i sprowadzając ją do pozbawionej ciągłości rejestracji naszych drobnych spostrzeżeń. To była pierwsza formuła jednego z wielkich tematów stale obecnych w jego poezji: uświadomienie sobie faktu, że człowiek nie będzie nigdy w stanie uchwycić całości własnego doświadczenia i że rzeczywistość jest tak złożona, iż można stawić jej czoło, wychodząc tylko od określonych fragmentów ujętych w ich konkretnej obiektywności.

W przypadku Czesława Miłosza była to jedynie wstępna odpowiedź. Druga wojna światowa, udział w oporze podziemnej Polski, okupowanej przez nazistów, powstanie w getcie i jego zagłada, powstanie warszawskie i zburzenie miasta, Holokaust, stalinizm postawiły go oko w oko z Heglowskim duchem dziejów. „Dla Miłosza — napisała Helen Vendler — są bogowie więksi niż Historia i do nich Miłosz zalicza ludzką pamięć, wolność, szczęście, wierność oraz, bynajmniej nie jako najmniej ważne, matematykę i formy uniwersalne: Plato i jego idee: na ziemi biegają i przemijają zające, lisy, konie, ale gdzieś tam, w górze, trwają wieczne idee zajęczości, lisowatości, koniowatości, wespół z ideą trójkąta i prawem Archimedesa, których nie obali chaotyczna, skażona śmiercią empiria".

Wiecznie zagrożone przez złego demiurga, bóstwa te nawiedzają nas od czasu do czasu, chociaż wydaje się nam niekiedy, że całkiem nas opuściły. Dla Miłosza zadanie poezji polega wszakże na przypominaniu o ich zbawiennym dla człowieka istnieniu i na zdolności uchwycenia ich ulotnych epifanii, po to, aby ocalić je przed ślepą obojętnością ludzi i niszczącym działaniem czasu.

Jego twórczość poetycka nie ma odpowiednika w XX wieku: rezygnacja z całościowej wizji człowieka i świata stała się źródłem namysłu nad dobrem i złem, naturą i historią, filozofią i teologią, namysłu zdającego się nie znać granic. On sam przedstawił swoją poetykę w niezwykłym utworze wierszem, *Traktacie poetyckim* (1955–56) — przełożonym niedawno na angielski — porównywalnym jedynie do *Ziemi jałowej* Eliota. Ta wielorakość punktów widzenia wyraża się w wielorakości języków. Jak napisał jego przyjaciel, Konstanty Jeleński, „W Miłoszu-poecie zamieszkuje wiele głosów: dziecko i mędrzec, poeta i wieszcz, człowiek Wschodu i człowiek Zachodu, istota kochająca życie i czytelnik Pascala. Jeśli jednak każdy z tych idiomów wzrusza nas i oświeca, dzieje się tak dlatego, że pisarz potrafił stworzyć język, który, odzyskawszy czystość klasycznej polszczyzny — języka Adama Mickiewicza — potrafi mówić o wszystkim w sposób jasny, naturalny, precyzyjny, pozbawiony emfazy, bez barokowych ozdób, bez ustępstw na rzecz żargonów nowoczesności".

Jak wiedział dobrze Josif Brodski w czasach swego pierwszego z nim spotkania, Miłosz był żywym dowodem duchowej siły poezji. Wygnanie nie tylko nie doprowadziło do zerwania życiodajnej więzi z ojczystą mową, lecz została ona oczyszczona, podniesiona do godności poetyckiej porównywalnej tylko do tej, którą nadał wcześniej swemu dziełu Adam Mickiewicz, wielki polski wieszcz narodowy, urodzony na Litwie podobnie jak Miłosz i podobnie jak Miłosz żyjący przez większą część swojego życia na wygnaniu.

To prawda, że możemy czytać Miłosza jedynie w przekładzie, ale cóż robić. Chociaż wyzbyta niezwykłej muzykalności i urody stylu języka oryginału, sprowadzona do przekazu treści, jego poezja odwołuje się, jak być może żadna inna w minionym stuleciu, do naszego sumienia. Przeczytajmy na nowo *Campo dei Fiori*. Napisane w Warszawie, w kwietniu 1943 roku, w dniach zagłady getta, czego Miłosz był naocznym świadkiem, i mówiące o okrucieństwie ludzkiej obojętności, wersy te są jedynymi w polskiej poezji, jakie powstały na ów temat. Pisząc je, powiedział Marek Edelman, ostatni ocalały uczestnik powstania w getcie, Miłosz uratował honor polskiej literatury.

BENEDETTA CRAVERI
tłum. Joanna Ugniewska

EWA BIEŃKOWSKA

MIŁOSZ I PSALMY*

W trwodze i drżeniu myślę, że spełniłbym swoje życie,
Tylko gdybym się zdobył na publiczną spowiedź,
Wyjawiając oszustwo, własne i mojej epoki:
Wolno nam było odzywać się skrzekiem karłów i demonów,
Ale czyste i dostojne słowa były zakazane
Pod tak surową karą, że kto jedno z nich śmiał wymówić,
Już sam uważał się za zgubionego.

Czesław Miłosz, *Zadanie*

A ja kim jestem, wyznawca, tańczący przed Majestatem?

Czesław Miłosz, *Przed Majestatem*

Pierwsza edycja Księgi Psalmów w tłumaczeniu Czesława Miłosza wychodzi w Paryżu w roku 1978. W latach siedemdziesiątych, jeszcze przed przejściem na emeryturę, na Uniwersytecie w Berkeley poeta uczy się intensywnie greki i hebrajskiego. Z łaciną od wczesnej młodości ma bliskie stosunki. Cel założył sobie niezbyt skromny: przełożenie niektórych ksiąg Starego i Nowego Testamentu. Czy od razu jego przedsięwzięcie było ograniczone do tych kilku ksiąg, które opublikował, swoich ulubionych? Czy szykował się na więcej, ale okoliczności mu przeszkodziły? Domyślamy się, że dla umysłu zarazem poetyckiego i metafizycznego psalmy i Apokalipsa św. Jana musiały być wyjątkowo ważne.

Krótki wstęp tłumacza do wydania psalmów mówi o wcześniejszych przekładach Księgi, które były dla niego wzorem. Dowiadujemy się, że sprawą najważniejszą jest rytm, zachowanie wersetu: formy poetyckiej zapomnianej w literaturze zachodniej, a którą próbowali wskrzesić Walt Whitman i Paul Claudel. Pod tym względem za najbardziej udane tłumaczenie uważa *Psałterz puławski*, ze swoją średniowieczną jeszcze polszczyzną,

---

* Odczyt wygłoszony 10 XI 2004 na konferencji Wydziału Humanistycznego Uniwersytetu Kardynała Stefana Wyszyńskiego, poświęconej Księdze Psalmów.

bardziej muzyczną niż słynne tłumaczenie księdza Wujka. Zaś takie wysiłki, jak wierszowana parafraza Jana Kochanowskiego, nie interesują go. Wstęp zawiera zwięzłą teorię języka poetyckiego wedle Miłosza. Miłosz podkreśla, że jego praca nad tłumaczeniem jest identyczna z pracą nad własnymi utworami, polega na podobnej uwadze wobec słów i rytmów. Jest też wyszukiwaniem odpowiedników słów hebrajskich, które by nie były ani zbyt anachroniczne, ani zbyt muzealne. Ze względu na szacowny charakter tekstów i na własny temperament, nie pociągają go chwyty, jakich np. używał Jerzy Sito, „unowocześniając" angielskich poetów metafizycznych. U Miłosza ważność psalmów polega na tym, że do wyrażenia spraw istotnych dla człowieka posługują się mową „wysoką". Językiem, którym się mówi o rzeczach ostatecznych i w którym człowiek zwraca się do swego Boga.

Jak to się stało, że poeta dwudziestowieczny zostaje wcześnie zawładnięty myślą o stylu wysokim, tak obcym stuleciu? Wiemy, że Miłosza nigdy nie bawiły poetyckie gry z językiem, mowa dla samej mowy. Z czasem dowiadujemy się, że nie pociąga go ironia, groteska, karykatura, do której w swej bezradności uciekają się poeci. Mówi o ironii jako „chlubie niewolnych". Niewolnych w sensie braku dystansu wobec własnej współczesności, uwikłania w doraźność. Chce, żeby jego język brzmiał czysto i poważnie — dostojnie. Żeby mówił o doświadczeniach formujących, zasadniczych. Jaki może być lepszy wzorzec w kręgu naszej kultury niż Księga Psalmów.

Zalety czy potknięcia tego tłumaczenia, jego przewagi bądź słabości względem innych przekładów będą kiedy indziej analizowane pod względem językowym i poetyckim. Tym razem interesuje mnie inny ruch. Od psalmów do wierszy Miłosza, i odwrotnie: od wierszy do Księgi. Idzie o to, że pomiędzy sztuką poetycką Miłosza a psalmami istnieje paralelizm wynikający z założeń poety. Nie o sprawy wiary czy transcendencji tutaj chodzi, lecz o kształtowanie samego widzenia poetyckiego.

W Wykładzie noblowskim jest to powiedziane po prostu: dla Miłosza sekretem daru poetyckiego jest zdolność do podwójnego i równoczesnego spojrzenia. Widzi na przemian, czy równolegle, jak gdyby przykładał lornetkę do oczu z obu stron: tak, że pole widzenia staje się duże, a zawarte w nim przedmioty malutkie — i tak, że następuje zbliżenie pozwalające oglądać rzecz każdą pojedynczo jako ogromną. Krytycy dawno zauważyli tę Miłoszową przypadłość, ale warto o tym usłyszeć z ust mistrza. Nawiązuje do tego poemat prozą z tomu Hymn o perle, zatytułowany Stan poetycki: „Jakby zamiast oczu wprawiono odwróconą lunetę, świat oddala się [...], ale nic a nic nie traci na wyrazistości, zgęszcza się". Przy czym poeta zaznacza, że jest to stan, w którym przebywa nie tylko podczas pisania, ale i — z wiekiem — na co dzień. Stan poetycki staje się jakimś stanem egzystencjalnym, związanym z ilością doświadczeń, długością czasu przeżytego.

Ale te cechy występują już w młodzieńczych utworach z tomu *Trzy zimy*. W wierszu *Powolna rzeka* widok otwierający się na rozkwitły świat wiosenny, niosący w sobie przeczucie końca, kosmicznej katastrofy, jest ukształtowany wedle takiego widzenia: z daleka i z bliska. Z punktu widzenia kogoś, kto potrafi unieść się ponad ziemię i ponad czas wyznaczony na zegarach — i zobaczyć coś, czego nie widzą inni, pogrążeni w codziennych troskach. Ten wybór czy też ten stan widzenia utwierdza się coraz bardziej: od *Traktatu poetyckiego* do wierszy pisanych w Ameryce. I tutaj natrafiamy na rdzeń naszego problemu: jest to niemal dokładnie metoda, którą posługuje się Psalmista, tajemnicza istota zbiorowa, której zawdzięczamy jeden z największych poematów wszystkich czasów.

Nie każde widzenie z wysoka jest pokrewne sposobowi patrzenia psalmów, tak jak nie każdy poetycki dytyramb jest modlitwą do Najwyższego. Warunki, jakie muszą być spełnione, są rozmaitego rodzaju.

Hymny greckie (zarówno z epoki klasycznej, jak hellenistycznej), gdy z tłumu bogów wyróżniają tego, kto ostatecznie jest jedyny, odrywają go od świata, zgęszczają do stanu czystego umysłu. Są umiejscowione w tym punkcie, gdzie filozofia próbuje oderwać się od religii i od kultu. Z tego miejsca rozdarcia wyszły pokolenia myślicieli, dla których absolut będzie coraz bardziej abstrakcyjny. I tak zostało utwierdzone całe napięcie myśli zachodniej, która z dużym trudem będzie budowała most — lub afirmowała przepaść — między Pierwszą Zasadą, Nieruchomym Poruszycielem, a Stwórcą osobowym, domagającym się żywych więzi z człowiekiem. Te dwie cechy: bogata osobowość Stwórcy i wymagający stosunek miłosny z ludźmi leży u podstaw psalmów. Wraz z nimi zmienia się horyzont Śpiewaka. Kontemplacja Najwyższego nie jest odkrywaniem logicznego zakresu pojęcia, które łączy w sobie przeciwieństwa. W Księdze Psalmów dzieje się całkiem co innego.

Przede wszystkim: Bóg jest już dany, a nie dopiero do odkrycia. Skąd o tym wiemy? Bo przemawiał do Ojców, wchodził z nimi w relacje, kusił Abrahama, walczył z Jakubem, wręczył Tablice Mojżeszowi. Powiedział te słowa, do których filozofowie dochodzą dopiero po zawrotnej wspinacz-ce: „Jam jest, który jest". O ile ojcem filozofii zachodniej jest Parmenides ze swoją intuicją ontologiczną, o tyle ojcem filozofii chrześcijańskiej byłby sam Pan Zastępów. Psalmista jest wyznawcą — nie ma pojęcia o tym, czym może być filozofia oddzielona od religii. Nie wie nawet, czym jest kult w naszym rozumieniu, oddzielony od życia. On go dopiero formuje, chodząc po ziemi stworzonej przez Boga i śpiewając o swoim na niej życiu. O tym, jak budzi się i zasypia, jak patrzy wokół siebie, na firmament, góry, pastwiska, morze, pustynie; jak rozmyśla i dziękuje za wszystko, jak skarży się na zawziętość nieprzyjaciół — i pociesza „bojaźnią Bożą". Nic z abstrakcji odzierającej człowieka z jego stworzonej natury. Samo życie i jego drobne udręki, za które dziękuje. Codzienny cykl słońca i cykl pracy człowieczej: chleb, oliwa, wino. Przeczucie historii w napomknięciach o wojnach, o niewoli, o upokorzeniu, wytraceniu pokoleń. Pełny ludzki los, włączony w losy zbiorowości, a jednak odrębny — decyzją postawienia w centrum relacji dziękczynnej i pochwalnej. To nie jest definicja filozofa, to definicja kapłana-poety.

Gdy chcemy uporządkować psalmy z punktu widzenia poetyckiego, uderzają trzy ich nurty. Jeden nazwijmy widzeniem panoramicznym, drugi przeczuciem apokaliptycznym, trzeci wzlotem dytyrambicznym. Oczywiście nie wyczerpują one treści Księgi, ale są pomocne dla zaproponowanego tematu.

Od razu narzuca się myśl, że Miłosz bardzo podobnie rozumie swoją pracę. Do głowy by mu nie przyszło „filozofować" — chociaż myślenie spekulatywne pasjonuje go, dla własnego wzbogacenia i dla zadań nauczycielskich. Podstawowa rzecz, jaka łączy go z Psalmistą, to mocne odczucie wcielenia, tak, jak jest ono obecne w księgach Starego Testamentu. Wcielenie rozpoczęło się od Stworzenia. To, co istnieje i „warte jest opiewania", jest cielesne, materialne. Wyraz jakiegoś niezgłębionego źródła energii, jakiegoś *fiat* — czy rozumiemy to jak współcześni astrofizycy, którzy doszli pod próg zagadki, czy jak sam Psalmista, dla którego wszystko stało się w sześć dni. Cielesność, poznawanie pięcioma zmysłami zarówno ciała ludzkiego, jak materialności świata, nasili się u Miłosza w drugim okresie amerykańskim. Doznaje wówczas zderzenia z rzeczami stworzonymi, które wydają mu się bliskie początku, zostawione sobie, tak jak były powołane. Noszą pieczęć Stwórcy, która w Europie uległa zatarciu za sprawą działalności tego drugiego stwórcy, człowieka. Sądzę, że Ameryka bardziej otworzyła Miłoszowi dostęp do psalmów niż doświadczenia europejskie.

Powróćmy do trzech nurtów w Księdze, których odpowiedniki można znaleźć u naszego poety. Obok pochwał Pana, najbardziej rzuca się w oczy widok panoramiczny, czy też kosmiczny. Otwiera go Psalm 18 sceną lotu. Oto na wezwanie pobożnego i uciśnionego Pan dosiada swego wierzchowca i leci nad ziemią: „Nachylił niebiosa i zstąpił, a pod Jego stopy podesłała się czarna mgła. / I wsiadł na cherubina, i leciał, i unosił się na skrzydłach wiatru". Przypominamy sobie, że w wykładzie w Sztokholmie jako wzorzec praktyk poetyckich (a zarazem marzenie dziecka) Miłosz podaje *Cudowną podróż* Selmy Lagerlöf, gdzie chłopiec dosiada gąsiora i w ten sposób poznaje świat. Z góry, z boskiego punktu widzenia. Tak są pisane fragmenty *Traktatu poetyckiego* i szereg wierszy amerykańskich: *Dytyramb, Do Robinsona Jeffersa, Przed krajobrazem*, cykl *Na trąbach i na cytrze*. Takie spojrzenie wślizguje się do pewnych części arcypoematu o tytule (z Psalmu 113) *Gdzie wschodzi słońce i kędy zapada*, gdzie mieszają się ujęcia z góry i ujęcia z dołu, z bliska. Miłosz nie raz opowiadał o swoich snach o lataniu, ale nie musi to być dokładnie nazwane w wierszach. Ważne jest, że tak jak Bóg ze swego cherubina i jak chłopiec Selmy, poeta ogląda ziemię z wysokości: skały, ocean, kalifornijski dział wód, nie dotknięte jeszcze siekierą lasy, zatoki, wyspy, stada ptactwa, fok i lwów morskich. Tak jest oglądany w *Traktacie* Kraków: „jajko w sitowiu" i Wilno w *Gdzie wschodzi słońce...* Najpierw z lotu, a potem zniżając się, lądując wśród ludzi, domów i obyczajów.

Zauważmy, że choć u Psalmisty lot przysługuje Bogu, on sam, śpiewak, często widzi ziemię z jego pozycji, kosmicznej czy planetarnej, gdzie liczy się nie to, co pojedyncze, ale powołana do bytu całość. Najwyraźniej występuje to w psalmach: 18, 24, 50, 77, 148, które wyliczają utwierdzoną przez Stwórcę wielość rzeczy, gdzie planety sąsiadują z bydłem oraz książętami i sędziami. Cały Psalm 104 poświęcony jest powtórzeniu sześciu dni Genezy, której ogląd z konieczności przekracza możliwości ludzkie i jest skrzyżowanym owocem myślenia spekulatywnego i dobitnego widzenia postaci rzeczy stworzonych. Nie tylko okrąg ziemi daje się tak ogarnąć, jak to nie jest nam zwykle dane, lecz i czas ulega w Psalmie 104 nadludzkiej kondensacji, przyspieszeniu, jak w IV części *Nad miastami* z *Gdzie wschodzi słońce...*, gdy narrator przechadza się w parku z panem Hieronimem: „Odezwały się ptaki tak jak wcześnie rano / I w pełnym brzasku buchnęło południe. / Coraz prędzej i prędzej. W pół godziny, wiek". Spojrzenie Miłosza wydaje się uformowane przez taką perspektywę, jakby od młodości nie rozstawał się z psalmami. Prawdopodobnie tak nie było, w każdym razie nic o tym nie wiemy. Można wysuwać hipotezy. O przeniknięciu do młodego umysłu za pomocą liturgii katolickiej. Albo o wrodzonej niechęci do widzenia pragmatycznego, dostosowanego do ludzkiej miary i ludzkiej użyteczności. Czyli o niezdolności poety do zaangażowania się poważnie w praktykę, co wedle poglądów, które Miłosz podziela, jest cechą dziecka i artysty.

Wizje Psalmisty, nad którymi Miłosz pracował, być może z uczuciem szacownej swojskości, są niezliczone. Oddają je krótkie porównania i obrazy: Słońce wychodzące z weselnej komnaty i szykujące się do biegu; okrąg świata osadzony na morzach i przytwierdzony rzekami; obraz burzy ze strzałami Bożych błyskawic, ścieżka Boga na wodzie, która nie zachowuje śladów; pojenie drzew Pańskich, cedrów Libanu; okręty chodzące po morzu i Lewiatan stworzony po to, „aby igrał w nim"; śnieg spuszczony jak wełna i grad jak okruchy chleba. Tak można by wyliczać dalej. Matryca figur poetyckich dla całej poezji Zachodu. Dla Miłosza jeszcze więcej: perspektywa spojrzenia na świat. Przeplatają się z nią i dostojne, i surowe tony, od których dzisiejsi chrześcijanie już odwykli.

Inny nurt Księgi, z którym Miłosz się spotyka, to pierwiastek apokaliptyczny. Wbrew pozorom bardziej obecny, bardziej przemyślany u poety w wieku dojrzałym niż w młodości, którą zaliczamy do „szkoły katastroficznej" poezji międzywojennej. Wiąże się on i z jego (amerykańskimi) studiami nad myślą wczesnochrześcijańską, czy okołochrześcijańską, i z refleksją nad końcem pewnej cywilizacji. Kres ten obserwował z dogodnego miejsca, jakim jest Kalifornia: tygiel przemian, których rozległości jeszcze nie jesteśmy w stanie ogarnąć. Książka o namyśle Miłosza nad kresem tego Zachodu, który był naszą duchową ojczyzną, kresem chrześcijaństwa jako formy cywilizacyjnej, jeszcze czeka na nas. Pod piórem poety oskarżenie kultury o utratę własnej duszy przybiera kształt gniewu prorockiego, czerpiącego ze źródeł biblijnych, choć nie tylko: są w nim obrazy zapożyczone od Williama Blake'a. Jest również aluzja do daty zaproponowanej dla otwarcia Sądu Ostatecznego przez Swedenborga: rok 1757. To nie żart, to coś w rodzaju zapożyczenia głosu, stylizacja, która pozwala mówić rzeczy inaczej nie nadające się do wyrażenia. Tak kończy się poemat szczególnie osobisty i obejmujący ogromne horyzonty: *Gdzie wschodzi słońce i kędy zapada*. Siekiera już przyłożona do drzewa. Świat dojrzał do rozwiązania. Już rozpoczęty Sąd „Dopełni się w szóstym millenium albo w następny wtorek".

Ten motyw pojawi się też w innych wierszach ważnych filozoficznie: *Oeconomia divina, Jak było*, w *Księdzu Sewerynie*. Miłosz jest kuszony przez apokaliptykę, tak jak był kuszony przez manicheizm. Dzisiaj to myślenie wydaje się nam bardzo archaiczne. Lecz czy naprawdę? Czy nasza epoka nie jest wypełniona zarówno nienawiścią do materii, jak i strachem przed ostateczną katastrofą?

A co u Psalmisty? W zbiorze hymnów i modlitw wątek apokaliptyczny jest obecny, chociaż podporządkowany. Do wielkości Pana należy również Jego straszność, moc unicestwienia. Pan Stworzenia ma w zanadrzu nie tylko kary dla bezbożnych. Również ma nieodgadnione plany dla całości świata. W psalmach wśród atrybutów Stwórcy znajdujemy i gniew, i energię zniszczenia. W Psalmie 29 głos Pana łamie cedry Libanu, sprawia, że tańczą jak cielęta, góry skaczą jak młode bawoły; wznieca płomienie ognia, wstrząsa pustynią, skręca dęby, z kory odziera lasy. Burza (w Psalmie 77) to jakby Jego wprawka: ziemia zatrzęsła się i poruszyła. W Psalmie 104, zgodnie z opowieścią Księgi Rodzaju, Pan jest kosmogonicznym pracownikiem: powołując do bytu, rozporządza bytem. Nie tylko: „Dajesz, im i zbierają. Otwierasz dłoń Twoją i jedzą do syta". Także: „Kiedy spojrzy na ziemią, trzęsie się ona, kiedy dotknie gór, dymią". To dziwy natury, które przerażają ludzi. Ale umysł pobożny widzi w nich siłę, którą odnosi do ludzkiego losu i do zamiarów Boga. W Psalmie 50 jest to powiedziane wyraziściej:

Bóg, Pan, przemówił i wezwał ziemię od wschodu słońca do krain zachodu.
Ze Syjonu, doskonałej piękności, Bóg zajaśniał.
Nadchodzi nasz Bóg i milczeć nie będzie, pożerający ogień przed Nim, wokół Niego wicher potężny.
Przyzywa niebiosa z wysoka i ziemię, na sąd ludu swego.

A w *Dzwonach w zimie* (wraz z tajemniczą apokatastazą) czytamy:

A gdyby miasto, tam w dole, zgorzało
I zgorzały miasta wszystkich kontynentów,
Nie powiedziałbym, ustami popiołu, że niesprawiedliwie.

Bo żyliśmy pod Sądem, nic nie wiedząc o tym.

Który to Sąd zaczął się w roku tysiąc siedemset pięćdziesiątym siódmym,
Choć nie na pewno, może w którymś innym.
Dopełni się w szóstym millenium albo w następny wtorek.
Nagle umilknie warsztat demiurga. Nie do wyobrażenia cisza.
I forma pojedyńczego ziarna wróci w chwale.
Sądzony byłem za rozpacz, bo nie mogłem tego zrozumieć.

Miłosz zauważa, że kultura polska nie wytworzyła mowy zarazem wysokiej i prostej, dającej pokarm i myśleniu, i liturgii, mowy zdolnej podjąć dramat historyczny i kosmiczny, wpisany w tradycję judeochrześcijańską. W *Traktacie poetyckim* nieporadna pieśń religijna ludu sięga kantyczki, skądinąd godnej czułości. Załamuje się tam, gdzie trzeba chóru na miarę tragedii greckiej, na miarę psalmów, gdzie przewodnik również zbiera wokół siebie chór wiernych. Stąd też surowość Miłosza dla własnej poezji, zdolnej zaledwie przybliżyć się na odległość do pełni widzenia, pełni mowy:

Niepełny był zawsze mój głos, inne chciałbym złożyć dziękczynienie.
Ale szczodrze i bez ironii, tej chluby niewolnych.
Za siedmiu granicami, pod gwiazdą zaranną.
W mowie ognia i wody i wszelkich żywiołów.

W historii piśmiennictwa bywało tak, że jeden pisarz odmieniał i kształtował głos zbiorowy, który będzie trwał po nim. Na razie nie wydaje się — kiedy widzimy reakcje Polaków z „góry" i z „dołu" — byśmy znajdowali się dzisiaj, w parę miesięcy po śmierci poety, w tej właśnie sytuacji.

EWA BIEŃKOWSKA

ALEKSANDER SCHENKER

GENEZA „ZIELONEGO" TOMU POEZJI MIŁOSZA

„Zielone okładki amerykańskiego tomu zamknęły w całość obu moich Miłoszów". Tak pisze Barbara Toruńczyk w *Apokryfie* wydanym na 90. urodziny Czesława Miłosza („Tygodnik Powszechny", czerwiec 2001). Krzysztof Czyżewski też przypomina zielony kolor tej okładki w pośmiertnym dodatku do „Tygodnika Powszechnego" (22 VIII 2004): „Najpierw był tom *Utwory poetyckie. Poems*, oprawny w ciemnozielone płótno, nabożnie trzymany w dłoniach przez Ryszarda Krynickiego". Z tych wypowiedzi, a jest ich więcej, wynikałoby, że zielony kolor stał się rozpoznawczą cechą tego tomu. Jeżeli rzeczywiście taka identyfikacja nastąpiła, to nie jest to sprawa przypadku, bo kiedy z redaktorem Ladislavem Matejką omawialiśmy kolor okładki, zieleń wydała się nam najodpowiedniejsza dla poety tak intymnie związanego z przyrodą, jak Czesław Miłosz.

Dziś, kiedy ból po utracie poety jest tak świeży i tak bardzo dotkliwy, chciałbym pokrótce opowiedzieć o okolicznościach, w jakich pomysł tego tomu zakiełkował i spełnił się tym właśnie ciemnozielonym owocem. Opieram się na własnych wspomnieniach sprzed trzydziestu lat i na korespondencji z osobami, które wzięły udział w tym przedsięwzięciu, w pierwszym rzędzie z samym Czesławem Miłoszem.

Zaczęło się od tego, że na rok akademicki 1969/70 zostałem zaproszony na katedrę slawistyki uniwersytetu kalifornijskiego w Berkeley na wykłady z językoznawstwa słowiańskiego. Nie wahałem się ani przez chwilę z przyjęciem tego zaproszenia, mimo że musiałem ubiegać się o niezaplanowany roczny urlop na Yale, uniwersytecie, gdzie byłem profesorem slawistyki, i odłożyć wykończenie kilku prac, gdyż materiałów do nich w owej przedkomputerowej epoce nie byłem w stanie zabrać ze sobą do Kalifornii. Nie mogłem jednak odmówić sobie przyjemności i korzyści spędzenia roku na jednej katedrze z Miłoszem, którego twórczość towarzyszyła mi od lat. Przyjaźń, którą obdarzyli mnie wtedy Czesław i Janka Miłoszowie, wzbogaciła mnie na całe życie[1].

Pobyt w Berkeley uzmysłowił mi, w jak głębokim dołku psychicznym Miłosz się wtedy znajdował. Częściowo było to funkcją sytuacji politycznej na świecie, gdzie nic nie zwiastowało dogłębnych zmian w istniejących układach międzynarodowych. Przed Miłoszem wstawało widmo dożywotniego oderwania od środowiska, w którym osadzona była jego twórczość. Świadomość, że emigracja, rozpoczęta dwadzieścia lat wcześniej we Francji, może się przeobrazić niepostrzeżenie w stan permanentnej osiadłości, grożącej wyjałowieniem talentu, a nawet wchłonięciem przez wielokulturową i płytko zakorzenioną cywilizację amerykańską, musiała być przerażająca.

Obawa ta była spotęgowana brakiem bezpośredniego kontaktu z czytelnikami i znającymi się na rzeczy krytykami literackimi, od których poeta mógłby się spodziewać szybkich reakcji na publikowane utwory, czyli tego, co zwykł był nazywać poetycką piłeczką pingpongową. Zagłuszany przez cenzurę w Polsce i niedocierający do starszego pokolenia Polonii, wychowanego na poetyce Skamandra, żył w przekonaniu, że jego wiersze nie są czytane i że zamiast wysyłać je do paryskiej „Kultury", mógłby z równym powodzeniem wrzucać je do Pacyfiku. „A może już mój dług został spłacony / I zrobiłem co mogłem dla mego języka / Wiedząc, że w zamian będę miał milczenie?", jak skarżył się w wierszu Władca Albanii. Na domiar złego tom Wiersze, wydany w 1967 roku przez Oficynę Poetów i Malarzy w Londynie, był już wyczerpany i nic nie wskazywało na to, że będzie wznowiony.

Jak bardzo uzasadnione było poczucie osamotnienia poety i daremności jego trudu, wskazuje telefon od niego do mnie w lipcu 1971 roku, kiedy już byłem z powrotem na Wschodnim Wybrzeżu. Głosem pełnym goryczy powiedział mi wtedy, że nie otrzymał ani jednej kartki z życzeniami na swoje sześćdziesięciolecie. Poczuwając się do winy i chcąc w jakimś sensie zapracować na rozgrzeszenie, postanowiłem spróbować rozproszyć nieco chmury przesłaniające wówczas gwiazdę poety. Z tą myślą zaproponowałem kolegom Miłosza z Berkeley, aby uczcili sześćdziesięciopięciolecie poety, poświęcając mu okolicznościową księgę z artykułami na tematy bliskie jego sercu. Poza tym, już na swoim uniwersytecie, wysunąłem kandydaturę Miłosza na doktorat honoris causa. Wbrew moim oczekiwaniom, ani jedna, ani druga inicjatywa nie zostały zrealizowane. Zacząłem się więc rozglądać za innymi możliwościami.

Kiedy na początku 1974 roku Jan Lebenstein przyjechał do Nowego Jorku na wernisaż wystawy swojego malarstwa, skorzystałem ze sposobności, aby pomówić z nim o możliwości sporządzenia bibliofilskiego wy-

---

[1] Patrz moje wspomnienia z pobytu w Berkeley w tomie Czesław Miłosz. In memoriam (Znak, 2004).

dania tomiku wierszy Miłosza z jego ilustracjami. Jako wydawcę miałem na myśli Editions du Dialogue, prowadzone przez księdza Józefa Sadzika, przyjaciela Miłosza i Lebensteina i wielkiego wielbiciela ich twórczości. Na tekst tomu zasugerowałem *Świat (poema naiwne)*. Uważałem, że poemat ten, składający się z dwudziestu krótkich wierszy o strukturze podobnej do sonetu, z niezwykle obrazowymi opisami scen z dzieciństwa poety, doskonale nadawałby się na wydanie z ilustracjami. Istniało co prawda niebezpieczeństwo, że Lebenstein nie zdoła nagiąć swojej drapieżnej wizji artystycznej do pogodnej atmosfery *Świata*, ale wyboru nie miałem ze względu na przyjaźń łączącą poetę i malarza. Sądziłem, że fundusze na to przedsięwzięcie można będzie zdobyć przez subskrypcję ogłoszoną w paryskiej „Kulturze" i londyńskich „Wiadomościach". Lebenstein przyjął ten pomysł entuzjastycznie. Stanęło na tym, że po powrocie do Paryża zreferuje nasze rozmowy księdzu Sadzikowi i poprosi go o opinię.

Reakcja Sadzika okazała się jednak bardziej powściągliwa niż się spodziewałem. W liście datowanym 14 czerwca 1974 przesłał mi swoje uwagi: „Podejrzewam, iż takie przedsięwzięcie jest nieco na «wyrost». Popiera mię Kot Jeleński, który też sądzi, iż Czesławowi oddalibyśmy najlepszą przysługę, gdybyśmy wydali jego wiersze zebrane po polsku i rozrzucili je jak najszerzej wśród Polaków przyjeżdżających z kraju". Sadzik podjął się wydania takiego zbioru, ale zażądał 4000 dolarów jako subwencji na „częściowe chociażby pokrycie kosztów, bo z pustego nawet Salomon nie naleje".

Rozumowaniu Sadzika i Jeleńskiego nie mogłem odmówić racji, ale nie rozporządzałem sumą tego rzędu, a haczyki zapuszczane do źródeł fundacyjnych wyciągałem bez połowu. W moim mniemaniu subskrypcja pozostawała jedynym realnym sposobem sfinansowania tomu, ale pod warunkiem, że będzie to wydanie bibliofilskie, o małym nakładzie, z ilustracjami Lebensteina, numerowane i nawet sygnowane przez poetę i malarza. Natomiast subskrypcja na tom przeznaczony na masowy użytek i darmowe rozprowadzenie nie miała według mnie żadnych szans sukcesu.

Wkrótce okazało się, że Miłosz też był zaniepokojony oddaniem *Świata* w ręce Lebensteina. Oto, co napisał do mnie w maju 1975 roku: „...moje ciche obawy przybierają na sile, bo Lebenstein namalował Sadzikowi fresk przedstawiający Apokalipsę, i pocztówkę z jedną postacią przysłał Sadzik, to jest zaiste przerażająca postać — i całe malarstwo Lebensteina jest takie — a co to ma wspólnego ze *Światem*? Dokładne przeciwieństwo. Jaś jest moim przyjacielem i nie wiem, jak z tego wybrnąć, z początku myślałem, że takie ilustracje mogłyby go nawrócić na zupełnie inne malarstwo, ale teraz wątpię"[1].

---

[1] Chodziło o kartkę świąteczną rozsyłaną przez Sadzika znajomym. Przedstawiała ona głowę jeźdźca na koniu białym, z ust którego „wychodzi miecz z obydwu stron ostry" (*Apokalipsa* 19,15). Sam Sadzik, który tę głowę sfotografował, napisał do mnie: „Złośliwi twierdzą, że ta kartka nadaje się na Rzeź Niewiniątek, a nie na Boże Narodzenie. Ale myśmy z Jankiem byli innego zdania".

Nowa decyzja zapadła już z początkiem lipca, kiedy to Sadzik poinformował mnie: „Na moją sugestię Czesław i Janek doszli do wniosku, że powinno się wydać *Traktat poetycki*, a nie *Świat (poema naiwne)*. Dlaczego? Ponieważ utwór ten jest poetycką wizją polskiego «słonia» XX wieku i wyobraźniowo bardzo «leży» Lebensteinowi. Jednakże Czesław uzależnia ostateczną decyzję od Pana. Moja koncepcja jest prosta: *Traktat poetycki* należy wydać prawdziwie bibliofilsko, na pięknym papierze czerpanym, ze wspaniałymi ilustracjami Janka. Książka powinna być droga! (Nad cyframi będę się zastanawiał, kiedy dojdziemy do zgody). C a ł y z a r o b e k z bibliofilskiego wydania winniśmy obrócić na popularne wydanie wszystkich wierszy Miłosza; zbiór taki powinien być rozdawany g r a t i s o w o młodym ludziom z kraju".

Oczywiście zgodziłem się na tę koncepcję, ale beztroska opinia Sadzika, że fundusze na wydanie *Traktatu poetyckiego* jakoś się znajdą i że cała impreza może nawet przynieść dochody, wydała mi się iluzoryczna. Byłem też znużony ciągłym odwlekaniem momentu przystąpienia do konkretnych działań. Było nas czterech decydentów, co przy odległościach, które nas dzieliły, niezwykle utrudniało współpracę. Postanowiłem więc wycofać się z tej imprezy i rozglądnąć się za innymi możliwościami, może mniej efektownymi niż plany księdza Sadzika, ale za to bardziej praktycznymi[1].

Tak się złożyło, że byłem w przyjacielskich stosunkach z Ladislavem Matejką, profesorem slawistyki na uniwersytecie michigańskim, wydawcą z zamiłowania i trochę czeskim poetą. Był on wtedy redaktorem półrocznika „Crosscurrents", poświęconego sztuce i literaturze krajów Europy Środkowo-wschodniej oraz dyrektorem wydawnictwa Michigan Slavic Publications. Jemu więc zaproponowałem polskie wydanie nowego zbioru poezji Miłosza. Matejka bardzo się do tej propozycji zapalił, lecz zażądał angielskiego wstępu, gdyż bez niego nie mógłby otrzymać pieniężnej dotacji na wydanie tomu. Dodatkowym bodźcem była nadzieja, że angielski wstęp mógłby zaważyć na obradach Komitetu Noblowskiego, gdyż nazwisko Miłosza było już wtedy coraz częściej wymieniane w tym kontekście. Ponieważ na horyzoncie nie było nikogo, kto byłby gotów napisać taki wstęp, uległem namowom Miłosza i podjąłem się tego zadania. Wielka była radość naszej trójki, kiedy w 1976 roku ukazały się Miłoszowe *Utwory poetyckie. Poems*, ten właśnie wyżej wspomniany „zielony" tom[2].

Nie będąc jednak literaturoznawcą, nie miałem zaufania do swoich sił w dziedzinie współczesnej polskiej poezji. Poprosiłem więc Miłosza o udzielenie mi pomocy w razie potrzeby. Nie zdążyłem jeszcze zabrać się do pracy, kiedy otrzymałem od Miłosza list, przytoczony w całości poniżej. W swoim wstępie nie mogłem wykorzystać wszystkich uwag w nim

---

[1] Ten projekt Sadzika nie został zrealizowany, ale już po otrzymaniu przez Miłosza Nagrody Nobla staraniem Centre du Dialogue wyszły luksusowo wydane *Księga Hioba* (1981) i *Apokalipsa* (1986) w tłumaczeniu Miłosza, z ilustracjami Lebensteina.

[2] Czesław Miłosz, *Utwory poetyckie. Poems*. Ann Arbor, Michigan Slavic Publications, 1976.

zawartych, gdyż wymagałyby większej znajomości prądów i postaci literackich polskiego dwudziestolecia, niż można się było spodziewać u anglojęzycznego amatora poezji Miłosza. Tym bardziej mnie cieszy, że zostają one teraz udostępnione polskiemu czytelnikowi, mogącemu w pełni ocenić i wykorzystać ich bogactwo i znaczenie dla miłoszologii.

List od Miłosza nie jest datowany, ale na stemplu pocztowym widnieje data: 24 lutego 1976.

CZESŁAW MIŁOSZ

LIST
DO ALEKSANDRA SCHENKERA*

[data stempla pocztowego: 24 II 1976]

Kochany Olku,

Powiedziałem Ci o pewnych strategicznych układach. Nie są one same w sobie ważne i nie zasługują na wzmiankę w przedmowie, ale mogą być nitką prowadzącą wstecz do źródeł. W warszawskiej „Kulturze" z 15 lutego jest I część artykułu Sandauera o Herbercie, zgodnie zapewne z jego zasadą, żeby podcinać tych, co w opinii zanadto wyrastają, jak poprzednio Andrzejewski i Rudnicki. Sandauer jest inteligentny, ale ograniczony i perwersyjny, tak że o wiele niższy niż był Wyka, a dzisiaj jest Błoński. Sandauer odważniak, tyle że z poparciem władz — naraża się kawiarniom, napluje ktoś na niego (nie przenośnie) w Związku Literatów i on rozdziera szaty, cierpi w imię przekonań męczeństwo — tyle że atakowani nie mogą mu odpowiedzieć, bo cenzura nie puści. Przypuszczam, że wobec Herberta będzie bardzo w rękawiczkach, ale że jego artykuł ukazuje się akurat po tym, kiedy Herbert podpisał list 59, interpretacja warszawska będzie dość jednoznaczna. Ale gra nie dotyczy Sandauerowej wygody, tylko jego interesów w sensie głębszym. Łączy się to z artykułem Błońskiego w „Miesięczniku Literackim", który ci posłałem. Błoński wystąpił przeciwko linii wywodzącej się z Przybosia, a wyrażającej się różnymi odmianami poezji lingwistycznej. Samo przeciwstawienie mnie Przybosiowi i wyznaczenie

---

[1] W zbiorach Aleksandra Schenkera. Cztery strony odręcznie numerowane 1–4, w maszynopisie z odręcznym dopiskiem (ostatni akapit listu). Podkreślenia w tekście pochodzą od Autora. Interpunkcję i pisownię uwspółcześniono. Drukujemy za łaskawą zgodą spadkobierców Czesława Miłosza.

dwóch genealogii w poezji ostatniego trzydziestolecia było ważnym dla krytyki zdarzeniem. Zbiegło się to z odpływem poezji lingwistycznej, co znowu jest sprawą zmiany pokoleń — to nowe jest, jak wiesz, nastawione „treściowo" i politycznie na „nie", podczas kiedy poezja lingwistyczna niby coś demaskowała (drętwą mowę), ale to było zrozumiałe tylko dla klubu wtajemniczonych i w sumie Partii się opłacało. Tak czy owak, jeżeli przeczytasz artykuł Balcerzana w odpowiedzi Błońskiemu, to znajdziesz sedno taktyki przeciwników moich, Herberta i w ogóle wszystkich „treściowców" — będą wykazywać, że za mało językowej eksperymentacji, że tradycja, że epigoństwo, że eklektyzm, że konwencje itd. To właśnie robi i Sandauer, chwalca Przybosia i patron Białoszewskiego. Oto więc doszliśmy do zasadniczego problemu, języka.

Patrząc z perspektywy. Dygresja: porównaj przekład Horacego zrobiony przez Hemara z przekładem Ważyka. Zastanów się też, dlaczego ten pierwszy jest okropny, a ten drugi doskonały. Przecie Hemar był tak sprawny rymopis! Ale poetyka Skamandra, w której pracował, pokazała dowodnie swoje słabości, które w Dwudziestoleciu jakoś nie raziły — choć raziły już poetów mojego pokolenia. Poetyka Ważyka wskazuje, jak potrzebne były awangardowe przewroty. Choć Ważyk to warszawska awangarda lat dwudziestych, moim zdaniem potencjalnie płodniejsza i bogatsza niż te okropne wasze (przepraszam!) krakowskie Peipery, Przybosie, Kurki i Brzękowscy. Ta warszawska awangarda zaraz się, za szybko, rozpełzła, ale jednak u Czechowicza czy u poetów Kwadrygi były pewne kontynuacje i w sumie, jak na mój gust, bez Krakowa można się było obejść. Rozszerzając dalej i biorąc perspektywę na wiek dwudziesty w ogóle. Uważam, że sytuacja językowa w okresie Moderny była okropna. Jak to wiązało się z myślowym chaosem, co było skutkiem, a co przyczyną, nie wiem. Dość, że wątki myślowe bardzo poważne urywają się, zawisają w jakiejś nieokreślonej przestrzeni, a z poetów jeden tylko Leśmian znajduje językową formułę, ale późno i tworząc jakąś swoją własną secesję. Ponieważ Moderna oznaczała napór wszystkich filozoficznych wątków, jakie narastały w Europie, podczas kiedy Polska była zajęta swoją niewolą, ponieważ z kolei Moderna ledwo te wątki zarysowała, wskutek nieudolności językowej w pierwszym rzędzie, literatura polska po 1918 będzie próbą: 1) Nadrobienia braków językowych — coś jak era stanisławowska w tym względzie. 2) Ponownego zaatakowania wątków poprzednio puszczonych. Z różnych jednak powodów, wśród których odzyskanie własnego państwa z całym kompleksem spraw, dwa te zadania szły trochę jak do sasa jedno, do lasa drugie. Symbolizm francuski dopiero teraz znajduje w Polsce następców, głównie w Skamandrze, który, w porównaniu z Rosją, jest i symbolizmem, i akmeizmem — bo jednak przed 1914 Polska takich poetów, jak Błok, Achmatowa, Gumilew, W. Iwanow, młody Mandelsztam, nie miała. Iwaszkiewicz zwłaszcza jest poetą ery symbolizmu, który powinien był działać przed rokiem 1914. Awangarda krakowska była znowu wcieleniem drugiego aspektu symbolizmu, różnych programowych poszukiwań. Co jednak z filozoficznymi wątkami? Pod tym względem nie byli silni ani Skamandryci, ani krakowska awangarda. Trochę lepiej z awangardą warszawską, gdzie różne dziwne wrażliwości działają — jak udowodni zresztą pamiętnik Wata, kiedy się ukaże (w druku). Czy chcesz, żebym Ci wymienił pisarzy Dwudziestolecia, którzy są spóźnioną nieco realizacją filozoficzną Moderny? Oto proszę: Leśmian; St. Ign. Witkiewicz; Bruno Schulz; Gombrowicz; Iwaszkiewicz, chyba cały; Sebyła; Czechowicz.

Do czego prowadzę? Można patrzeć na Dwudziestolecie jako na okres poszukiwania nowej dykcji — w poezji są różne propozycje, na ogół, rzecz ciekawa, w formie sprzeciwu wobec dykcji Skamandra, ale ze sobą skłócone. To są te różne grupy poetyckie, przy czym nasze Żagary umieściłbym znacznie bliżej różnych warszawskich pączkowań niż Krakowa, i serdeczne stosunki z Czechowiczem, moje i innych, także wpływ Ważyka, ze Skamandrytów Iwaszkiewicza trzeba tu podać jako argument. Swoistą, indywidualną propozycją był K. I. Gałczyński. Ta propozycja najbardziej się przyjęła, choć nie wśród poetów. Młodzi poeci wojennej Warszawy są pod tym względem dość znamienni. Było w nich jakieś 20 procent Gałczyńskiego, jakieś 40 procent Miłosza, 30 procent Przybosia, 10 Witkacego — tak na oko, może niedokładnie. Ale jaka dykcja miała być użyta, żeby, jak to mówią, nowe treści wyrazić? Jaka miała zwyciężyć po wojnie? No, i jakie treści. W 1944 roku pierwsze książeczki wierszy drukowane oficjalnie, w Lublinie: Przybosia, Jastruna, Putramenta. W 1945 w Krakowie moje *Ocalenie*. Wkrótce pojawia się na horyzoncie Różewicz. Skąd on się wywodzi, bliżej nie badałem. Na pewno czytał Czechowicza. Nie wykluczam, że w czasie wojny trafiły mu do rąk krążące moje wiersze z cyklu *Głosy biednych ludzi* — tak duże są podobieństwa. W każdym razie z krakowskiej awangardy nic, związki warszawsko-wileńsko-lubelskie. I ostatecznie Różewicz stał się sam początkiem pewnej linii genealogicznej.

Więc jak siebie w tym wszystkim widzę? Sandauer, mówiąc o Herbercie, powołuje się na „świadomość kulturalną" właściwą akmeizmowi i to jest trafne, tylko należałoby to odnieść nie do Herberta, ale do jego poprzedników. Język jako system odniesień i aluzji kulturalnych jest już u wczesnego Iwaszkiewicza (bo jest w nim i strona akmeistyczna), tak że moje zainteresowanie Iwaszkiewiczem uzasadnione, ale to stopniowo zostaje u mnie bardzo rozbudowane przez różne piętra ironii. O „klasycyzmie" można mówić tylko w tym sensie, że stały jest wysiłek, żeby robić użytek z *common language*, i to nie przez jego metaforyzację, ale system odniesień do przeszłości, tak że zwroty czy całe zdania noszą aurę Baroku czy epoki romantycznej, czy liryki Karpińskiego albo Kniaźnina i uobecniają daną epokę przeszłości w jakimś nawet dość dzikim kontekście. Czyli człowiek jako istota, również w swoich metafizycznych kłopotach, historyczna, uwikłana w syntaktyczne układy. Zarazem, jak mi powiedział teraz niedawno w Paryżu filozof Pomian, aż dziwne, jak tyle filozofii można w poetycki język upchać. Trudno mi orzekać, na ile jestem spełnieniem Moderny. Oczywiście fakt, że wychowałem się na St. Brzozowskim, że Dostojewskiego wykładam i manicheizm, o czymś świadczy. Że linia, której bronią Balcerzan, Sandauer et co. jest *a blind alley*, nie mam wątpliwości. Natomiast co może wyniknąć z „mojej" linii, nie wiem. To zależy. Już to cienkości w użyciu kulturalnych ironicznych aluzji Polakom nie brakuje, co nie sobie przecie przypisuję, tutaj moja propozycja językowa zbiegła się, by tak rzec, z geniuszem języka. Zestawień z T. S. Eliotem nie lubię. Bo jednak dzieje języków nie bardzo się powtarzają, jak ktoś ma za sobą takiego poetę, jak Mickiewicz, to zupełnie co innego niż mieć Miltona. Poza tym purytańskie dziedzictwo Eliota mnie drażni. Auden, nie zaprzeczam, że niekiedy na mnie wpływał (formalnie). Choć nie jestem pewien, czy on nie lepszy jako eseista.

Żebyś nie posądził mnie o zarozumiałość. Nie bardzo życzliwie odnoszę się do poezji w ogóle, bo zakładam, że w złych epokach (*bad vintage*) nie bywa dobrej poezji, a jak ludzie uważają jakąś poezję za dobrą, to pewnie im się tylko tak wydaje — stosuję to też do swojej poezji.

Język, dykcja. Nie będę sprowadzać wszystkiego do tych terminów. Choć znowu mamy tutaj do czynienia z problemami dość zasadniczymi, bo trzeba się zastanowić, co znaczą zarzuty: zapożyczeń idiomów i metafor, konwencji, nawet *clichés*? Wymaganie, żeby język był bez ustanku wynalazczy, żeby „słowa dziwiły się sobie"? Ale Przyboś na starość, pod presją metafizycznych trwóg, bardzo z tej zasady rezygnuje. Osobiście nie widzę tu rozwiązania, poza równowagą chwiejną. Człowiek potrzebuje dyskursu, a stosuje się to zarówno do poezji, jak prozy. Wybranie rozwiązań przybosiowych czy białoszewskich jest to zrezygnowanie z dyskursu i zastąpienie go (w ostatecznym rachunku) czymś jak dowcip oparty na przejęzyczeniu. Choć dyskurs bywa ciągle odnawiany. W obrębie poetyki Skamandra takie utwory, jakie ja napisałem, były raczej niespodziewane i dla ludzi na tej poetyce wychowanych ja nie byłem poetą — patrz okropności, które Lechoń o mnie wypisywał w *Dzienniku*. Co prawda, muszę oddać sprawiedliwość Grydzewskiemu — drukował Lucjana Szenwalda i jednak — tu muszę przypomnieć jeszcze jedną propozycję dykcji — to była poetyka osobna, do skamandryckiej tylko zbliżona, ale egzotyczna, i takie utwory, jak *Kuchnia mojej matki* Szenwalda czy jego *Portret młodzieńca* absolutnie mnie fascynowały. Ale, powtarzam, mój gatunek dyskursu od Skamandrowego odbiegał, a jednak dyskursem był. Mimo że innym jednak od dyskursu i ich, kiedy się do niego zabierali, i od dyskursu Pope'a. Oczywiście, że język blednie i banalizuje się, a ja nieraz martwię się, bo widzę, jak moje zwroty używane są jako tytuły artykułów o poezji a także i w tekście bez wymienienia nazwiska, czyli wchodzą w bieg zwykłej mowy i znajdź tu potem, jaki śpiewak anonimowy po raz pierwszy tego użył. Niemniej bledną i banalizują się eksperymenty metaforystów, tylko inaczej — wyglądać zaczynają jak minoderia, *euphuism*.

Jeżeli ma rację Błoński i te dwie osie genealogiczne poezji 30-lecia noszą nazwiska Miłosz i Przyboś, to muszę powiedzieć, że problemami tutaj w tym liście poruszonymi zajmował się Przyboś, polonista, nie ja, prawnik. Teraz zajmuję się *ex post*. „Treściowe" udręki zanadto mnie dotykały i poza warstwą wpływów poetyckich, tj. przede wszystkim uwielbieniem dla Mickiewicza, z literaturą polską wcześnie zacząłem chodzić na udry. Oczywiście wpływ O.V. de L. Milosz był zupełnie decydujący. Jak też czytani po francusku autorzy filozoficzno-religijni, Francuzi zresztą głównie.

Z tego to powodu — wytężenia ku „treściom" — za żadnego tam pioniera wytyczającego ścieżki poetyckiego idiomu nie chciałbym się podawać. Bo już nawet przed wojną zauważono, że o ile opozycja Awangarda – Skamander była nudna i oparta na nieporozumieniach, o tyle wewnętrzny rzekomo konflikt „dwóch awangard" (nb. też termin *ex post*) nie da się określić, bo powstaje para przeciwieństw sztucznych, skoro Żagaryści np. problematykę krakowian zbywali wzruszeniem ramion. Inaczej mówiąc, można dopatrzeć się w mojej linii skłonności staroświeckich do zrobienia z języka narzędzia, wbrew tym, co dążą do *l'écriture* i do *l'écriture de l'écriture*. Jasne, że ta druga tendencja jest ogromnie obiecująca w sensie pisania rozpraw, wykładania strukturalizmu na uniwersytecie, jak też pisania wierszy dostarczających doktorantom materiału, ale poza tym niedostępnych nikomu. Toteż nie wróżę jej przegranej. Co do tendencji przeciwnej, to cała zależy od tego, co kto ma w brzuchu. Jeżeli ma mało — a to jest przeważnie wypadek piszących młodych Polaków skazanych na kulturę prawie wyłącznie literacką, a więc nie religijno-filozoficzną, a więc jałową — to moja propozycja językowa nie jest najbardziej pożyteczna.

Wpływamy na szerokie wody. Czy i na ile jest dzisiaj możliwy w poezji *common language*? Pewnie pamiętasz rozprawę T. S. Eliota pt. *What is a classic?*, o Wergilim. Teza jego — że tylko w okresach wielkiej równowagi poeci umieją posługiwać się takim językiem (Wergili w *Eneidzie*). Ale czy *Pan Tadeusz* był pisany w okresie wielkiej równowagi? Nie sugeruję wcale, że masz w przedmowie takie zagadki rozwiązywać. Tyle że zwracam twoją uwagę na stałą *tension* w mojej poezji, wynikającą z takiego dążenia, równocześnie z uświadomieniem sobie nieosiągalności. Zasadą mojej poezji jest zwartość wersu czy zdania, czyli, inaczej, gęstość, m e t a l i c z n o ś ć, ale poza troską o oryginalność metafor czy porównań.

Bardzo dużo napisałem. Odpowiem na pytania, jeżeli chcesz. Pozdrowienia.

Czesław

CZESŁAW MIŁOSZ / podał do druku Aleksander Schenker

O. V. de L. MILOSZ

WIERSZE

Ostatnia kołysanka

Życie i Ból, klęczące w cieniu,
O przebaczenie modlą się w milczeniu
I oto ręce snu, o moja pieszczoszko,
O moja marzycielko, twej białości
Dotykają, myśli
Chorego wieczoru, bezlistnych samotności.
Nikłe bicie twojego serca
To odgłos kroków Śmierci, starszej siostry zazdrosnej i surowej,
Co kroczy z powagą tuż za twoim znużonym cieniem.
Wyblakłe refreny
Twoich ust, ptaszęta zwiędłe,
Które tak słodko śpiewają fałszywie,
Spadają płatkami milczenia i nie budzą już echa tęskliwie...
Uśnij, uśnij, moja dusza będzie ci całunem,
Spokojna przyjaciółko, której bladość jest mi jak ktoś obcy,
Tajemniczy i wyzywający:
Oblicze Snu kołysze się w zamkniętych ogrodach
Lagun innego czasu, gdzie cicho świeci woda.

Uśnij, uśnij!
Twój kształt jest już tylko odbiciem twego kształtu,
Odbiciem skradzionym przez bryzę wspomnieniu jezior,
Które twoja samotność kochała.
Twoje ręce to bladość jedwabista i delikatna
Pokruszonych kwiatów, co śnią pośród stron
Starych książek,

87

Kwiatów czasu, co mówią o rzeczach zapomnianych
Z zapachem spleśniałym bardzo starych książek...
Kiedy stąpasz podając rękę
Zmęczeniu życiem,
Śmierć rozściela na twoich drogach
Niewidzialny kobierzec milczenia.
Na twojej sukni czołga się i chwieje
Zimna jasność przebrzmiałych odcieni
Jak połyskliwa ryba, co się mieni
Na witrażach bardzo starych domów.
I, w cieniu wilgotnym twych skroni,
Pali spokojny zapach heliotropu,
Zapach blady, spokojny, konający, heliotropu.

Podaj mi swoją dłoń, co miększa jest niż białe nenufary,
Twoja dłoń, gdzie puls bije jak serce ptaka,
Gdzie puls zadyszany bije jak serce ptaka.
A potem zamknij twoje słabe oczy, twoje smutne oczy;
Moje życie to zawrót głowy u brzegu ich otchłani;
W twoich minionych oczach wir snu mnie pochłania...
— Oto chwila, kiedy góry są kadzidłem w oddali.
Krajobrazy giną u okien wygasłych opali.
Uśnij... uśnij...

Było to o schyłku...

15 grudnia 1915

Było to o schyłku pierwszego z siedmiu dni; i najuboższy
Miał swoją chwilę w nocy, którą zwał złotą strażniczką;
Bowiem modlitwa tego wieku była widzialna
I jeszcze głębiej słodka i piękna niż ty, moje dziecko,
Ze swoim wielkim obliczem ze złota ponad oparami Wschodu.
Wszyscy ci mędrcy wokół nas, którzy nigdy nie widzieli Słońca!
O dziecko moje, dziecko, tak bardzo chce mi się płakać!
Bowiem w nocy, modląc się, człowiek nie rozpoznał swojego głosu;
I zdało mu się, że był ktoś obcy obok niego,
Że przyszła nie znana mu kobieta
I przyniosła przyodziewek dla umarłego.
Wtedy człowiek krzyknął: Jegoda, Jegoda!
Do Jehowy sprzed Jaszeru; ale piękna, błękitna droga

Nie otwarła się, krzyk nie podniósł góry,
Nic nie pojawiło się na Wschodzie, Złoty Wiek minął.

Było to pod wieczór pierwszego z siedmiu dni;

A my żyjemy w dniu piątym, moja siostro.
Tym, o którym mówi Apokalipsa, w dniu Koniunkcji.
Dzień szósty nadchodzi!

O. V. de L. MILOSZ
tłum. KRZYSZTOF JEŻEWSKI

CZESŁAW MIŁOSZ W „ZESZYTACH LITERACKICH"

„ZL" 2: Przekłady Whitmana;

„ZL" 3: Dwie rozmowy: *Obraz poety*; *O „Świecie" i „Głosach biednych ludzi"*;

„ZL" 7: Z *„Ogrodu ziemskich rozkoszy"*: *Ziemia*; *Jeszcze ziemia*; *Po wygnaniu*; *Annalena*; *Przygotowanie*; *Epigraf: Świat i sprawiedliwość*; noty i epigrafy. Przekłady Whitmana;

„ZL" 10: *Portret z kotem*; *Le Transsibérien*; *Trwoga-Sen (1918)*; *Rok 1945*;

„ZL" 11: *Bryczką o zmierzchu. Oby inaczej*;

„ZL" 13: *Maria Magdalena i ja*; *W słoju*; *Sezon*; *To jedno*;

„ZL" 14: *„Tak mało powiedziałem"* — rozmowa;

„ZL" 15: *Dziecię Europy (Ein Kind Europas — Enfant d'Europe — Child of Europe — Fanciullo d'Europa)*;

„ZL" 18: *Moce*; *Ale książki*;

„ZL" 20: *Metafizyczna pauza*;

„ZL" 22: *O Josifie Brodskim*;

„ZL" 23: *Wieczór*;

„ZL" 24: *Dante*;

„ZL" 26: *Sens.* Opinia o *Dziennikach* Marii Dąbrowskiej;

„ZL" 27: *Stwarzanie świata*;

„ZL" 28: *W Yale: I. Rozmowa, II. Pan de Balzac, III. Turner, IV. Constable, V. Corot. Na plaży*;

„ZL" 29: *Wcielony*; *Oset, pokrzywa*; *Nowy kraj*; *Następca*; *Adam i Ewa*;

„ZL" 32: *Czytając „Notatnik" Anny Kamieńskiej*; *One*; *A jednak*; *Beinecke Library*; *Przybytek*; *Trwałość*; *Zgoda*;

„ZL" 33: *Dwa wiersze: Rozmowa z Jeanne*; *Wiersz na koniec stulecia. Przypis* [do listu Jerzego Stempowskiego z 14 I 1966];

„ZL" 39: *Wypisy z ksiąg użytecznych. Wędrując* — przekłady: Li Po, Tu Fu, Czang-czi, Su Man Szu, Cz iu Kuan, Eamon Grennan;

„ZL" 40: *Do dajmoniona.* Przekłady: Wang Wei;

„ZL" 43: *Litwa, po pięćdziesięciu dwóch latach: Bogini*; *Dwór*; *Pewna okolica*; *To lubię*; *Kto?*; *Miasto młodości*; *Łąka*;

„ZL" 45: *Ciało*;

„ZL" 46: *Zdarzenia gdzie indziej*;

„ZL" 47: *Ten świat*;

„ZL" 1–50: *Po wygnaniu*; *Moce*; *Wieczór*; *Oset, pokrzywa.* Przekłady Whitmana;

„ZL" 51: *O byciu poetą*; *Helenka*; *Religia Helenki*; *Kula (Kostaryka)*; *Pelikany (Kostaryka)*;

„ZL" 53: *Yokimura*;

„ZL" 54: *Piesek przydrożny: Piesek przydrożny*; *Ograniczony*; *Oczy*; *Bez kontroli*; *Szukanie*; *Sąd*; *Anima*; *Starzy*; *Czy świadomość wystarcza*; *Na miejscu Stwórcy*;

„ZL" 56: *Piesek przydrożny: Zacność*; *85 lat*; *Pragnienie prawdy*; *Nie ma tego złego*; *Zakochanie*; *Uczynki i Łaska*; *Ależ*; *Kontrast*; *Skarga klasyka*; *Jakiż los*; *Odwrócona luneta*; *Konewka*; *Wędrowiec*; *Znów*; *W owym mieście*; *Ciepło*; *Nie wiesz*; *Zaćmienia*;

„ZL" 57: *Tematy do odstąpienia: Pan Hadeusz*; *Jeden żywot*;

„ZL" 58: *Odnaleziona korespondencja*;

„ZL" 59: *Sny*;

„ZL" 60: *Daemones*;

„ZL" 61: *Jasności promieniste*;

„ZL" 62: *Zapomnij*;

„ZL" 63: *W mieście*;

„ZL" 64: *Od tłumacza*. Przekłady Nerudy. Opinia o książce A. Zagajewskiego *W cudzym pięknie*;

„ZL" 65: *Uczciwe opisanie samego siebie nad szklanką whisky na lotnisku, dajmy na to w Minneapolis*; *O!*; *Nie rozumiem*. Listy do Josifa Brodskiego.

„ZL" 67: *Przepis*;

„ZL" 68: *Sztukmistrz*; *Krawat Aleksandra Wata. Nad trumną Jana Lebensteina*;

„ZL" 69: *To*. Opinia o tomie *Zobaczone* Julii Hartwig;

„ZL" 70: *Liturgia Efraima. Komentarz* [do listu Jerzego Stempowskiego];

„ZL" 71: *Bieg. Mycielski*. Opinia o tomie *Pragnienie* Adama Zagajewskiego;

„ZL" 74: *Wiek nowy*; *Metamorfozy*;

„ZL" 75: *Jak było w Raju*. Rozmowa z Josifem Brodskim;

„ZL" 76: *Werki*;

„ZL" 77: *Notatnik*; *Czeladnik* (fragm.);

„ZL" 79: *O tożsamości. Kott wędrownik*;

„ZL" 81: *Oskar Miłosz*. List do Redakcji;

„ZL" 82: *Żółw*;

„ZL" 83: *Josif Brodski*;

„ZL" 84: *Księżniczka*;

„ZL" 85: *Dostojewski i Swedenborg*.

JACEK WOŹNIAKOWSKI

O PEWNEJ CIOCI (I)

Biada dziatwie, która nigdy nie miała przynajmniej jednej ulubionej ciotki. Ale biada także ulubionym ciotkom, bo straszliwa dziatwa, raz zwietrzywszy trop ofiary, nękać ją potrafi bezlitośnie, co z tego, że bezwiednie. Podejrzewam, że trochę taki był nasz stosunek do cioci Dziodzi, która nigdy nie traciła cierpliwości, z uwagą wysłuchiwała naszych chaotycznych opowieści, sama opowiadała wspaniałe bajki i próbowała rozhuśtać moją tępą wyobraźnię fabularną, proponując wymyślanie dalszych ciągów; dużo lepiej udawało się to mojej siostrze Kasi niż mnie. Ciocia pozwalała też pisać na swojej maszynie, która wyjeżdżała jak zaczarowana spod blatu biurka (z tej konstrukcji była ciocia szczególnie dumna), przyjmowała też z ciekawością liczne telefony. W lwowskim domu moich dziadków przy ulicy 3 Maja uważano, że nie można jej zamęczać tym telefonowaniem — ale wciąż ulegał człowiek pokusie, żeby pokręcić korbkę, powiedzieć: proszę o numer 33 21 i usłyszeć serdeczny, soczysty głos cioci z lekkim, lwowskim zaśpiewem. Ale największym jej darem w czasie wakacji w Odnowie była stała dostępność do Bułanego. Nie wyobrażam sobie, abym w czasie żniw mógł naruszać żelazną, gospodarską zasadę, że żadnych fornalskich koni nie można odciągać od roboty — ale później najeździłem się na oklep po ścierniskach i łąkach, ile dusza zapragnie, z coraz większą nieufnością patrząc na siodło, popręgi, strzemiona, puśliska i tym podobne, zbyteczne komplikacje, jakimi posługiwali się dorośli. Pamiętam też jeden galop nocny do sterty podpalonej przez bojówkę ukraińską. Myślałem, że kiedy się tam zjawię, okażę się razem z Bułanym przydatny do jakiejś pomocy, ale nie było jak pomagać: sterta, ogromna, dużo większa od przeciętnej chałupy, paliła się z trzaskiem tak, że nie można było bliżej podejść, bo żar od niej buchał — całe wnętrze się tliło — od czasu do czasu większy płomień wyskakiwał na zewnątrz. Z okropności tej sytuacji chyba nie zdawałem sobie sprawy, choć ludzie krzyczeli i na różne sposoby próbowali coś zdziałać.

Może to trochę dziwne, ale w czasie tych rajskich (mimo płonących stert) fragmentów wakacji w Odnowie nie pamiętam, żebyśmy się kiedykolwiek poczuli zagrożeni albo przestraszeni. Może to był brak wyobraźni, może skuteczna izolacja dzieci od spraw dorosłych, może rezultat doskonałych stosunków ze służbą folwarczną i domową (od dawna wiem, jak mylne bywa wrażenie takiej doskonałości), albo może w wielowiekowym ciągu chwil grozy w stosunkach między różnymi (narodowo, kulturalnie, społecznie) grupami ludności, zamieszkałej na tym samym terytorium, następują chwile i miejsca przejaśnień, wyciszeń, nawet zbliżeń? Działacz społeczny lub polityczny, który by nie umiał skorzystać z takich momentów, żeby je przerobić na wartości trwałe, mocniejsze od iluż to wspomnień bolesnych, zgrzeszyłby ciężko przeciw swemu powołaniu.

Nas, dzieci, historia w ciągu owych wakacji nie uciskała, a z drugiej strony, nie dawały nam się we znaki aksamitne działania pedagogiczne cioci Dziodzi, która niestety dzieci swoich nie miała i tym więcej serca mogła ofiarować cudzym.

Przypominam sobie trzy kampanie, które stoczyła, cierpliwie i zwycięsko. Pierwsza: trochę za mało wystawaliśmy jeszcze ponad krawędź stołu w jadalni, mimo podkładania na krzesła poduszek haftowanych w niesamowite ptaszyska, tworzone przez ciocię — żeby bez trudu dźwigać łyżkę czy widelec do ust, nie opierając łokcia na blacie. Ale ciocia powtarzała niezmordowanie: „Nie przyjdzie góra do Mahometa, musi przyjść Mahomet do góry", i tak się nam ten refren wbił w wyobraźnię, że choćby po to, by nie męczyć cioci, podnosiliśmy przykładnie ramię uzbrojone w widelec.

Drugi zabieg dotyczył zaimka wskazującego w bierniku liczby pojedynczej (!). Nie należało mówić: „pokaż tą rękę", tylko „tę rękę". Chyba znacznie później dotarł do nas inny, wulgarny przykład: „weź pan tę nogę, bo oddychać nie mogę", a nie „tą nogę". Owo mieszanie biernika z narzędnikiem stało się w końcu tak częste, że uznano je za prawidłowe w mowie (a nie w piśmie!), ale dzięki cioci Dziodzi wciąż Kasię i mnie razi.

I trzeci nawyk powoli wykorzeniony przez ciocię. W domu naszych dziadków koło Zakopanego kucharka Józia, pochodząca spod Przemyśla, i jej bratanica Zosia, pokojówka, spierały się niekiedy łagodnie. Formą przeczenia był wtedy zwrot: „ale gdzie, gdzie". My, dzieci, świadkowie i uczestnicy tych debat, przyswoiliśmy sobie ów zwrot. Wielkim sukcesem cioci Dziodzi było, że przestaliśmy przy każdej sposobności mówić, niecałkiem grzecznie, „ale gdzie, gdzie". Jakże błahe to okruchy pamięci — czy tylko Kasi i mnie potrafią przywołać daleki cień cienia cioci Dziodzi w Odnowie?

Osobliwa to była okolica, kawałek *Trylogii*. Nie tak daleko leżało Beresteczko, a w innym trochę kierunku Zbaraż. Wszystko naszpikowane polskimi dworami i folwarkami. Wuj Józio Obertyński mieszkał w klasycystycznym domu, noszącym dziwną nazwę Stronibaby. Pamiętam tyle, że robił na mnie wrażenie nieskazitelnego eleganta i zarazem człowieka ostrego: chyba w jego kolekcji la-

sek widziałem laskę z ukrytą w jej wnętrzu szpadą, a szpicruta wuja Józia miała obszytą skórą ołowianą główkę tak ciężką, że mogła służyć jako maczuga.
Ale wuj zapisał się w naszej pamięci głównie dzięki temu, że zostawił żonie
Odnów, przytulny dwór, położony gdzieś między Lwowem i Rawą Ruską.
W jaki sposób wypadała nam ciotką? Po pierwsze, jej siostra wyszła
za brata mojej matki, po drugie, jej brat ożenił się z cioteczną siostrą mego ojca, po trzecie, matka cioci Dziodzi, Maryla Wolska, była chrzestną
córką mojego pradziadka Henryka Rodakowskiego. Dzieci to wszystko
niewiele obchodziło, w nieco późniejszych latach akurat tyle, co słynne
zadania matematyczne, które w naszej interpretacji wyglądały mniej więcej tak: pociąg z Rawy Ruskiej do Lwowa wyrusza o 12 minut później niż
pociąg w odwrotnym kierunku. Oba posuwają się z tą samą chyżością...
itd., itp. Pytanie: ile lat ma babcia zawiadowcy stacji w Kulikowie?
 Kulików to była stacja kolejowa, skąd jechało się końmi do Odnowa.
Opodal leżało Olesko, gdzie urodził się Sobieski. Jeszcze zanim dowie-
dzieliśmy się czegokolwiek o Olesku, znaliśmy taki wierszyk:

Nasz król Jan III Sobieski
lubił bardzo małe pieski,
a gdy pieski te szczekały,
nie bał się bohater śmiały.

 Ta deheroizacja jednej z najwspanialszych postaci naszej historii nie
przeszkadzała nam bynajmniej w gorącym do króla Jana uczuciu. W salonie na 3 Maja leżała książka z faksymilowymi — jeśli dobrze pamiętam
— reprodukcjami listów Sobieskiego do Marysieńki. Kiedy już umiałem
czytać, przesylabizowałem sobie jeden czy drugi list i choć nie wiem, co
z tego pojąłem, bardzo mnie ta lektura wzruszyła.
 Autorem wierszyka o Sobieskim był podobno Wojciech Dzieduszycki
— różne jego epigramaty o monarchach polskich i obcych znaliśmy na pamięć i pękaliśmy ze śmiechu. Cieszył nas także nieprzystojny wierszyk,
którym Dzieduszycki uczęstował brata mojej Matki, wówczas małego
chłopczyka, kiedy ten otwarł mu drzwi i oznajmił, że babcia leży w łóżku,
bo bardzo ją brzuszek boli. Improwizacja Dzieduszyckiego, reagująca na tę
wiadomość i wygłoszona z sentencjonalnym namaszczeniem, brzmiała tak:

Siedzi babcia na garnuszku,
ma kiełbaskę w swoim brzuszku.
Stęka babcia, co się godzi,
bo kiełbaska nie wychodzi.

 Mały Jaś zapamiętał ten czterowiersz do starości, bo to była swoista
lekcja *irrévérence*. Zdaniem francuskiej filozofki, Chantal Delsol,
irrévérence jest zasadniczym rysem kultury europejskiej.
 (Ciąg dalszy o cioci nastąpi).

JACEK WOŹNIAKOWSKI

JERZY STEMPOWSKI

LISTY DO MARII DĄBROWSKIEJ*

Bern, 27 kwietnia 1956

Droga, Kochana Pani Maryjko,

Stosownie do zapowiedzi w ostatnim liście, chciałbym dodać dziś kilka uwag o tym, co Pani pisała z okazji swej wizyty w Uppsali[1]. Jest faktem, że emigranci polscy nie interesują się wcale lub b. mało slawistyką uniwersytecką na Zachodzie. Zjawisko to posiada różne aspekty. Brak zainteresowania jest zresztą być może wzajemny, skoro prof. Gunarsson pytał Panią o Wierzyńskiego[2] i Lechonia[3], bo gdyby przeczytał był kilka numerów londyńskich „Wiadomości", miałby o nich najdokładniejsze informacje. Będąc sam przez pewien czas docentem uniwersytetu w Neuchâtelu i lektorem języka polskiego[4], miałem czas do przemyślenia tych spraw.

Emigracja zaczęła się w 1945 roku wśród żywej obawy o dalszy los tych, którzy nie wrócili do kraju. Rządy zachodnie uważały emigrantów za czynnik niepożądany i usiłowały ich — często bardzo energicznymi metodami — zmusić do powrotu lub rozproszyć po całym świecie, co się im zre-

---

* Listy J. Stempowskiego do Marii Dąbrowskiej (1936–47) w oprac. A. St. Kowalczyka ogłosiliśmy w „ZL" 77–82, 84–88; inne drukowaliśmy w „ZL" 16. Nakładem Fundacji Zeszytów Literackich ukazały się listy do Marii i Józefa Czapskich, Miłosza, Wittlina, Kotta i in. adresatów (J. Stempowski, *Listy*, 2000; dodruk 2002). Publikujemy za życzliwą zgodą Jerzego Szumskiego.

[1] Maria Dąbrowska gościła w Szwecji w kwietniu 1956 roku na sesji Światowej Rady Pokoju.

[2] Kazimierz Wierzyński (1894–1969), poeta, członek grupy Skamander, opuścił Polskę, 1939; osiedlił się w Stanach Zjednoczonych.

[3] Jan Lechoń (1899–1956), poeta, członek grupy Skamander; osiedlił się w Nowym Jorku w 1940.

[4] Stempowski wykładał literaturę polską w uniwersytecie w Neuchâtel w Szwajcarii w roku akademickim 1944/1945.

sztą w znacznej mierze udało. Przystosowując się do tego losu, młodzi emigranci uczyli się pośpiesznie zawodów „praktycznych", medycyny, inżynierii, architektury, wreszcie rozmaitych rzemiosł. W wolnych zawodach spotykały ich często rozczarowania, bo zawody te zorganizowane są wszędzie na wzór „rackets"[1], w celu eksploatacji istniejącej klienteli i niedopuszczania konkurencji obcych. Wszyscy natomiast, którzy nauczyli się jakiegoś rzemiosła, wyciągnęli z tego największe korzyści i uniknęli poniewierki. Dla tych przyczyn nikt z młodszych nie studiował nauk humanistycznych, a tym mniej polonistyki. Kiedy emigranci w moim wieku wymrą, nikt z młodszych nie będzie miał jasnego pojęcia o tym, kim był Bolesław Chrobry ani co znaczyły Okopy św. Trójcy.

W zeszłym roku przeczytałem w gazecie, że uniwersytet genewski poszukuje slawisty, ofiarowując mu katedrę i tytuł prof. nadzwyczajnego z wynagrodzeniem ok. 700 fr. Tyle mniej więcej zarabia wykwalifikowany robotnik, monter, mechanik automobilowy itd. (Pisząc na tematy literackie i historyczne w najlepszych czasopismach, zarabiam z trudem 200 fr., gdy minimalne koszty utrzymania wynoszą oficjalnie 230 fr.). O ogłoszeniu tym zawiadomiłem wszystkie większe ośrodki emigracyjne, ale zewsząd odpowiedziano mi, że wśród emigrantów polskich nie ma na tę posadę kandydatów, a i wynagrodzenie nie jest zachęcające. Tak wygląda jeden aspekt tego zagadnienia. Ucieczka emigrantów od humanistyki miała też i inne przyczyny. W chwili mianowicie, gdy przed emigrantami otwierała się perspektywa przymusowego rozproszenia po świecie, wszystkie prawie instytuty slawistyczne, mogące ich zatrudnić lub stworzyć im chwilowe oparcie, zostały zwinięte, i zainteresowania Europą Wschodnią spadły do zera. Europę Wschodnią odstąpiono Rosji i przestano się nią interesować. Sprzedano nawet lub zniszczono część istniejących na Zachodzie bibliotek slawistycznych.

Zwrot ten był w istocie mniej dziwny niżby się to mogło wydawać. Większego zainteresowania Europą Wsch. nie było na Zachodzie i dawniej. Istniejące przed wojną ośrodki studiów slawistycznych były w większej części utrzymywane przez rządy krajów wschodnioeuropejskich. Katedry w Neuchâtelu i Brukseli — gdzie wykładali Lednicki[2] i Zawodziński[3] — oraz liczne lektoraty utrzymywał rząd polski, instytut slawistyczny opłacał rząd bułgarski itd. Gdy Bułgarzy przestali płacić, uniw. genewski zwinął instytut i rozproszył jego bibliotekę tak dokładnie, że na próżno szukałem tam paru potrzebnych mi książek. Utrzymywane niemałym kosztem ośrodki studiów nie pociągały zresztą studentów. Ze słów Lednic-

---

[1] *racket* — granda, gangsterstwo (ang.).
[2] Wacław Lednicki (1891–1967), slawista, autor wspomnień. Z uniwersytetem w Brukseli był związany od roku 1926, kiedy rząd polski ufundował katedrę slawistyki. Od 1940 wykładał w Stanach Zjednoczonych, w l. 1944–92 w University of California w Berkeley.
[3] Karol Wiktor Zawodziński (1890–1949), krytyk i historyk literatury.

kiego wiem, że w Belgii udało mu się w ciągu wielu lat wyszkolić tylko jednego polonistę — prawda dobrego — mianowicie Claude Backvisa[1]. Gorszy jeszcze był los rusycystyki, która nie miała żadnego oparcia. W Clarens np. mieszkał w dawnych czasach emigrant dr Rubakin, autor użytecznej książki o psychologii czytelnictwa, który zebrał b. poważną bibliotekę rusycystyczną, zawierającą wiele cennych i rzadkich wydawnictw i komplet „Киевской старины"[2]. Po jego śmierci biblioteka znalazła się na bruku, każdy chętny mógł ją mieć za darmo. Obszedłem wówczas dyrektorów największych bibliotek, rektorów uniwersytetów, aby ich losami tej biblioteki zainteresować. Przedkładałem im, że w Szwajcarii może kiedyś powstać jakiś ośrodek studiów slawistycznych, dla którego biblioteka Rubakina byłaby nieocenionym skarbem. Wobec niepowodzenia tych argumentów apelowałem do zmysłu handlowego, mówiąc o rzadkości tych książek i możności sprzedania ich w Ameryce. Z rozmów tych, zawsze zdecydowanie negatywnych, mógłbym spisać cały pamiętnik. Wreszcie, po długich miesiącach, w Lausannie zawiązał się komitet, który bibliotekę Rubakina wywiózł do Moskwy. Gdyby biblioteka raperswilska nie była się spaliła w Warszawie, kto wie, jaki los spotkałby ją w Szwajcarii.

Polskich książek nie było nigdy wiele na Zachodzie i widocznie znajdowały zawsze czytelników, bo nie spotkałem się z nimi u bukinistów ani w składach makulatury. Od Hercena[3] do Sawinkowa[4] nagromadziło się natomiast wiele książek rosyjskich. W każdym mieście szwajcarskim był kiedyś Кружок имени Михайловского[5] posiadający bibliotekę. Jedną z takich bibliotek, obejmująca klasyków od Puszkina do Sołłoguba[6] i Mereżkowskiego[7], nie licząc innych ciekawych publikacji, widziałem przed 8–10 laty w składzie makulatury. Gdybym miał wówczas 50 fr. i miejsce do złożenia książek, byłbym kupił całą bibliotekę. Za 20 groszy kupiłem tylko jeden tom dzieł zbiorowych Michajłowskiego[8], zawierający interesującą mnie rozprawę o Sacher-Masochu[9]. Był to zapewne jedyny tom,

---

[1] Claude Backvis (1910–1998), polonista i slawista belgijski, badacz literatury staropolskiej, autor monografii o Trembeckim i Wyspiańskim; tłumacz. Do slawistyki przyciągnęły go wykłady Lednickiego o Krasińskim i Lermontowie.

[2] „Kiewska starina", miesięcznik poświęcony historii, etnografii i literaturze. Wychodził w l. 1882–1907.

[3] Aleksandr Hercen (1812–1870), rosyjski prozaik, filozof i rewolucjonista. Od roku 1857 na emigracji w Londynie, gdzie wydawał słynny dwutygodnik „Kołokoł".

[4] Borys Sawinkow (1879–1925), rosyjski rewolucjonista, pisarz, emigrant.

[5] Koło imienia Michajłowskiego.

[6] Władimir Sołłogub (1813–1882), rosyjski pisarz, dramaturg.

[7] Dymitr Mereżkowski (1866–1914), pisarz i filozof rosyjski.

[8] Nikołaj Michajłowski (1842–1904), rosyjski krytyk literacki.

[9] Leopold von Sacher-Masoch (1836–1895), pisarz austriacki urodzony we Lwowie. Akcja jego licznych utworów rozgrywa się w Galicji. Stempowski planował napisać studium o jego twórczości.

który ocalał. Papier był wówczas drogi, cała więc biblioteka została zmielona na *papier d'emballage*[1].

Zjawiska te należą zresztą do nowego stylu życia na Zachodzie. Stare domy znikają, w nowych nie ma miejsca na książki. Przenosząc się do nowych mieszkań, stare rodziny berneńskie wyprzedają na makulaturę całe biblioteki nagromadzone w ciągu pokoleń, zawierające bezcenne nieraz unikaty. Wszyscy natomiast posiadają automobile i nie mają czasu na czytanie. Książki w językach słowiańskich stoją oczywiście na ostatnim miejscu listy zainteresowań i skali cen. Kto zna historię, temu trudno się dziwić. Anachars[2] stał się sławny w Atenach, kiedy został przyjacielem Solona i został sam asymilowanym Ateńczykiem. Z jego czasów nie zachowały się jednak w Grecji żadne konkretne wiadomości o Scytach, którymi nikt się nie interesował. Wiadomości te znajdujemy dopiero u Rzymian, kiedy wpływy ich rozszerzyły się na Morze Czarne i kiedy zaczęto tam zsyłać proskrybowanych. Wówczas dopiero Scyci znaleźli się w wierszach Wergiliusza.

Istnieje wreszcie inny jeszcze aspekt tej sprawy. W końcu XIX i początku XX w. Europa Zachodnia przeszła prawdziwą inflację wiedzy bezinteresownej, której kurs jest dziś równy kursowi banknotów z tego samego okresu czasu. Zachód wstąpił w pełen złudzeń wiek utylitaryzmu. Zjawisko to uderzyło mnie kiedyś z okazji wizyty w tutejszym muzeum, gdzie znajdowała się wówczas wielka kolekcja ikon pochodzenia przeważnie bałkańskiego, zebrana przed laty przez jakiegoś fantastycznego Anglika. Kolekcje takie są rzadkie, oglądałem ją więc kilka razy. Raz przyszedłem w towarzystwie profesorów i historyków sztuki z ich żonami. Ikony są pełne napisów, a nieraz dłuższych tekstów różnej treści, starosłowiańskich z domieszką różnych innych języków. Pełne skrótów, napisy te nie są łatwe do odczytania; wymagają też pewnej znajomości wschodniej hagiografii. Nie umiał ich odczytać ani właściciel, ani autor katalogu, ani nikt z osób zajmujących się wystawą. Byłem tego dnia w dobrym usposobieniu do tego rodzaju rozrywek, moich towarzyszy to interesowało, w ciągu paru godzin odczytałem im wszystko, komunikując elementy stylistyczne i historyczne tego malarstwa. Dopiero wychodząc z muzeum, spostrzegłem, że nikt nie zwrócił uwagi na moje wtajemniczenie w sprawy, jakkolwiek profesorom uniwersytetu mogło przyjść na myśl, że tych rzeczy nigdzie nie uczą i że do wiadomości tego rodzaju można dojść tylko przez długą serię pomyślnych zbiegów okoliczności. Byłem dla nich rodzajem Anacharsisa, posiadającego z natury zapas wiadomości nie wchodzących do żadnego zorganizowanego działu wiedzy użytecznej.

---

[1] *papier d'emballage* — papier pakowy (fr.).
[2] Anacharsis (VII/VI w. p. Chr.), filozof pochodzenia scytyjskiego. Przybył do Aten z poselstwem scytyjskim na początku VI w. Był pierwszym obcokrajowcem, który otrzymał obywatelstwo ateńskie.

Ten stan rzeczy odstraszał wszystkich młodszych emigrantów od studiów humanistycznych w ogóle, a od polonistyki w szczególności. W 1944–1945 było tu kilkuset polskich studentów, w większości b. internowanych z 2-ej dywizji, która w 1940 znalazła się w ariergardzie uciekającej armii francuskiej i, otoczona przez Niemców, przeszła szwajcarską granicę. Kilku z nich, szkolonych inżynierów, pracuje tu dotąd; inni wrócili do kraju lub rozproszyli się po świecie. Jeden z nich tylko, b. marynarz, chciał studiować historię. Nikt mu w tym nie chciał pomagać. Wobec jego uporu pozbawiono go wszystkich stypendiów, policja wydaliła go z kantonu, w którym studiował, i zabroniła pracy, z której się utrzymywał. Po dwóch latach oporu wyszkolił się w kilka tygodni — miał wielką zręczność w rękach — na spawacza i wyjechał do Kanady, gdzie w swym nowym zawodzie znalazł natychmiast dobre zajęcie. Pisał mi ostatnio, że niedługo będzie miał własny dom. Upieranie się przy historii omal nie zaprowadziło go do więzienia.

Istniejący jeszcze na emigracji starsi slawiści i historycy są przeważnie w Ameryce, gdzie uniwersytety są zamożniejsze i gdzie istnieją poważne ośrodki studiów. Lednicki jest profesorem na California University, Wiktor Weintraub[1] w Harvardzie, Halecki[2] na jakimś innym uniwersytecie. W Szkocji, przy uniw. w Glasgow, jest też jakiś ośrodek studiów, gdzie wykłada Stanisław Westfal[3]. Henryk Paszkiewicz[4], który niedawno ogłosił podstawową i świetną historię wczesnego średniowiecza na obszarze rosyjsko-litewsko-polskim, pt. *The Origin of Russia*, mieszka w Londynie, nie wiem jednak nic o tym, aby był związany z jakimś uniwersytetem. O Trypućce[5] i jego książce o języku Syrokomli czytałem w różnych emigracyjnych czasopismach.

Przeglądam często humanistyczne tezy doktorskie uniwersytetów amerykańskich, drukowane częściowo w Europie z powodu niższych kosztów druku, i widzę, że bezinteresowna wiedza jest tam wciąż jeszcze zainteresowaniem i rozrywką zamożniejszej młodzieży. W Europie Zach. zjawisko to jest coraz rzadsze. Młody doktor tutejszego uniwersytetu zapewniał mnie niedawno, że w Szwajcarii nie ma ani jednego studenta uczącego się w celach innych od doraźnego zarobku. Być może jest w tym przesada, ale tak myślą sami studenci. Tego samego zdania są zresztą rektorzy i profesorowie zaklinający młodzież, aby porzuciła nieopłacające się studia wyższe.

---

[1] Wiktor Weintraub (1908–1988), historyk literatury polskiej. W Stanach Zjednoczonych osiedlił się w 1950 roku.

[2] Oskar Halecki (1891–1973), historyk mediewista; profesor Uniwersytetu Warszawskiego; od 1939 na emigracji.

[3] Stanisław Westfal (1911–1959), językoznawca; od 1949 wykładał filologię polską w uniwersytecie w Glasgow.

[4] Henryk Paszkiewicz (1897–1979), historyk, publicysta.

[5] Józef Trypućko (1910–1983), slawista, językoznawca, tłumacz; z uniwersytetem w Uppsali był związany od roku 1940. Mowa o pierwszym tomie rozprawy o języku Władysława Syrokomli, który ukazał się w 1955.

Istniejące jeszcze zamiłowania do wiedzy bezinteresownej przejawiają się poza murami uniwersytetów. Schodzi się np. u mnie kilku młodych ludzi mających takie zainteresowania. Na ich prośbę będę miał za kilka dni odczyt o płotach i ogrodzeniach alpejskich. Moimi słuchaczami będą malarze, muzycy, członkowie *corps de ballet*[1] teatru miejskiego, nauczyciele ludowi, bibliotekarze, literaci itd. Nikogo związanego z uniwersytetem. W tym nowym świecie zachodnim nie widzę miejsca na slawistykę uprawianą gdzieniegdzie dla honoru domu. Polscy studenci uciekający od humanistyki rozumowali tak samo jak ich zachodni koledzy.

Gdyby rząd Rzeczpospolitej ludowej chciał na to łożyć pieniądze, mógłby oczywiście otworzyć znów zwinięte na Zachodzie ośrodki studiów slawistycznych i polonistycznych. Do ub. roku sprzeciwiałaby się temu być może policja polityczna, dziś jednak prześwietny rząd mógłby rozproszyć tego rodzaju obawy.

Zachód przyjmował zawsze tego rodzaju dary. Przyjmował produkty rolnicze, za które — przy pomocy fikcji wolnego rynku — nie płacił nic prawie, odżywiając się kosztem ubogich krajów rolniczych. Zwyczaj życia kosztem ludów mniej zamożnych jest w krajach starego przemysłu tak powszechnie przyjęty, że i w świecie uniwersyteckim nie budzi wątpliwości. Ale czy to warto? Być może cała ta sprawa powinna się stopić, spalić na żużel, żebyśmy się wreszcie mogli dowiedzieć, co w tych zainteresowaniach Zachodu jest tylko chwilową koniunkturą, fikcją, efektem propagandy, a co jest istotne, prawdziwe i warte tego, abyśmy się nim mieli zajmować.

W tej chwili trudno to przejrzeć. Zachód Europy przestał być środkiem świata. Czy nie wie o nas, czy wie, czy chce, czy nie chce wiedzieć, nic od tego nie zależy. Było to ważne w czasach kongresu wiedeńskiego, nawet podczas wojny krymskiej, ale dziś już nie. Zresztą Europa Zachodnia jest w okresie wielkich przemian wewnętrznych. Ucieka od swej przeszłości, niepasującej do jej obecnej sytuacji, broni topniejącego stanu posiadania, wyrzucając na bruk wszystko, co się wydaje zbędne, kontentując się pozorami, których nie może wypełnić jakąś rzeczywistością. Trudno sobie wyobrazić, czym będzie za lat 20. Najciekawsze dla mnie jest pytanie, kto przejmie po niej spadek kulturalny, bo dotąd nikt się do tego nie spieszy.

O moich własnych doświadczeniach docenta, zresztą przelotnych i pozbawionych goryczy, napiszę innym razem.

Tymczasem najserdeczniejsze pozdrowienia przesyłam i rączki Pani, Kochana Pani Maryjko, całuję, szczerze oddany

Jerzy

JERZY STEMPOWSKI
podał do druku i oprac. Andrzej Stanisław Kowalczyk

---

[1] *corps de ballet* — zespół tancerek i tancerzy (fr.).

MARIAN BIZAN

NA AKROPOLU, CZYLI W DOMU (IV)

Kończył się mój pobyt w Grecji. Pozostała jeszcze Kawala (starożytne Neapolis) i okolice tego miasta oraz to, na co czekałem ze szczególnym napięciem — kościoły Salonik.

Ponad sześćdziesięciotysięczna Kawala to gigantyczny amfiteatr położony nad Morzem Egejskim, opadający ku południowi. Wielokrotnie stawiano sobie pytanie, czy Kawala jest tylko prowincjonalnym kurortem na zboczach wzgórz i zarazem dużym portem handlowym wschodniej Macedonii i Tracji, czy też może jej dzieje przynoszą świadectwa przekraczające ciasne ramy niewiele znaczącego regionu. W VII wieku jako Neapolis założyli miasto przybysze z Tazos, później miało ono bliższy związek z Atenami, ale własna moneta, którą biło, świadczyć może zarówno o pewnej niezależności, jak i pozycji politycznej i gospodarczej. Wreszcie Neapolis weszło w skład państwa Filipa II. Od 168 roku przed Chrystusem rządzili tu Rzymianie, a w dobie wojen krzyżowych miasto przechodziło z rąk do rąk. Na koniec, w XIV wieku, wpadło pod władztwo tureckie i od XVI wieku znane jest jako Kawala. Dzień 26 czerwca 1913 roku był dla Kawali pamiętny: grecka marynarka uwolniła ją od wszelkich okupantów.

Spacery po Kawali upewniły mnie, że choć nie ma tu nadmiaru zabytków, to ten brak wynagradza malowniczość położenia miasta, jego ogrody, parki, tarasy, kręte, opadające ku morzu uliczki, wodotryski, piękne kamienice z końca XIX i początku XX wieku, pieczołowicie konserwowane. Przy jednej z takich kamienic, biało-różowej, nachylałem się ku otwartym piwnicznym oknom, skąd wydobywał się odurzający słodkawy zapach tytoniu. Przez dziesiątki lat, od chwili, kiedy Macedonia i Tracja stały się potęgami przemysłu tytoniowego, leżakowały w piwnicach tego domu i w piwnicach innych magazynów wielkie bele jednego z najlepszych gatunków tytoniu na świecie. W 1928 roku przemysł tytoniowy zatrudniał tu dwadzieścia tysięcy robotników. Nie wiem, jak jest dzisiaj — ale niezwykły, pociągający zapach nadal pełznie po chodniku wzdłuż budynków i nęci, aby się nachylić ku otwartym oknom. Z kolei w dużym domu towarowym w handlowych stoiskach podziemia spoglądałem na ryby i inne owoce morza takich kolorów, kształtów i nazw, o jakich nigdy mi się nie śniło. To, obok tytoniu, drugie wielkie bogactwo Macedonii, rodem z Morza Egejskiego. Wreszcie owoce i jarzyny — ich kolorowe sterty, ich niewyobrażalna rozmaitość przypominają targowiska Bliskiego Wschodu: Betlejem, Jerozolimy, Akry.

Jest w Kawali muzeum archeologiczne, a w nim znaleziska z różnych okolic, między innymi z Abdery, Amfipolis, greckie, rzymskie, ale i starsze, datowane na trzecie i drugie tysiąclecie przed Chrystusem. Miała Kawala (Neapolis) swoją boginię, Partenos. Resztki z jej świątyni zajmują część dużej sali. Jak zwykle w regionalnych muzeach greckich znaleźć można właściwie wszystko, szukałem zatem czegoś szczególnego i znalazłem: ceramiczną głowę maskę z późnego neolitu z okolic Filippi, w której wszystko zostało sprowadzone do najprostszych form, do prymitywnego, dla nas dzisiaj, schematu — do ukośnych kresek (oczy, brwi) i rzędów maleńkich okrągłych otworów (uszy, usta). Ale jest też marmurowa rzeźba dziecka bawiącego się z gęsią z III wieku przed Chrystusem i złote wieńce laurowe z tego samego czasu, jak gdyby świeżo zdjęte z głów ucztujących notabli. Z macedońskiego grobu wydobyto diademy i wisiory kobiece, które przypomniały mi olśniewającą wystawę złota trackiego w Sofii z 1963 roku. Jak widać, elegantkom obce są granice i wieki.

Cała reszta — wyjąwszy ułomki muru antycznego z V wieku — jest w Kawali późniejsza. W XIV wieku, za cesarza Andronika zbudowano nowy mur miejski. Zamek na wzgórzu powstał w XV wieku, za tureckich czasów. W jego resztkach na trawiastym dziedzińcu odbywają się dzisiaj imprezy kulturalne. Akwedukt jest dziełem Sulejmana Wspaniałego, budowniczego muru jerozolimskiego. Jego zachowanych sześćdziesiąt łuków sięga dwudziestu dwóch metrów wysokości i dzieli miasto na dwie części. W Kawali urodził się Muhammad Ali, dobroczyńca miasta, namiestnik Egiptu, dowódca wojska tureckiego. Jego zachowany w znakomitym stanie dom rodzinny jest małym muzeum. W pokoju paszy na piętrze stoi tylko biurko, a na ścianach fotografie. Obok oddzielny pokój ukochanej żony i zbiorowy pozostałych żon. Z domu stojącego na wzniesieniu roztacza się niezwykły widok na miasto, morze i wyspę Thasos, którą widać w całej okazałości. Port, łodzie, statki, promy, płetwonurkowie, szyby wiertnicze — z tej wysokości wszystko jak na dłoni. Przed domem-muzeum stoi ufundowany w 1934 roku przez Greków z Egiptu pomnik konny paszy. Przypomina się galeria podobnych monumentów: Marek Aureliusz, książę Józef, Piotr I, książę Eugeniusz Sabaudzki...

Najpiękniejszy jest w Kawali zaniedbany imaret, budowla islamska postawiona przez Muhammada Alego w 1817 roku: kopuły i wieżyczki, krużganki, kolumny, trzy wewnętrzne dziedzińce zarośnięte trawą, tarasy, zaciszne nisze, studnie, numerowane małe izby. Kiedyś była tu szkoła koraniczna i przytułek biedaków, uczono i wydawano posiłki ubogim — zupę, ryż, chleb, dwa razy w tygodniu mięso. Z czasem zamknięto szkołę (1912), przytułek (1923) i piękny ten kompleks architektoniczny popadał w ruinę. Pomieszczenia parteru i piętra niszczeją, schody trzeszczą, szyby wypadają, jedynie roślinność ma się dobrze. Wtedy, kiedy tu byłem, nie zanosiło się na większe remonty. Może dlatego, że podobnie jak dom rodzinny paszy, imaret jest pod egipskim zarządem? Nagle rozległy się dźwięki *Walca cesarskiego* Straussa. Myślałem, że to muzyczne przywidzenie, ale nie. Muzyka dochodziła z pomieszczenia, w którym znajduje się niezauważona wcześniej przeze mnie kawiarnia — senna kelnerka przy bufecie, dwie osoby siedzące przy stoliku, po reszcie zostały niedopite naczynia i pełne popielniczki. Wychodząc, rzucam jeszcze okiem na XIX-wieczne napisy koraniczne nad wejściami.

W pierwszych dniach października w sadach wiszą na gałęziach ostatnie już figi — zielone i fioletowe, czerwienią się granaty, żółcą olbrzymie pigwy, dochodzą orzechy. Tak było też we wsi Nea Karia, gdzie mieszkała rodzina moich przyjaciół z Kawali. W niedzielę poszedłem do cerkwi na długie nabożeństwo. Przyjęto mnie serdecznie, a po kilku dniach uwoziłem stamtąd jako upominek wytłaczaną w srebrze ikonę przedstawiającą św. Pawła i Lidię w Filippi. Widnieje na niej strumień, obecna cerkiew, wzniesienie, na którym stał akropol Filipa II, ogródek archeologiczny, łuki mostku, zarysy bizantyńskich świątynnych ruin i Via Egnatia. Z miejscową nauczycielką literatury greckiej mówiłem o Homerze w serii „Bibliotheca Mundi", o Kawafisie i o najnowszych greckich wydaniach jego wierszy, również o ineditach z 1983 roku. Zygmunt Kubiak był tu znany jako tłumacz i wydawca. Z lekarzem weterynarii, wykształconym w Kortowie, na którego biurku leżały *Bajki różne* i *Rozmowy z diabłem* Leszka Kołakowskiego, była rozmowa o raporcie Tadeusza Mazowieckiego jako wysłannika ONZ do byłej Jugosławii.

Na późne kolacje rybne jeździło się do Keramoti nad Morze Egejskie. Ma tu ujście rzeka Nestos, biorąca swój początek w bułgarskim górskim paśmie rylskim. Jej delta jest bajecznym rezerwatem przyrody — ptactwa i roślinności. Na wprost Keramoti w odległości kilku mil morskich leży Tazos, wyspa syren, jak chce mitologia. Doskonale widoczne są z tej odległości jej zalesione góry.

Saloniki — jedno z najpiękniejszych greckich miast. Kiedy Filipowi urodziła się córka, miał powiedzieć: „Niech jej imię będzie Tessalonika". Księżniczka poślubiła dowódcę armii Aleksandra Wielkiego, Kassandrosa, ambitnego i bezwzględnego gwałtownika, założyciela miasta w 315 roku, które nazwał imieniem żony. Co się na urodę miasta składa? Morze, przestrzeń, układ urbanistyczny całości, nadmorskie bulwary, zieleń śródmiejska, łagodność klimatu, która sprzyja terenom zielonym, wreszcie — zabytki. Po wielkim pożarze w 1917 roku, który strawił znaczną część Salonik, niejedno trzeba tu było zaczynać *ab ovo*, ale niejedno też po raz pierwszy po wiekach odkryto. Dwa są symbole miasta. Biała Wieża położona niedaleko morza, turecka pozostałość z XV wieku, część dawnego muru obronnego, i Łuk Tryumfalny cesarza Galeriusa sprzed 305 roku po Chrystusie, stojący przy Via Egnatia. Przypomina on zwycięstwo rzymskiego władcy nad Persami. W owej zielono-białej przestrzeni miejskiej poutykane są bizantyńskie perły — kościoły, z których część ocalała z pożaru, a część odbudowano. Gdyby chcieć pisać o wszystkich, byłaby to duża rozprawa, więc chociaż kilka słów o niektórych.

Moją wędrówkę po mieście zaczynałem od dość późnego, bo z początków XIV wieku, kościoła św. św. Apostołów, budowanego za cesarzy Paleologów. Pięć kopuł — centralna najwyższa, cztery pozostałe niższe w narożnikach kościoła. Mury świątyni zbudowano z cegły, w której wypalono niezliczone ornamenty, układające się w obfitość wymyślnych wzorów. Zewnętrzna ściana absydy po wschodniej stronie, patrząc z ukosa, ujawnia niewyobrażalne wprost bogactwo tego zdobnictwa. We wnętrzu na sklepieniu mozaika przedstawiająca Przemienienie Pańskie, motyw jakże częsty w ikonografii wczesnochrześcijańskiej. Przypomniał mi się tu, w Salonikach, ołtarz brodnickiego farnego kościoła z niezłą kopią obrazu Rafaela z XIX wieku. Na innej mozaice — św. Mateusz nad kartami swojej ewangelii.

Zanim doszedłem do katedry, największego kościoła Grecji, pod wezwaniem św. Dimitriosa (Dymitra), rzuciłem okiem na mały, z przełomu XIII i XIV wieku, kościół św. Katarzyny, jak gdyby bliźniaczy wobec kościoła św. św. Apostołów, podobnie idealnie symetryczny, a w czasach tureckich zamieniony na meczet. To była cała macedońska szkoła architektoniczna, która tu powstała, podobnie jak można mówić o Salonikach jako o centrum bizantyńskiej szkoły malowania ikon, rozprzestrzeniającej się bodaj na całe Bałkany. W drodze do katedry rzut też oka na rzymskie forum i wielki plac — teren wykopalisk, dziś, po latach, już pewnie uporządkowany, odkryty do końca i objaśniony dla zwiedzających.

Dimitrios, legendarny i uwielbiany bohater miasta, chrześcijanin ze znakomitego rodu, legionista w służbie władcy. Jako osiemnastoletni młodzieniec za wyznanie wiary więziony, torturowany i zamordowany na rozkaz cesarza Galeriusa w 303 roku. Pochowano go w rzymskiej łaźni, dziś krypcie kościoła, w której nauczał wyznawców Chrystusa. Był zatem jak gdyby katechetą gromadzących się wokół niego ludzi. W V wieku zaczął się tu kult męczennika, zbudowano świątynię, która spaliła się w VII wieku. Kolejny pożar strawił również następną, tę wielką, katedralną, w 1917 roku. Jej odbudowa trwała prawie do połowy XX wieku. W niej wszystko się wymieszało — dawne i nowe. Fotografie wykonane po pożarze pokazują, jak wielkie były zniszczenia w kościele. Ale trzeba też powiedzieć, że kryptę katedry odkryto dopiero „dzięki" pożarowi z 1917 roku, podobnie jak niektóre mozaiki obok ołtarza i na zachodniej ścianie.

Objaśniała mi je konserwatorka, bo prace rekonstrukcyjne nadal wówczas trwały. Do odbudowy użyto wszystkich fragmentów, ułomków, kamieni, marmurów pogorzeliska. Oczywiście świątynia przez setki lat była meczetem, a relikwie pobożnego młodzieńca wywieziono do Włoch, skąd jednak wróciły do Salonik, jego rodzinnego miasta.

Główny niejako relikwiarz męczennika w bocznej kaplicy katedry, marmurowa trumna, pozostałe relikwiarze, dobudowana do kościoła maleńka, ale trzynawowa kaplica św. Eutimiosa z XIII lub XIV wieku wsparta na marmurowych kolumnach z zapierającymi dech w piersi freskami z 1303 roku, kapitele kolumn katedry, bizantyńskie mozaiki przedstawiające Dimitriosa z dziećmi, diakonami, aniołami, współtowarzyszami niedoli, i wreszcie ogromna krypta (doliczyłem się bodaj ośmiu pomieszczeń tej dawnej rzymskiej łaźni) — wszystko to wymagałoby godzin, a nie minut zwiedzania.

Kościół Mądrości Bożej (Agia Sofia), jeden z najpiękniejszych w Grecji, o którym już wcześniej nieco wiedziałem, z *Wniebowstąpieniem* w kopule (IX wiek) i *Tronującą Madonną* w absydzie (XII wiek), był niestety zamknięty. Podobnie kościół Przemienienia Pańskiego (Metamorfosis Sotira) — maleństwo wciśnięte między wysokie domy, stojące w dodatku poniżej poziomu chodników i jezdni, znakomite dziełko architektury, nie do końca przebadane, prawdopodobnie pozostałość po dawnym klasztorze. Kościół sprawia wrażenie, jakby się zataczał: kopuła z bardzo wysokimi oknami nachyliła się ku sąsiadującej z nią kamienicy. To między innymi skutek trzęsienia ziemi w 1978 roku. Tyle zatem o zabytkowych chrześcijańskich świątyniach Salonik — a jest ich tu, poza wymienionymi, jeszcze prawie piętnaście.

Z muzułmańskich budowli wyróżniają się dwie: nakryte sześcioma płaskimi kopułami targowisko Besesteni, o którym podróżnicy w XVI wieku pisali, że jest najpiękniejsze na Bałkanach, i meczet Alatsa-Imaret z jedenastoma kopułami i resztką minaretu zdobionego kolorowymi kaflami.

Wreszcie jest w Salonikach fascynująca Rotunda, za mojego pobytu w tym mieście remontowana (a zatem niedostępna dla zwiedzających), w której mieści się obecnie Muzeum Sztuki Wczesnochrześcijańskiej. Ta okrągła ceglana budowla powstała zapewne pod koniec III i na początku IV wieku jako jedna z części kompleksu cesarskiego. Należały do niego jeszcze Łuk Tryumfalny, pałac i oktagon. Niektórzy badacze przyjmują za lata budowy Rotundy okres od 305 do 311 roku. Miała być rodzajem mauzoleum czy panteonu Galeriusa, ale rychło, bo za Teodozjusza Wielkiego lub nieco później, stała się świątynią chrześcijańską. Jedną z ośmiu nisz wewnątrz Rotundy rozbudowano jako rodzaj nawy kościelnej (czy prezbiterium). Wnętrze wyłożono kolorowym marmurem i ozdobiono tak pięknymi mozaikami, że niekiedy porównuje się je do arcydzieł z Rawenny. Początkowo kościół nazywano: Asomaton (*asomatos* znaczy pozbawiony cielesności, bezcielesny). Później na patrona wybrano św. Jerzego (Agios

Georgios). W tureckich czasach Rotunda była oczywiście meczetem, którego minaret stoi obok niej do dzisiaj. Sylweta budynku oglądana z pewnej odległości jest niezwykła: trzy bębny o różnych średnicach nałożone na siebie — im wyższy, tym węższy. Pokrycie dachowe jest niewidoczne: ostatni bęben o najmniejszej średnicy wystaje nieco ponad nie ku górze.

O architektonicznej urodzie Salonik świadczy nie tylko dawność. Spacer po mieście przekonuje również o tym, że w końcu XIX i na początku XX wieku gmachy użyteczności publicznej, urzędy, pałace, domy mieszkalne, wille, nawiązując do dawnych klasycznych niejako wzorów lokalnych i europejskich, potrafiły je zharmonizować z wymaganiami stawianymi w nowej, innej epoce. I kiedy myślę o pięknie tego nadmorskiego miasta, mam na uwadze również nowsze jego pomniki.

Jadąc z Kawali do Salonik, po mniej więcej godzinie jazdy warto zatrzymać się przy szosie, gdzie stoi słynny kamienny lew olbrzym. Wyrzeźbiono go w IV wieku. Tuż obok płynie rzeka Strymon, a most spina jej brzegi. Lwa znaleziono w Amfipolis, dawnej kolonii ateńskiej założonej w 437 roku przed Chrystusem, która później, za panowania Rzymian, była stolicą Macedonii Wschodniej. Gigant z wpół otwartą paszczą, siedzący na zadzie, zda się, pilnuje niby strażnik powierzonego mu terenu. Ale teraz jest otoczony drzewami — sosnami, świerkami i bodaj eukaliptusami, stoi zatem w sielankowym krajobrazie. Dwa i pół tysiąca lat temu strzegł bram miasta lub może grobów. Dziś to ozdoba trasy i samotny relikt dziejów. I choć nadal marszczy brwi, jest już tylko postacią z baśni. Ten obraz, ostatni, uwoziłem z Grecji jako pożegnanie.

Minęło prawie dziesięć lat. W pierwszy dzień maja 2004 roku, w pogodne wiosenne przedpołudnie, na kilka miesięcy przed zbliżającymi się igrzyskami olimpijskimi w Atenach, u stóp Akropolu, w Odeonie, teatrze zbudowanym w II wieku po Chrystusie przez Heroda Attyka, bogatego ateńskiego mecenasa, dla uczczenia pamięci zmarłej żony Rigilli, odbywał się koncert dla pięciu tysięcy słuchaczy. Jak co roku filharmonicy berlińscy opuścili swoją stałą siedzibę, aby tym razem koncertować z myślą o jednoczącej się Europie (Europakonzert 2004). Przy pulpicie stał szef orkiestry, sir Simon Rattle, a koncert d-moll Brahmsa grał z widocznym przejęciem Daniel Barenboim. Oglądając telewizyjny przekaz koncertu, wróciłem pamięcią do wspomnienia z 1993 roku, kiedy siedząc na starożytnych ruinach w Filippi, rozmawiałem ze szwedzką turystką o greckich, rzymskich, bizantyńskich i nowożytnych dziejach. Historyczny łuk kulturowy połączył wówczas w naszej gawędzie ludzi, dzieła, czasy. Do tego dawnego wspomnienia dołączył teraz również ów majowy koncert w Odeonie. Wszak odbył się on na Akropolu, w naszym wspólnym domu.

MARIAN BIZAN

ZBIGNIEW HERBERT

LIST DO ROMANY GIMES*

[Na kopercie: W. Pani Gimes Romana
1015 Budapest, Széna tér 1/b IV 3, Ungarn]

[Berlin Zachodni] 12 XII 1978

Moja Bardzo Kochana Romano,

dziękuję Ci serdecznie za Twój dobry list, który jak wszystkie Twoje listy jest okładem na serce.

Ja z Tobą rozmawiam bez przerwy, ale piszę niedosłyszalnie, bo przyznaj sama — listy idą potwornie długo przez te granice, bagna, lasy, pustynie. Wiadomość o zbrodniach dociera do [nas] natychmiast, a posłowie przyjaźni tułają się boso, zziębnięci i w dodatku strzelają do nich straże Margrabiego. Pocieszać się, że zawsze tak było? Nie, nie ma zgody, mopanku.

A jak u Ciebie kochana, jak u Ciebie. Czy świeci Tobie słońce niebieskie? Bo tu ani na lekarstwo. Urodzić się w tym kraju, w tej równinie między Wuppertalem a Radomskiem, to prawdziwe przekleństwo. To znaczy, ja urodziłem się nieźle i niedaleko Lwowa były (rosły) winogrona. Moja Babcia — którą kocham niezmiennie — urodziła się w Armenii. Kiedy drugi raz będę musiał zjawić się na świecie, przyczepię się do basenu Morza Śródziemnego i żaden diabeł, żaden tyran mnie stamtąd nie ruszy.

Miło mi bardzo, że Wielki Weöres zechciał spojrzeć na mnie. Bardzo gorąco pozdrów ich oboje. Znaczy, że międzynarodówka — której Ty jesteś Aniołem-Ambasadorem, działa!

* W posiadaniu Romany Gimes. Rękopis. Interpunkcja, pisownia uwspółcześnione. Drukujemy za łaskawą zgodą Katarzyny Herbertowej i in. spadkobierców Autora.

Ja wyłażę z nowej choroby, niegroźnej tym razem, tyle tylko, że trzymała mnie w łóżku. I jak zwykle w grudniu robię bilans, przepisuję na maszynie, porządkuję notatki.

Tak w sumie, biorąc pod uwagę, że byłem areną różnych bakcyli — nie wypadło to tragicznie, choć mogło być znacznie lepiej, zarówno jeśli idzie o jakość, jak i ilość.

Więc zebrałem 3 szkice do książki o Holendrach + 10 holenderskich apokryfów. Ta forma bardzo mnie podnieca i będę starał się pisać coś w rodzaju mojej prywatnej historii świata. Zacząłem od Atlasa, który podpiera sklepienie niebieskie i nikt go za to nie chwali, a także o Aleksandrze Macedońskim, co to przeciął węzeł gordyjski — sztuczka godna sierżanta.

Napisałem 10 wierszy, z tego 3 do szuflady. Myślę, że najlepszy jest o n a s z y m Nagy László. Może są w nim jakieś błędy, stylistyki, gramatyki czy czegoś podobnego — ale nie ma w nim b ł ę d u s e r c a. Tego jestem pewien jak własnej śmierci.

Nauczyłem się kochać zmarłych czule. Przed paroma dniami umarła matka Kasi, bardzo piękny człowiek. Kasia nawet nie mogła pojechać na pogrzeb. No, ale trzeba wierzyć — jak to sama pięknie powiedziałaś — że jest coś silniejszego od śmierci.

Moja Miła, Dobra i Kochana
Całuję Cię z całego serca
i Kasia też przyłącza się

Twój
Zbigniew

PS. Bądź nam zdrowa i napisz (a może przyślij numer telefonu)

[Nadawca na kopercie:
Zbigniew Herbert
I Berlin 62, Hewaldstr. 5, West Berlin]

[Do listu załączony maszynopis, dwie strony wiersza:]

IN MEMORIAM NAGY LÁSZLÓ

Romana powiedziała, że właśnie Pan odszedł
tak zwykło się mówić o tych którzy zostają na zawsze
zazdroszczę Panu marmurowej skóry

pomiędzy nami były sprawy czyste żadnego listu
wspomnień niczego co bawi oko

żadnych pierścieni i dzbanów
ani lamentu kobiet
dlatego łatwiej uwierzyć w nagłe uniesienie
że jest Pan teraz jak Attila Jozef
Mickiewicz lord Byron piękne widma
które zawsze przychodzą na umówione spotkanie

mój wdowi dotyk nie mógł się oswoić
drapieżna miłość konkretu domagała się ofiar
nie napełniliśmy śmiechem martwego pokoju
nie oparliśmy łokci na szumiącym drewnie stołu
nie piliśmy wina nie łamaliśmy losu
a przecież mieszkaliśmy razem
w hospicjum Krzyża i Róży

przestrzeń która nas dzieli jest jak całun
wieczorna mgła unosi się opada
szlachetni mają twarz wody i ziemi

nasze dalsze współżycie ułoży się zapewne
more geometrico — dwie proste równoległe
pozaziemska cierpliwość i nieludzka wierność

ZAMIAST PRZYPISU: LIST ROMANY GIMES:

Budapeszt, 18 II 2004
Droga Pani Barbaro, [...]

SÁNDOR WEÖRES (1913–1989) należy do największych poetów
literatury węgierskiej. Spotkał się z Herbertem na międzynarodowym
zjeździe poetów; była tam również jego żona, poetka Amy Károlyi (stąd
w liście: „Bardzo gorąco pozdrów ich oboje"). Ciekawe, jak Herbert od
razu odczuł wielkość Weöresa? Był nim oczarowany.
    Poznałam Herberta w 1972 r., kiedy wrócił do kraju. Przyjechałam do
Warszawy, żeby dla mojego wydawnictwa zdobyć egzemplarz *Barba-
rzyńcy w ogrodzie* i poprosiłam Herberta również o wiersze, by zrobić
„rybki" dla László Nagya. Te wiersze ukazały się w latach 1974–78
w trzech [węgierskich] czasopismach literackich, m.in. w roku 1974
wiersz *Mordercy królów*, który ukazał się w Polsce dopiero w roku 1983
w nielegalnie wydanym tomie *Raport z oblężonego miasta*, nie mówiąc

o zakazanym wierszu *Węgrom* (incipit: *Stoimy na granicy...*), z 1956 r. Tak rodziła się przyjaźń.

W roku 1978 wydawnictwo Európa przygotowywało tom wierszy Herberta w przekładzie wielkich poetów, Weöresa i Nagya. László w styczniu przetłumaczył 25 wierszy. Od 20 stycznia był chory [...], ale niezmordowanie tłumaczył wiersze, które codziennie omawialiśmy przez telefon. 30 stycznia umarł na zawał serca. Wiadomość o jego śmierci była szokiem dla społeczeństwa węgierskiego. Otrzymałam jego notatnik z wierszami, żeby je odcyfrować dla wydawcy. Tłumaczenie wierszy: *Tren Fortynbrasa, Powrót prokonsula* i *Dojrzałość* skończył 28 stycznia, dwa dni przed śmiercią. Wiersz Herberta dla László Nagya na węgierski tłumaczył Márton Kalász i Gömöri Györgi.

Wydawnictwo Literackie wydało tom wierszy László Nagya, *Kto przeniesie miłość*, 1979. Tłum. Tadeusz Nowak i Bohdan Zadura, posłowie Tadeusz Nowak. [...]

Na końcu kilka zdań o mojej pracy. W latach 1967–92 byłam redaktorem literatury polskiej w wydawnictwie Európa. Jako tłumacz mam na sumieniu ok. 50. pozycji, ważniejsze z nich to: książki Kazimierza Brandysa, Stryjkowskiego, Dygata; Herberta *Barbarzyńca w ogrodzie* i in. jego eseje oraz dwie sztuki. Potocki: *Rękopis znaleziony w Saragossie*. Opowiadania Iwaszkiewicza, Stachury, Różewicza, Mrożka (z jego sztuk: *Miłość na Krymie*). Andrzejewski: *Ciemności kryją ziemię* oraz *Nikt*. Jasienica: *Rozważania o wojnie domowej*, Moczarski: *Rozmowy z katem*, Hanna Krall: *Zdążyć przed Panem Bogiem*, Kapuściński: *Szachin-szach* i *Wojna futbolowa*. Miłosz: *Zniewolony umysł*, Wojtyła: *Brat naszego Boga*.

W załączeniu przesyłam Pani obiecany piękny wiersz słoweńskiego poety Petera Semoliča, *Zbigniew Herbert*.

Bardzo serdecznie pozdrawiam Panią i proszę przekazać Kasi zapewnienie mojego głębokiego przywiązania.

ROMANA GIMES

NOTA WYDAWCY:
László Nagy, (1925–1978), wielki poeta węgierski. Wersja poświęconego mu wiersza Herberta znana z druku (późniejsza) różni się od przytoczonej w liście do Romany Gimes. Występują w niej zwroty: „marmurowej twarzy"; „żadnych pierścieni dzbanów"; „Attila József"; „nie napełnialiśmy śmiechem"; „szumiącym dębie stołu".

ADAM ZAGAJEWSKI

ZBIGNIEW HERBERT*

Skąd wziął się Herbert, skąd przyszła jego poezja? Najłatwiej powiedzieć — nie wiemy. Tak jak nigdy nie wiemy, skąd się bierze każdy wielki artysta, obojętne, czy urodzony na prowincji, czy w stolicy. Ale nie możemy przecież poprzestać tu na mistycznej ignorancji!

Czytelnik amerykański zasługuje niewątpliwie na krótki szkic biograficzny poety: Zbigniew Herbert, urodzony w 1924 roku we Lwowie, prowadził, zwłaszcza w młodości, życie pełne przygód i zagrożeń, choć, chciałoby się powiedzieć, stworzony był raczej do spokojnej egzystencji dzielonej między muzeum i bibliotekę. Wciąż wielu rzeczy nie wiemy o jego okresie wojennym — do jakiego stopnia uwikłany był w konspirację, co przeżył pod okupacją. Wiemy, że wywodził się z *middle class*, z rodziny inteligenckiej, jak powiedziałoby się w Polsce. Względny — czy może prawdziwie głęboki — ład jego dzieciństwa zniszczony został, raz na zawsze, we wrześniu 1939, gdy wybuchła wojna. Naprzód hitlerowskie Niemcy a 17 dni później Związek Sowiecki wdarły się na polskie terytorium. Oddziały Wehrmachtu nie dotarły wówczas do Lwowa; miasto, wypełnione przez uchodźców z Polski centralnej, zajęte zostało przez Armię Czerwoną — i przez NKWD, tajną policję, która natychmiast zabrała się do aresztowania tysięcy Polaków, Żydów i Ukraińców. Przeskok od ostatnich przedwojennych wakacji do terroru zaprowadzonego przez Stalina musiał być niewiarygodnie brutalny. Zapewne wiele akcentów późniejszych wierszy Herberta wzięło się stąd właśnie.

22 czerwca 1941 skończyła się we Lwowie okupacja sowiecka i zaczęła hitlerowska. Doprawdy, opisywanie różnic między nimi byłoby zajęciem dla scholastyków. Jedna ogromna różnica polegała oczywiście na tym, że teraz prześladowania celowały głównie, choć nie wyłącznie, w Żydów.

---

* Przedmowa do: Zbigniew Herbert *Selected Poems,* Ecco Press (w druku).

Gdy wojna skończyła się — a Lwów wcielony został do terytorium Związku Sowieckiego — Herbert był jednym z tysięcy młodych ludzi żyjących w zawieszeniu, próbujących się uczyć, studiować, ukrywających swą konspiracyjną przeszłość. Trudno będzie w to uwierzyć zachodniemu czytelnikowi, ale nowa władza, narzucona przez Moskwę, prześladowała byłych *résistants* za to tylko, że na różne sposoby walczyli z hitlerowskim najeźdźcą. Ich wina polegała na tym, że — często nie bardzo sobie z tego zdając sprawę, jako że działali na poziomie lokalnym i wykonywali na ogół skromne, konkretne zadania — związani byli raczej z emigracyjnym rządem londyńskim niż z partyzantką komunistyczną. Nowy rząd stosował wobec nich politykę będącą jakby symetrycznym przeciwieństwem amerykańskiego GI Bill — utrudniał im życie, niekiedy więził, niekiedy nawet skazywał na karę śmierci.

Aż do roku 1956, kiedy polityczna odwilż zmieniła na korzyść sytuację, Herbert prowadził egzystencję mało stabilną, zmieniając często adresy, krążąc między Gdańskiem, Warszawą, Toruniem i Krakowem, imając się różnych zawodów (gdy brakowało pieniędzy sprzedawał nawet własną krew, co wydaje się boleśnie trafną metaforą życia poety). Studiował filozofię, zastanawiając się, czy nie poświęcić się jej całkowicie. Pociągała go również historia sztuki. Nie mógł jeszcze, z powodów politycznych, wydać debiutanckiego tomu wierszy, ale zaczął publikować pojedyncze wiersze i recenzje z książek; pismem, z którym się związał, był przede wszystkim „Tygodnik Powszechny", pismo liberalno-katolickie, redagowane i wydawane w Krakowie.

Nie był całkowicie osamotniony, miał w różnych miastach przyjaciół, bywał zakochany, miał też mistrza intelektualnego. Był nim Henryk Elzenberg, wówczas przedwcześnie emerytowany profesor uniwersytetu w Toruniu, erudyta, filozof i poeta, niestrudzony poszukiwacz intelektualnych formuł, człowiek niezależny, ledwie tolerowany przez nowy system. Niedawno (2002) opublikowany tom korespondencji między nauczycielem i uczniem ukazuje melancholijnego profesora i dowcipnego ucznia, nieraz usprawiedliwiającego się przed swym mistrzem z prawdziwych czy urojonych zaniedbań. Herbert jest w tych listach przekorny i posłuszny, pomysłowy, utalentowany, zapewne świadom swego epistolarnego wdzięku, ale i nieśmiały jeszcze, trochę bojący się swego niezbyt surowego Mistrza, nie do końca pewny, czy ma zostać filozofem, czy poetą, żądający od filozofii emocji i od poezji idei, nie lubiący zamkniętych systemów, żartobliwy, zarazem ironiczny i ciepły.

Rok 1956, jak wspomniałem, zmienia prawie wszystko dla Herberta. Jego debiut, *Struna światła*, przyjęty jest entuzjastycznie. Nagle, dzięki odwilży, otwierają się przed nim — do pewnego stopnia przynajmniej — granice Europy, może wyjechać do Francji, do Italii, do Londynu. Zaczyna się odtąd nowy rozdział w jego życiu, okres, który miał trwać aż prawie do ostatnich miesięcy; zmarł w lipcu 1998 roku. Zupełnie inny rozdział, tak — jeśli jednak przyjrzeć mu się dokładniej, dziwnie podobny do poprzedniego. Teraz Herbert kursuje co prawda między Paryżem, Berlinem, Los Angeles i Warszawą, amplituda podróży jest znacznie większa niż poprzednio, staje się poetą o światowej renomie, ale zasadniczy niepokój i podstawowa niestabilność (także ekonomiczna) wcale nie znikają. Dochodzi do tego rozwijająca się choroba, podstępny rytm depresji i manii. Tylko dekoracje są piękniejsze; należą do nich największe muzea świata, w których zdyszani turyści mogli widzieć polskiego poetę, pilnie i spokojnie szkicującego w notatniku obrazy wielkich artystów. Bo znów miał mistrzów: Henryka Elzenberga zastąpili teraz Rembrandt, Vermeer i Piero della Francesca, a także owi *Dawni mistrzowie* ze wspaniałego wiersza z tomu *Raport z oblężonego miasta*.

Miał też mentorów i nauczycieli w poezji. Wiele nauczył się od Czesława Miłosza, z którym łączyła go przyjaźń (spotkali się po raz pierwszy w Paryżu, w drugiej połowie lat pięćdziesiątych), która potem, niestety, zmieniła się w nieprzyjaźń, przynajmniej ze strony Herberta właśnie. Ile w tym było choroby, a ile sporu ideowego, trudno powiedzieć w krótkiej przedmowie. Znał świetnie polskich poetów romantycznych i europejską poezję, dawną i nową. Z pewnością czytał Kawafisa. Studiował autorów starożytnych — studiował ich tak, jak to czynią poeci, niesystematycznie, zakochując się i odkochując, skacząc z epoki do epoki, znajdując rzeczy ważne dla siebie i odrzucając te, które go mniej interesowały; postępował więc zupełnie inaczej niż uczony, podróżujący solidnym czołgiem erudycji przez wybraną przez siebie epokę. Czytał też dziesiątki prac historycznych o Grecji, o Holandii, o Włoszech. Chciał zrozumieć przeszłość, kochał przeszłość — jak esteta, ponieważ pasjonowało go piękno, i jak człowiek szukający po prostu w historii śladów innych ludzi.

Każdy wielki poeta żyje między dwoma światami. Jednym z nich jest prawdziwy, dotykalny świat historii, prywatnej dla jednych, publicznej dla innych. Drugi świat to gruba warstwa marzeń, wyobraźni, fantazmów. Zdarza się — na przykład u W. B. Yeatsa — że ten drugi świat przybiera gigantyczne rozmiary, że zamieszkują go liczne duchy, odwiedza Leo Africanus i inni starożytni magowie.

Te dwa terytoria prowadzą skomplikowane negocjacje — ich rezultatem bywają wiersze. Poeci dążą do pierwszego świata, realnego, uczciwie się starają dotrzeć doń, dotrzeć tam, gdzie spotykają się umysły wielu ludzi, ale przeszkadza im w tym drugi świat, tak jak niektórym chorym sny i majaki nie pozwalają zrozumieć i przeżyć wydarzeń na jawie. Tyle że u wielkich poetów owo przeszkadzanie jest raczej symptomem zdrowia duchowego, jako że świat jest z natury swej dwoisty i poeci tą podwójnością składają hołd prawdziwej budowie rzeczywistości, na którą składa się dzień i noc, trzeźwa inteligencja i ulotne marzenie, pragnienie i zaspokojenie.

Nie ma poezji bez tej podwójności, tyle że u każdego wybitnego twórcy ten drugi, zapasowy świat jest inny. Jaki jest u Herberta? Herbertowskie marzenie karmi się różnymi rzeczami, podróżami, Grecją i Florencją, obrazami wielkich malarzy, idealnymi miastami (które on widział w przeszłości tylko, nie w przyszłości, jak wielu jego współczesnych). Ale karmi się też pojęciem honoru, odwagi — rycerskimi cnotami.

Sam Herbert pomaga nam zrozumieć swą poezję w wierszu *Pan Cogito i wyobraźnia*. Pan Cogito mianowicie:

pragnął pojąć do końca

— noc Pascala
— naturę diamentu
— melancholię proroków
— gniew Achillesa
— szaleństwa ludobójców
— sny Marii Stuart
— strach neandertalski
— rozpacz ostatnich Azteków
— długie konanie Nietzschego
— radość malarza z Lascaux
— wzrost i upadek dębu
— wzrost i upadek Rzymu

Achilles i dąb, Lascaux i lęk Neandertalczyka, rozpacz Azteków — oto ingrediencje tej wyobraźni. I zawsze „wzrost i upadek" — całość cyklu historycznego. Herbert lubi czasem przybierać postawę racjonalisty, powiada więc w tym pięknym wierszu, że Pan Cogito pragnął owe „niezgłębione rzeczy pojąć do końca", co rzecz jasna nie jest możliwe (na szczęście).

Ale u Herberta sprawa komplikuje się jeszcze bardziej: odnajdujemy u niego dwie naczelne potrzeby duchowe — uczestniczenia i dystansu. Nigdy nie zapomniał grozy wojny i niewidocznych zobowiązań moralnych, jakie zaciągnął w czasie okupacji. Sam mówił o wierności jako naczelnej wskazówce etycznej i estetycznej. Różnił się jednak od poetów takich jak Krzysztof Kamil Baczyński, wielki, bardzo młodo zmarły (zginął w Powstaniu Warszawskim) bard wojennego pokolenia, którego wiersze przepojone są żarem spalającej się metafory. Nie, Herbert jest zupełnie inny: warstwa wojennej grozy oglądana jest z pewnego dystansu. Nawet w najgroźniejszych okolicznościach bohaterowie wierszy Herberta nie tracą poczucia humoru. I w wierszach, i w esejach kroczą obok siebie tragiczny poeta i beztroski pan Pickwick, który nie wyobraża sobie, żeby zasługiwał na aż tak wielkie nieszczęścia. Być może właśnie na tym polega szczególny, trudny do zdefiniowania urok i poezji, i esejów Herberta — na owej tragiczno-komediowej komplikacji tonu, na tym, że najwyższa powaga nie wyklucza tu wcale żartu i ironii. Ale ironia dotyczy na ogół postaci poety — czy jego *porte-parole*, pana Cogito, zwykle bardzo niedoskonałego. Jeśli zaś idzie o przesłanie tej poezji — a jest to poezja z przesłaniem, choć bardzo niejasnym — to ironia nie dotyka go wcale. Potrzeba dystansu: możemy sobie wyobrazić (lubię o tym myśleć) młodziutkiego Herberta, który w okupowanym Lwowie przegląda albumy ze sztuką włoską, może z malarstwem sieneńskiego quattrocento, może reprodukcje fresków Masaccia. Siedzi w fotelu, na kolanach trzyma album — może jest u kolegi, przyjaciela, może u siebie w domu — a za oknem słychać wrzaski niemieckich (sowieckich) żołnierzy. Ta sytuacja: freski Masaccia (lub Giotta) i dobiegający zza okna wrzask żołdaków, utrwaliła się w wyobraźni Herberta na zawsze. Gdziekolwiek by był, niezależnie od tego, ile lat upłynęło od wojny, słyszał za oknem krzyki żołdaków, nawet w Los Angeles i w cichym (dawniej) Luwrze, w nieistniejącym już muzeum Dahlem w Berlinie (jego zbiory przeniesiono do nowoczesnego budynku na Potsdamer Platz) i w swoim warszawskim mieszkaniu. Piękno nie jest samotne, piękno przyciąga podłość i zło — a w każdym razie spotyka się z nimi często.

Paradoks Herberta, szczególnie może rzucający się w oczy w naszej postmodernistycznej epoce, polega także na tym, że odwołuje się on wprawdzie chętnie i obficie do istniejących już „tekstów kulturowych", sięga po symbole z greckiej i każdej innej szuflady, ale nigdy po to, żeby pozostać więźniem tych odniesień i sensów — zawsze kusi go rzeczywistość. Weźmy znany wiersz *Apollo i Marsjasz*; jest on zbudowany na grubym, solidnym fundamencie mitycznym. Nieuważny czytelnik mógłby powiedzieć (i mówili tak czasem nieuważni krytycy): to przecież wiersz akademicki, zrobiony z elementów erudycyjnych, wiersz inspirowany przez bibliotekę i muzeum. Nic błędniejszego, nie mamy tu wcale do czynienia z mitami, z encyklopedią, tylko z bólem torturowanego ciała.

I to jest wektor wspólny całej poezji Herberta — nie dajmy się zwieść jej dekoracjom, jej nimfom i satyrom, kolumnom i cytatom. W tej poezji idzie o ból XX wieku, o otwarcie na okrucieństwo nieludzkiego stulecia, o nadzwyczajne wyczucie rzeczywistości. A że poeta nie traci przy tym ani liryzmu, ani poczucia humoru — to już trudny do odgadnięcia sekret wielkiego artysty.

ADAM ZAGAJEWSKI

KATARZYNA HERBERTOWA

POWITANIE*

Szanowni Państwo,

Jestem wzruszona i do głębi przejęta, otwierając sesję poświęconą Zbigniewowi Herbertowi, i to w miejscu tak sławnym z zasług położonych dla nauki i kultury świata. Zbigniew Herbert rozpoczął wędrówkę do miejsc znaczących w kulturze europejskiej w Paryżu w roku 1958. Na Sorbonie udoskonalał swoją znajomość francuszczyzny. Biblioteka Św. Genowefy oraz inne biblioteki i muzea były dla niego źródłem wiedzy i inspiracji twórczej. Fascynacja Francją i jej kulturą datuje się jeszcze z jego lat uniwersyteckich i studiów u profesora Henryka Elzenberga, mistrza Herberta. Urzeczony gotykiem francuskim i malarstwem Wielkich Mistrzów, podróżował po Francji, potem po Włoszech. Owocem tych wędrówek był tom esejów *Barbarzyńca w ogrodzie*. W początkach lat sześćdziesiątych eseje te dawały rodakom poety możliwość podróżowania i odkrywania piękna Europy — w rzeczywistości nieosiągalnej z powodu istnienia żelaznej kurtyny. *Barbarzyńca w ogrodzie* i wybór wierszy, przełożonych na angielski przez Czesława Miłosza, przyczyniły się do znajomości dzieła Herberta i jego obecności w literaturze światowej.

Herbert wracał do Paryża wielokrotnie, a jego pobyty paryskie trwały niekiedy po kilka lat. Luwr był dla niego miejscem ciągłej i zawsze żywicielskiej obecności. Podczas pobytów w Paryżu nawiązał cenne znajomości i przyjaźnie. Z jednej strony z poetami francuskimi — jak Pierre Emmanuel i André Frénaud (którego kilka wierszy przełożył na polski); znana *Anthologie de la poésie polonaise* Konstantego Jeleńskiego zawiera piękny wiersz Herberta, *Elégie de Fortenbras*, tłumaczony przez Rogera

---

* Tymi słowami Katarzyna Herbertowa otworzyła międzynarodowe kolokwium „Autour de la vie et de l'oeuvre de Zbigniew Herbert", Paryż, Sorbona, 26–27 XI 2004,

Caillois. Z drugiej strony pozostawał w bliskich stosunkach ze środowiskiem literackim i artystycznym skupionym wokół miesięcznika „Kultura" — z Czesławem Miłoszem, Konstantym Jeleńskim, Gustawem Herlingiem-Grudzińskim, Józefem Czapskim, Janem Lebensteinem.

W Paryżu zaznał chwil szczęśliwych, ale i trudności życia artysty. W Paryżu, gdzie mieszkałam od kilku lat, pobraliśmy się w 1968 roku.

Herbert kochał Francję, a zwłaszcza prowincję francuską. Marzył o tym, by osiąść w Bayonne nad Atlantykiem. Bayonne przywoływał w swoich ostatnich dniach.

Francja odkryła Herberta stosunkowo późno (jeśli przypomnieć Niemcy, Anglię, Stany Zjednoczone); ale gdy raz już został „odkryty", zapisał się na trwałe w pejzażu literatury współczesnej.

Dzisiejsza sesja dowodzi, że zainteresowanie Herbertem nie maleje, że istnieje znaczny krąg jego czytelników i że jego dzieło zaciekawia i zapładnia myśl wielu ludzi.

Życzę wszystkim uczestnikom sesji owocnego spotkania.

BARBARA TORUŃCZYK

HERBERT NIEZNANY

Komunikat o rezultatach pracy „Zeszytów Literackich" w archiwum Zbigniewa Herberta[*]

I. „Zeszyty Literackie" zetknęły się z archiwum Zbigniewa Herberta jeszcze za życia poety. W roku swojej śmierci, 12 III 1998, przekazał nam odpisy listów swojego mistrza Henryka Elzenberga, znajdujące się w jego posiadaniu. Poinformował mnie również, gdzie należy szukać jego listów do prof. Elzenberga. Jego wolą było ogłoszenie tej korespondencji.

Systematyczną pracę w archiwum Herberta podjęliśmy w roku 1999. Pieczę nad archiwum sprawuje Katarzyna Herbertowa. Z jej strony napotkaliśmy zachętę, życzliwość i pomoc, za co chcielibyśmy serdecznie podziękować.

---

[*] Komunikat wygłoszony na konferencji naukowej w Instytucie Kultury Polskiej Uniwersytetu Warszawskiego w dniu 28 X 2004.

117

W chwili obecnej mamy za sobą pięć lat pracy w archiwum Herberta. Plonem naszej pracy są cztery książki.

Dwie z nich opracowaliśmy na podstawie manuskryptów; stanowią one pierwodruki:

— **Tom korespondencji Herberta z Henrykiem Elzenbergiem z lat 1951–66** ogłosiliśmy w roku 2002 w moim opracowaniu. Pracując nad tym tomem odnaleźliśmy młodzieńczą pracę Herberta pt. *Hamlet na granicy milczenia*, uznaną za zaginioną, a także kilka niedrukowanych wierszy Herberta. Włączyliśmy je do tego tomu. Są to utwory ważkie dla zrozumienia późniejszej twórczości Herberta.

Inna książka ogłoszona z rękopisów Herberta to *Labirynt nad morzem*. Jest to brakujące ogniwo w eseistycznej twórczości Herberta, która, jak to widzimy teraz, stanowiła opowieść o „złotych wiekach" sztuki i cywilizacji Europy. Było to dzieło w toku, rozpoczęte pierwszą podróżą na Zachód w latach 1958–60 i kontynuowane w latach następnych, poprzez kolejne podróże i pobyty na Zachodzie. Układ dzieła zmieniał się w zależności od tych podróży, a także w zależności od aktualnych możliwości wydawniczych. Bardziej szczegółowo dowodzimy tego w Notach wydawcy, pomieszczonych we wszystkich wydanych przez nas książkach Herberta.

Chronologicznie pierwszym tomem esejów Herberta był *Barbarzyńca w ogrodzie*, ogłoszony drukiem w roku 1962. W edycjach zagranicznych przybierał niekiedy inne postaci, wzbogacony m.in. o szkice *Holy Iona, czyli Kartka z podróży* i *Pana Montaigne'a podróż do Italii*. Odnalezione dzięki tej wskazówce, zostały wydrukowane, na podstawie maszynopisów, w kwartalniku „Zeszyty Literackie", w numerach 73 i 77. Autor pierwotnie przeznaczył do tomu *Barbarzyńca w ogrodzie* szkic *Lekcja łaciny*, o potędze i upadku Rzymu. Do edycji niemieckiej dołączono także trzy szkice z nieistniejącego wówczas drukiem tomu *Labirynt nad morzem*.

Tom chronologicznie kolejny w pisarstwie Herberta to *Labirynt nad morzem*, plon podróży do Grecji w roku 1964. Książka została opracowana z manuskryptów i maszynopisów, z wersji przygotowanej do druku przez autora. Herbert złożył ją w roku 1973 w wydawnictwie Czytelnik. Nie ukazała się za jego życia. Wydrukowały ją dopiero Zeszyty Literackie w roku 2000. Zawierała nieznany, wspomniany już szkic Herberta, *Lekcja łaciny*, istniejący w kilku wersjach. W książce ogłosiliśmy wersję przygotowaną do druku przez Herberta. W tomie ineditów Herberta zamierzamy ogłosić inne warianty.

Plonem tej samej podróży do Grecji był również *Diariusz grecki*. Ogłosiliśmy go z papierów autora w „Zeszytach Literackich" nr 68.

W latach 70. i 80. Herbert pracował nad szkicami i apokryfami, które złożyły się na zbiór **Martwa natura z wędzidłem**. Drukiem w Polsce tom ukazał się w roku 1993, Zeszyty Literackie ogłosiły go w nowym opracowaniu edytorskim w roku 2003. Gromadzi on utwory o sztuce i cywilizacji Północy XVII wieku. Jego bohaterami są głównie mali mistrzowie wielkiego malarstwa holenderskiego. Herbert był kilkakrotnie w Holandii w latach 1967–91. Z notatek poety wiemy, że zamierzał napisać także o wielkich mistrzach, Rembrandcie i Vermeerze. W jego archiwum odnaleźliśmy część wstępną takiego szkicu pt. **Mistrz z Delft**. Ogłosiliśmy go wśród ineditów Herberta w „Zeszytach Literackich" nr 69. Odnaleźliśmy także trzy niedrukowane szkice Herberta poświęcone małym mistrzom holenderskiego malarstwa: **De stomme van Kampen (1585–1634)**; **Pieter Saenredam (1597–1665). Portret architektury**; **Willem Duyster (1599–1635) albo Dyskretny urok soldateski**. Opracowaliśmy je do druku na podstawie rękopisu i maszynopisów; ukazały się w „Zeszytach Literackich" nr 68. Dorównują one szkicom pomieszczonym w tomie Martwa natura z wędzidłem.

Na osiemdziesięciolecie Zbigniewa Herberta, 2004, wydaliśmy tom **Barbarzyńca w ogrodzie**, wieńcząc naszą edycję tej trylogii.

II. W latach 1999–2004 ogłosiliśmy w książkach i kwartalniku „Zeszyty Literackie", w naszym opracowaniu, **21 nieznanych wierszy** Herberta; **dwie małe prozy**; **17 szkiców**. Ponadto **przekłady** Herberta z Larbauda, Plath, Sachs, Rilkego; jego **listy** do: Stanisława Barańczaka, Izydory Dąmbskiej, Haliny Herbert-Żebrowskiej, Jarosława Iwaszkiewicza, Konstantego A. Jeleńskiego, Tomasa Venclovy. A także niedrukowane **Rozmowy** z Herbertem: Renaty Gorczyńskiej; księdza Janusza Pasierba; Bogdany Carpenter i Andrzeja Babuchowskiego.

Ważkie **fragmenty z listów Herberta do Czesława Miłosza z Beinecke Library** przytoczył Wojciech Karpiński w szkicu Głosy z Beinecke w „Zeszytach Literackich" numer 66 i 67.

W numerze 87 „Zeszytów Literackich" opublikowaliśmy nadto **dwa autokomentarze** Herberta do własnej twórczości poetyckiej. Pierwszy z nich, **Dlaczego klasycy**, to komentarz z roku 1966 na kanwie powstałego ówcześnie wiersza o tym samym tytule.

Drugi, zatytułowany **Dotknąć rzeczywistości**, to słuchowisko radiowe. Zajmuje ono w twórczości Herberta miejsce wyjątkowe.

III. Słuchowisko **Dotknąć rzeczywistości** powstało w roku 1966 na zamówienie Karla Dedeciusa, dla niemieckiego radia WDR w Kolonii. Do wykonania słuchowiska wówczas nie doszło. Herbert, pisząc je, przebywał na Zachodzie, głównie we Francji, w Antony, o czym wiemy m.in.

z jego korespondencji z umierającym wówczas Henrykiem Elzenbergiem. Tekst audycji zachował się w papierach Karla Dedeciusa; jego wcześniejsza wersja spoczywa także w archiwum poety. Dzięki temu słuchowisku otrzymujemy wstęp do pracowni poety. Herbert chce podzielić się z nami swoimi utworami, a zarazem komentuje je. Komentarz i wiersze oświetlają się wzajemnie. Pisząc słuchowisko *Dotknąć rzeczywistości*, Herbert był już autorem czterech audycji radiowych. Nazywał je „utworami na głosy". Ten gatunek go fascynował. Powstawały głównie dla radia, choć były wykonywane także w teatrze. W jednej z nich, szeroko znanej pt. *Rekonstrukcja poety*, użył podobnego chwytu, wkładając swoje wiersze w usta narratora.

Herbert był w roku 1966 autorem trzech tomów poezji. Ostatni z nich, *Studium przedmiotu*, ukazał się w roku 1961. W słuchowisku *Dotknąć rzeczywistości* z tych trzech ogłoszonych już tomów Herbert przywołuje, na 28 utworów wypełniających audycję, zaledwie cztery wiersze. Dwadzieścia jeden wierszy pojawiających się w słuchowisku ukaże się w tomie *Napis*, zawierającym łącznie 40 utworów, dopiero za trzy lata, w roku 1969. Można więc uznać, że Herbert sporządził tę audycję, żeby zebrać, usłyszeć i podzielić się ze słuchaczem swoim najnowszym, jeszcze wówczas nieznanym cyklem utworów. Była to ponad połowa przyszłego tomu.

W słuchowisku *Dotknąć rzeczywistości* pojawiają się **trzy nieznane wiersze** Herberta. Są to: *Nauka*, *Mykeny*, *Wielka księżniczka*. Wszystkie trzy ogłosiliśmy w „Zeszytach Literackich".

W słuchowisku tym pojawiają się także wiersze, które w tym czasie znajdują się na biurku Czesława Miłosza w Stanach Zjednoczonych. Są to: *Postój*, *Longobardowie*, *Przesłuchanie anioła*, *Sprawozdanie z raju*, *Dlaczego klasycy*, *Opis króla*. Weszły one do tomu poezji Zbigniewa Herberta, *Selected Poems*, który ukazał się w roku 1968 w tłumaczeniu Czesława Miłosza i P. Dale Scotta. Tom ten rozsławił Herberta.

W „Zeszytach Literackich" zrekonstruowaliśmy to słuchowisko, trzymając się ściśle wskazówek Herberta i realizując jego zamiar. Wiersze są przywoływane ze źródeł wskazanych przez poetę i w ówczesnej ich postaci, która w pewnych fragmentach z czasem została przez autora zmieniona.

Dzisiaj wieczorem, **28 X 2004** na falach Drugiego Programu Polskiego Radia, o godzinie **22.15** będą Państwo mieli okazję zapoznać się z tym słuchowiskiem w reżyserii Małgorzaty Dziewulskiej. Zostanie ono wykonane po raz pierwszy. Zapraszamy serdecznie.

BARBARA TORUŃCZYK

ROBERTO SALVADORI

MIEJSKIE PEJZAŻE

1. MIASTO FUTURYSTYCZNE

I wreszcie, w 1908–09, współczesne miasto w tumanie różnobarwnego pyłu stało się godnym wystąpienia na włoskim obrazie. A raczej nie tyle miasto, co fabryki (*Fabryka Faltzera*) i place budowy mediolańskich peryferii, gdzie rodzi się nowa rzeczywistość przemysłowa i robotnicza (*Przedmieście, Poranek, Fabryki w Porta Romana*). Chodzi o Umberta Boccioniego. Boccioni nie jest jeszcze futurystą, posługuje się techniką dywizjonistyczną i trzyma tradycyjnej optyki perspektywicznej, z nieruchomym punktem widzenia i, co za tym idzie, jednym punktem zbiegu linii perspektywicznych. Ale wkrótce potem, wraz ze *Wschodzącym miastem*, rewolucyjnym płótnem futurystycznym Boccioniego z lat 1910–11, w te peryferie wielkiej metropolii, ruchliwe i milczące, wdziera się radykalna zmiana. Tutaj dynamiczny wir łączy we wspólnym witalnym zrywie — konwulsyjnym, symultanicznym — rzeczy i ludzi, domy i zwierzęta. Zjawisko sejsmiczne, wywołane nie przez siły natury, a przez gorączkową działalność budowlaną. Liczne punkty widzenia, a więc i liczne punkty zbiegu linii perspektywicznych, burzą perspektywę i rodzą ruch. Mniej monumentalne w wymiarach, bardziej lakoniczne i rozedrgane są kolejne obrazy nowoczesnego miasta, które Boccioni przedstawia w *Wizjach symultanicznych, Siłach ulicy, Ulicy wchodzącej w dom* (wszystkie z 1911). W ten sposób, dzięki Boccioniemu, nowoczesne miasto, ze swoim pulsującym ruchem i swoim hałasem, staje się najważniejszym protagonistą sztuki futurystycznej, gdy tymczasem w ekspresjonizmie niemieckim — prądzie zasadniczo antyurbanistycznym, zdominowanym tematem ucieczki wstecz, ku pierwotnemu *Urschrei* — temat miasta zaczyna nabierać znaczenia dopiero później, począwszy od lat 1912–13. Wszystkie wspomniane płótna Boccioniego mieszczą się na styku „tego, co się pamięta, i tego, co się widzi", miasta już zbudowanego i miasta w trakcie budowy. Ale — przynajmniej raz — także i mediolańskie centrum historyczne, samo serce miasta „przebrzmiałego", wstrząśnięte zostaje agresją miejskiego tłumu i atakiem futurystycznego malarstwa: przypomnijmy *Bójkę w Galerii* z 1910. „My, futuryści — głosił artysta w 1914 — brzydzimy się wsią, ciszą leśną, szmerem strumienia; wolimy człowieka wzburzonego namiętnością i szaleństwo geniusza, wielkie bloki mieszkalne, hałasy metaliczne, pomruk tłumów". I było to coś więcej niż tezy ogłoszone już w 1913 przez Carla Carrà w manifeście *Malarstwo dźwięków, szmerów i zapachów*; dla Boccioniego bowiem podstawowym problemem było „umocnienie impresji bez nawrotu do statycznej konstrukcji ciał", jak się to przydarzyło kubistom idącym śladami Cézanne'a (i sugestii Bergsonowskich). Ów dynamizm plastyczny malarstwa i rzeźby w ujęciu Boccioniego jeden tylko krok dzieli od architektury.

Temat tkanki miejskiej nabiera w istocie ogromnego znaczenia w rysunkach Antonia Sant'Elii i jego *Manifeście architektury futurystycznej* (1914). W odróżnieniu od tych, które stworzył jego rówieśnik Mendelsohn, budynki rysowane przez architekta włoskiego nie są wyodrębnione, ale stanowić mają fragmenty miasta, odwołują się do jednolitego wymiaru przestrzeni miejskiej. Przeważają linie pionowe, przecinane jednak łączącymi je solidnymi planami poziomymi. Obrazy futurystycznego miasta, opublikowane 1 sierpnia 1914 w piśmie „Lacerba" i opatrzone *Manifestem*, mieszczą się w wymiarze utopii, która nie wyklucza jednak konkretności samych projektów; Sant'Elia rozumuje bowiem w wymiarze nie tyle planimetrycznym, co wolumetrycznym. To fakt, że przez swój przesadny gigantyzm i upodobanie do wizji miasta-potwora, wszystkie te masy architektoniczne mają w sobie coś z fantastyki naukowej, niemniej wykazują, do jakiego stopnia artysta uchwycił problem estetyczny, przed którym stanęła architektura jego czasów, to jest problem ścisłego związku między przestrzenią a ruchem. Sant'Elia postuluje (inaczej niż Mies van der Rohe) całkowite zerwanie z tradycją, nie znosi (jak Loos) ornamentu, przewiduje (jak Gropius) stosowanie nowych materiałów: żelaza, szkła, żelbetu, nazywa dom (jak Le Corbusier) maszyną do mieszkania, modernizuje koncepcję dróg ciągłego ruchu i ulic wielopoziomowych (nie przypadkiem Theo van Doesburg ocenił wysoko „miasto ruchu ulicznego" Sant'Elii), przedkłada nad inne „siłę emocjonalną" linii ukośnych i elipsoidalnych, pragnie zharmonizować „środowisko z człowiekiem". Po raz pierwszy we Włoszech świat techniczno-industrialny nabywał świadomości swego rzeczywistego piękna. Po raz pierwszy istota Nowoczesności uchwycona została w sposób tak przenikliwy: „Starożytni czerpali artystyczne inspiracje z natury, my — materialnie i duchowo nienaturalni — musimy szukać takich inspiracji w elementach nowego, mechanicznego świata, który stworzyliśmy sami".

2. MIASTO METAFIZYCZNE

W czasie I wojny światowej — która zabiła Boccioniego, Sant'Elię i miasto futurystyczne — pojawia się miasto metafizyczne. W Ferrarze, między 1915 a 1918. Chociaż już w 1911, w Paryżu, dwudziestotrzyletni Giorgio de Chirico zaczął malować obrazy „metafizyczne" (które jako pierwszy określił tak Apollinaire), dopiero w „metafizycznym jak żadne" mieście d'Estów, pogrążonym w nierealnej atmosferze zaklętej prowincji, urzeczywistnia się ten kierunek artystyczny, który w 1919 — kiedy będzie on już rozdziałem zamkniętym — zostaje nazwany Malarstwem Metafizycznym. A wśród artystów metafizycznych okresu ferraryjskiego (Carrà, De Pisis, Morandi) de Chirico będzie jedynym, w którego dziełach pojawi się tematyka miasta, podejmowana, we właściwej im manierze, przez futurystów. Manierę tę w 1916 przywoła w „La Voce" brat Giorgia de Chirico, Andrea (*alias* Alberto Savinio): „Ja chcę żyć w mieście huczącym żywym i mechanicznym ruchem". Kiedy potem Savinio stwierdzi, że de Chirico „przeniknął t a j e m n i c ę nowoczesnego dramatyzmu", będziemy musieli przyznać mu rację, jako że miasto metafizyczne, w sposób odmienny, lecz analogiczny do miasta futurystycznego, przedstawia dramat — nieuchronny — nowoczesności: człowiek współczesny jest czymś i kimś wyłącznie w sztucznym świecie wielkiej metropolii. A zatem, wraz z pierwszymi płótnami de Chirica, miasto obejmuje znowu rolę protagonisty włoskiego malarstwa. Nie przypadkiem Giorgio de Chirico jest jedynym malarzem, który, o ile dobrze mi wiadomo, poświęcił miastu poemat. Ta *Epoda* (z 1930) jest dla nas cennym wiatykiem na drogę przez tajniki jego wizji urbanistycznej: „O, wróć moje pierwsze szczęście! / Radość zamieszkuje dziwne miasta / Nowe czasy zstąpiły na ziemię. // Miasta snów wyśnionych / Wzniesione przez demony z cierpliwością świętą, / Was, wierny, opiewać będę. // Kiedyś ja też człowiekiem kamiennym się stanę / Owdowiały małżonek na sarkofagu etruskim. / Tego dnia otoczcie mnie, matczyne, / Uściskiem waszym mocarnym / Z kamienia". W sercu „świeckiego misterium", które, zdaniem Cocteau, inscenizuje włoski artysta, jest zatem miasto. Ale o jakie miasto chodzi? I dlaczego „demony miasta" nawiązują do „hermetycznych znaków nowej melancholii"?

Milczące, nieruchome, ponadczasowe miasto metafizyczne przedstawia sen („zapis snów", jak Ardengo Soffici określił trafnie już w 1914 malarstwo de Chirica). Który, jak wszystkie sny, utkany jest z resztek dnia — to znaczy miast realnych — obdarzonych wartością symboliczną. Z licznych miejsc przemierzonych przez podróżnika de Chirico, pięć co najmniej dostarczyło sugestii do miasta metafizycznego: legendarne Wolos i Ateny dzieciństwa, strażnicy pamięci klasycznej, której malarz nadaje niepokojące wymiary; Böcklinowska Florencja; „tajemniczej urody" Ferrara; a także „ta niepochwytna melodia, ta dziwna, odległa i głęboka poezja, jaką Nietzsche odkrył w jasnych popołudniach jesiennych, zwłaszcza gdy się rozciąga nad niektórymi miastami włoskimi, jak Turyn" (na co kładzie nacisk w *Memorie della mia vita*, *Wspomnieniach z mojego życia*, 1945); dodać należy tu jeszcze czerwone kominy fabryczne, rodem, bez wątpienia, z mediolańskich peryferii, które wznoszą się niedorzecznie na dziwacznych „placach włoskich".

Kominy fabryczne, place otoczone portykami, wieże, świątynie, dworce, mury, domki, pociągi, zamki, pomniki konne, ciche ulice, porzucone zabawki tworzą instalacje przestrzenne, czy raczej aparat sceniczny tego miasta pełnego magii i niepokoju, mitologii i zagadek. Wrażenie zagubienia, nastrój niespokojnego oczekiwania. Kolory, od których cierpnie skóra; pochylone plany; odwrócone perspektywy; absurdalne cienie; sztuczne światła. To miasto ma w sobie coś niezwykle uroczystego, jak scena, która nie oczekuje publiczności, a zaludniają je wyłącznie manekiny i posągi, symbole zagadki. Bo to miasto zbudowane przez mistrza-maga de Chirico, mitologiczne i zagadkowe, jest przede wszystkim aż do parodii ironiczne. O „ironicznych mitologiach" mówił już w 1937 Roberto Longhi; a jeśli chodzi o aspekt mitologiczny, w tychże latach trzydziestych surrealista Breton przyznawał, że „cała kształtująca się właśnie mitologia nowoczesna ma swoje źródło w dwóch dziełach, których myśl nierozłącznie się ze sobą wiąże, dziełach Alberta Savinia i jego brata, Giorgia de Chirico". Na koniec należałoby rozwiązać zagadkę. Ale ta jest nie do rozwiązania. Nie może i nie chce być wyjaśniona. Zagadka de Chirica sama w sobie sugeruje zagadkę. Jest to zagadka Istnienia. „Uzdolnieni nowi twórcy to filozofowie, którzy przewyższyli filozofię" Schopenhauera i Nietzschego, którzy „pokazali nam, jakie jest prawdziwe znaczenie absurdu życia, i że taki absurd może zostać przekształcony w sztukę, więcej, że musi on stanowić ukryty szkielet sztuki naprawdę nowej, wolnej i głębokiej".

3. MIASTO ROSAI I SIRONIEGO

Po równoległym rozkwicie, między 1911 a 1918 rokiem, miasta futurystycznego i miasta metafizycznego — zjawiska o znaczeniu zdecydowanie międzynarodowym, które wywołało oddźwięk w Niemczech, Rosji, Francji a nawet Stanach Zjednoczonych — w okresie międzywojennym świat wielkiego miasta zaczyna znikać z włoskiej sztuki figuratywnej. Pochodnia miasta przechodzi z rąk malarzy w ręce architektów. Wielcy mistrzowie tego okresu nie będą już podejmować — poza sporadycznymi przypadkami — tematów miejskich. Amedeo Modigliani, poza czterema pejzażami, maluje akty i portrety, Filippo De Pisis i Giorgio Morandi — martwe natury i pejzaże, nawet Carlo Carrà, po fazie futurystycznej, skąpi obrazów miasta. Wyjątek w tej panoramie stanowią dwa znaczące przypadki. Florencja Rosai i Mediolan Sironiego. Dwie odmienne — ale równie emblematyczne — interpretacje miast współczesnych; dwie odmienne — ale równie wyraziste — osobowości działające na polu sztuki w czasach faszyzmu.

Po krótkim okresie działalności futurystycznej, począwszy od wczesnych lat dwudziestych, „przeklęty Toskańczyk"' Ottone Rosai znajduje język prymitywistyczny, wolny od wszelkich pozostałości malarstwa *macchiaioli*, manierystycznych wedutystów czy plakacistów, by stworzyć nowy miejski pejzaż Florencji. Kolorami ziemi wymieszanej z błotem maluje proste kompozycje architektoniczne, złożone z surowych domów, masywnych murów, wąskich szczelin okien. Ta jego Florencja to zawsze i tylko Oltrarno. Nieprzekraczalna bariera dzieli perspektywę Rosai od centrum miasta. Ulice, po których chodzi i które maluje — via Toscanella, via San Leonardo — leżą wyłącznie po drugiej stronie rzeki, w biednych dzielnicach ludowych Santo Spirito i San Frediano. W tym surowym środowisku miejskim, zamieszkałym przez ludzi szorstkich i pełnych trosk, łączą się dynamizm rodem z futuryzmu i wymiar oczekiwania spod znaku metafizyki. Nie ma ulic czy placów, które by się nie wiły w dal serpentynami; zawsze pojawia się jakiś zakręt zamykający perspektywę, za którym, jak należy się domyślać, powtarza się identyczna scena; w przestrzeń, wypełnioną na pozór bryłami architektonicznymi, wdziera się pustka, która nadaje tej przestrzeni coś niepokojącego i zatrważającego. W malarstwie Rosai pojawia się nieznana dotąd, rewolucyjna wizja Florencji. Ta, zdecydowanie *antigraziosa*, transfiguracja miasta wypływa z malarstwa świadomie „brudnego", które wyrażać ma ponurość egzystencji, i z energicznej siły plastycznej wywodzącej się jeszcze od Masaccia. I nie kto inny, jak jego przyjaciel Sironi wskazał w 1930, na łamach „Popolo d'Italia", na tkwiące w malarstwie Masaccia korzenie Ottona Rosai, i stwierdził, że „naga i smutna istota jego malarstwa, prosta i pozbawiona zmysłowej ostentacji faktura, całkowity brak wszelkich ozdobników, nie spodoba się tym, którzy lubią piękne zdrowie i przystępny, kwiecisty język".

Przeniósłszy się w 1914 z Rzymu do Mediolanu, w latach tuż po wojnie eksfuturysta Mario Sironi otwiera swoją nową fazę twórczą dwudziestoma krajobrazami miejskimi, które, nawiązując do tematyki peryferii mediolańskich malowanych przez Boccioniego w latach 1908–09, są szczególnym przykładem tego zasadniczego zwrotu — od dynamizmu plastycznego do wartości plastycznych — jakiego dokonało malarstwo włoskie w okresie postawangardowym pod wpływem pisma „Valori plastici" (1918) Broglia i kierunku Novecento (1922) Margherity Sarfatti. Ta bogata seria obrazów miejskich, w której Sironi znalazł po raz pierwszy swój własny ton stylistyczny (a która stanowi *pendant* do innej serii płócien, przedstawiających figury alegoryczne), powstaje w latach 1919–24, ale środowisko miejskie występować będzie w tle obrazów wszystkich okresów jego działalności twórczej. Znowu zatem pojawia się Mediolan. I znowu te same, na wpół peryferyczne dzielnice między Porta Vittoria, Porta Romana i via Ripamonti, przedstawione przez Boccioniego na początku wieku. Są to obrazy klaustrofobicznie nieruchome. Ulice puste, bez jednej żywej istoty, na których tkwią jakieś tramwaje czy ciężarówki. Przygnębiające budynki, których okna są czarne niczym groźne źrenice. Niebo zadymione i mroczne. Mediolan skamieniały w ciasnych, alienujących przestrzeniach, które osiągają punkt kulminacyjny w ciężkiej masie graniastosłupowych brył widniejących w *Syntezie miejskiego krajobrazu* (1919–20). Miasto Sironiego to smutne miasto, które łączy w sobie pesymistyczną wizję Nowoczesności z dramatyczną mitologią współczesną. Mario Sironi, pisze Margherita Sarfatti w *Storia della pittura moderna* (1930), „jest malarzem krajobrazów miejskich, mechanicznych i okrutnych, jak geometria egzystencji, zamkniętych w sześcianach domów, pośród prosto biegnących ulic".

ROBERTO SALVADORI
tłum. Halina Kralowa

ROBERTO SALVADORI
Mitologia nowoczesności

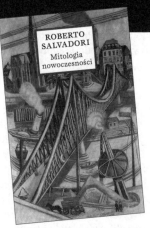

MAREK ZAGAŃCZYK

ANIOŁ Z GARGANO

Z żalem wyjeżdżam z doliny, kierując się dalej na Południe. Wiozę ze sobą kolory tutejszych krajobrazów, smak potraw, pamięć chwil szczęśliwych i lektur odkrywczych. Martwię się, czy zdołam na nowo oswoić świat, poczuć się w nim u siebie. I nie wiem czy to dowód wierności, czy przyzwyczajenie.

Dolina jest dla mnie wzorem złączenia przyrody i sztuki. Tak jakby między nimi nie było wyraźnych granic, jakby przenikały się wzajemnie. W podróży boję się miast. Czas płynie w nich zbyt szybko. Omijam tereny przemysłowe z ich międzynarodową brzydotą i monotonią. Potrafią zniszczyć każdy pejzaż, choć przecież wiem, że są znakiem życia w jego codziennej odmianie. Ale najbardziej boję się siebie, czy starczy mi sił, czy nadal będę umiał rozpalić w sobie dar zachwytu, zmieniający szary obraz w barwną fotografię.

Jadę do Apulii, do tej dziwnej krainy wiecznego pomiędzy. Wszystko się w niej miesza, Wschód i Zachód, Normanowie i Bizantyjczycy, Rzymianie i wojska Hannibala. Góry i morze. Jeszcze przed wyjazdem czytam o białych wapiennych skałach, stromo opadających w fale, o gajach oliwnych rozłożonych na kamienistych zboczach i o aniołach zstępujących tutaj widomie.

Jadę za Muratowem. Zapis jego podróży do Apulii nie znalazł się w *Obrazach Włoch*, choć jest fragmentem wyrastającym z tego samego pnia, może tylko bardziej osobistym. Mniej w nim opisów dzieł sztuki, więcej relacji codziennych i historii odległych, więcej kurzu piaszczystych dróg i słońca rozgrzewającego powietrze. Paweł Hertz tłumaczył ten tekst. Chciał dołączyć go do następnego wydania włoskich opowieści. Nie pytałem go, czy był kiedykolwiek w Apulii, czy przyglądał się koronkowym rozetom tutejszych katedr i cesarskim zamkom rozsianym w pustkowiu.

Nie zadałem mu wielu ważnych pytań. Dziś cieszę się, że mam ze sobą te strony, bo pisma Muratowa w przekładzie Hertza są dla mnie dziełem wspólnym rosyjskiego pisarza i jego tłumacza. Nie umiem ich rozdzielić. I wierzę, że dla polskiego czytelnika jadącego do Włoch nie ma tekstu ważniejszego od książki Muratowa. Uzupełniamy ten tom wrażeniami z własnych podróży, czytamy go za każdym razem inaczej, wydobywając z mozaiki widoków, ludzi i obrazów oszlifowane kamienie.

Do Poggio Imperiale, w okolicach Foggii jadę autostradą, ale pejzaże i tak zapierają dech. Najpierw Kampania, wzgórza pokryte dębowym lasem i miasta wczepione w zbocze. Łukiem omijam Rzym. Wjeżdżam w góry wysokie, nagie, brązowawe. Zachęcają do pieszej wędrówki. Jadę dołem stromego wąwozu w pełnym słońcu. Brąz gór i niebieska pręga nieba układają się jak kolory na piórach sójki. Dalej płaski odcinek, wibrujące w upale powietrze i wyrastający w oddali wysoki masyw Gargano, cel wyprawy. Wzgórza ścięte nożem ukazują się nagle, jakby wyrzucone spod ziemi potężnym wybuchem.

Z tarasu pensjonatu rozciąga się widok niezrównany na niebo i morze. W dole szeroki pas gajów oliwnych, schodzących aż do kamienistej plaży, białe brzuchy rybackich łódek, jasne plamy wciśniętego w głąb zatoki niewielkiego miasta. Ale najpiękniej jest tu w nocy, gdy jarzą się światła na szczytach, a księżyc rysuje na wodzie żółty pas drogi prowadzącej za horyzont, i o świcie, wyłaniającym się z mgły pod ustępującą czerwienią słońca. Może tylko na Korsyce w pobliżu Nonzy widziałem coś podobnego. Nie odda tego żadna fotografia, bo ważne jest, by tu jakiś czas pomieszkać. I cieszyć się, że widok co rano powraca.

Tu pośród gór i dolin, w grocie schodzącej w głąb przylądka objawił się święty Michał. Stąd kult aniołów dotarł daleko na północ na francuskie wybrzeże. W Monte Sant'Angelo wstępuję do kościoła, przeciskam się wśród pielgrzymów w kolorowych chustach tłumnie odwiedzających to miejsce. U Gregoroviusa czytam historię cudownego objawienia. Jest w niej bogaty mąż imieniem Garganus, byk i strzała, co chybiła celu, opieszały biskup i oczywiście Archanioł, groźny i sprawiedliwy, z mieczem i wagą. Pośród lasów bukowych wysoko nad morzem łatwo wyobrazić sobie tę opowieść i równie łatwo w nią uwierzyć. Jak pisze Cesare Brandi, „kiedy gęste chmury schodzą nisko, jakby karmiły mlekiem korony drzew, kiedy mordercze słońce smakuje tę gęstwinę, kiedy wiatr, wiejący od Adriatyku próbuje przedziurawić listowie, ale tylko nim potrząsa, pośrodku Gargano Archanioł Michał zdejmuje szaty i jak byk kładzie się w tej zaczarowanej puszczy i śpi spokojnie, śniąc o Panu".

Apulia ma dla mnie dwa znaki symbole. Mieści się w nich cała. To Castel del Monte, rycerskość czasów cesarstwa i triulle, codzienność chłopskiego żywota. W Alberobello oglądam te dziwne budowle, skupione w osobnej dzielnicy miasta. Oczy z trudem przyzwyczajają się do bieli ścian. Wygląda to trochę jak skansen, choć w bocznych uliczkach czas się zatrzymał i życie biegnie swoim rytmem bez przyglądania się turystom. Najpiękniejsze są jednak triulle rozsiane po okolicznych polach, samotne jak kopce termitów.

Myśliwski zamek Fryderyka II, miłośnika sokołów, autora wspaniale iluminowanego traktatu *De arte venandi cum avibus*, ustawiony jest na wzniesieniu, porośniętym sosnowym lasem. „W całych Włoszech — pisze Muratow — nie ma budowli wzniesionej dla takiego marzenia o ostatecznej i doskonałej samotności!". Jeżeli szukać piękna w geometrii, dowodu potwierdzającego wagę proporcji, to Castel del Monte jest najlepszym przykładem. Mury odarte z ozdób zachwycają potęgą kamienia. Zamek jest jak wzór matematyczny, kryjący w sobie zagadkę abstrakcji, wystawiony w przestrzeni, obciążony materią. Ciężka bryła, rytm wież, okien, wejść i sal niemal identycznych — kamień zmieniający barwę w zależności od oświetlenia. W tej budowli jest jakaś nierealność. Nic jej nie zapowiada w lekko pofałdowanym pejzażu. Jest dziełem surowej, dojrzałej wyobraźni choć momentami mam wrażenie, że to dziecko porzuciło swoje proste, drewniane klocki i ktoś je powiększył. Zamek jest wielkim słonecznym zegarem — powiada przewodnik — wydobywa subtelną grę liczb, matematyczny rebus pełen tajemnic. Nawiązuje do opowieści o świętym Graalu. Widocznie w Apulii bez tej odrobiny wiary, aniołów i świętych nie uda się niczego zobaczyć naprawdę. Są częścią tej ziemi. U Gregoroviusa znajduję historię Manfreda i jego synów więzionych w Castel del Monte przeszło trzydzieści lat. Zapomnianych i porzuconych. Mogli tylko z okien zamku patrzeć w stronę morza, śledzić lot ptaków i przeklinać wyrok historii. Czy może być coś bardziej przerażającego niż zatrzaśnięcie w kamiennej klepsydrze, bezgłośnie choć stale odmierzającej czas.

Patrząc na Castel del Monte trudno nie myśleć o Iwaszkiewiczu. O jego ciekawości dla Fryderyka, o micie cesarstwa, jednoczącym Europę. „Wokół — pisze Iwaszkiewicz — panuje taka pustka jak we wstępie do trzeciego aktu *Tristana*. Jest to jakaś «celtycka» przestrzeń, jak ze średniowiecznego poematu, i dziwne, że nie związany jest ten widok z żadną muzyką. [...] Czy Fryderyk II — sam planując ten zamek— pragnął zakląć w jego mury jakieś symboliczne znaczenia, czy też zabarwiają go tajemnicą wieki, które nad zamkiem przeszły [...]. Zbudowany z wielkich brył szaro-żółtego piaskowca w kształt ośmioboku, podparty ośmioma ośmiobocznymi wieżami. W środku leży ośmioboczny dziedziniec, a nad nim na piętrach sale zamkowe, coraz lżejsze, mimo że z potężnych głazów składane. Z olbrzymimi kominkami i z tymi średniowiecznymi cudnymi siedziskami przy oknach, ławami, które jednocześnie tworzą schowki i framugi, na których łatwo widzi się Tristana i Izoldę grających w szachy".

Szkic Iwaszkiewicza o Apulii zaczyna się w Bari, w katedrze Św. Mikołaja, przy grobie królowej Bony, a kończy notatką o Witkacym. I jak zawsze u Iwaszkiewicza w odległych stronach przeglądają się bliskie okolice. Świat kurczy się, choć nie traci nic ze swojej różnorodności. Tylko ludzie spotykają się i krzyżują się ich spojrzenia. Grobowiec królowej Bony i cmentarz polskich żołnierzy w Casamassima są częścią tej samej historii, spisanej przy okazji włoskiej wędrówki. Bo dawne widoki, freski i obrazy dopominają się, by umieścić je wśród rzeczy i zdarzeń, istniejących jeszcze przed chwilą. W tym szkicu mowa jest o włoskiej kuchni i polskich zwyczajach weselnych, o gwarnych ulicach Południa z muzyką klaksonów, i o ciszy polskich lasów. Słychać w nim także wyraźnie rycerski krok Fryderyka II, i głuchy, jakby zapadający się w ziemię, żałobny odgłos konduktu Barbary Radziwiłłówny.

W Apulii, wiedziony dziwną przekorą, czytam książkę Andrzeja Stasiuka z jego podróży po południowo-wschodniej Europie. Nie mogę się oderwać od tych stron prowadzących mnie za morze. Wpatruję się w stare banknoty, z ich rysunku odtwarzam historię krajów o zatartej teraźniejszości. I powtarzam za Stasiukiem: „Te wszystkie rzeczowniki, czasowniki i reszta odklejają się od świata, odpadają jak stary tynk, i w końcu wracam do legend, do bajduł i ballad [...]. Powinienem sporządzić katalog, encyklopedię tych wszystkich zdarzeń i miejsc, napisać historię, w której czas nie odgrywa żadnej roli, powinienem napisać historię cygańskiej wieczności, ponieważ mam wrażenie, że w pewien sposób jest ona trwalsza i mądrzejsza niż nasze państwa i miasta, i cały nasz świat, który drży przed unicestwieniem".

Świat Stasiuka kończy się tam, gdzie mój zaczyna i jest odległy od tego, co sam dla siebie wybrałem. Nie zgadzam się, że „przeszłość, im starsza, tym jest gorsza. Zużywa się od ludzkich myśli jak książka telefoniczna od dotyku". Nie ma u Stasiuka miejsc rzeźbionych wspólną pamięcią. Nie ma tak ważnego dla mnie splotu natury i kultury. Jest za to zapis rozpadu, obraz świata w zaniku. Gubię się wśród nazw węgierskich, albańskich, rumuńskich. Żadna mapa mi nie pomoże. Pejzaż jest właściwie ten sam. Nie ma w nim przewodników. A jednak traktuję ten zapis jako lekcję uważnego widzenia. Wyszukuję opisy krajobrazu, fragmenty notowane z czułością dla świata.

MAREK ZAGAŃCZYK

ADAM SZCZUCIŃSKI

ARS MORIENDI

Ciężki oddech, na monitorze niepokojące zygzaki elektrokardiogramu. Widzę, jak wykluwa się śmierć, jak błyszczą ślepia. Stoję bezradny niczym strach na wróble. W łachmanach, dziwacznym kapeluszu. Wróble śmieją się ze mnie, mają za nic. A on leży przede mną, dyszy. Kawał chłopa. „Silny, góry przenosił" — mówi żona. Córka płacze. Wracam do domu. Siadam w fotelu, piję herbatę. Szukam książek, które dają ukojenie. Ten człowiek umiera. Czy dożyje do jutra, do chwili, gdy wrócę do pracy? Będę szedł korytarzem i nasłuchiwał. Czy usłyszę przyspieszony oddech, choćby jęk? Jutro rano.

Czytam *Dziennik* Máraia. To świetna proza. Moją uwagę przykuwają zapisy włoskich podróży. „Skąd to nieustępliwe, gwałtowne pragnienie, by jeszcze raz znaleźć się w Rzymie!". Znam to pragnienie. Muszę z nim żyć. Gdy zamykam oczy, widzę znajome miejsca, budynki, fontanny. Włoskie światło, nieśmiertelne. Platynowe wzgórza Toskanii. Zieleń i popiół.

11 listopada, dziennik: „Na korytarzach szpitala, a także przez pootwierane drzwi do sal ogląda się infernalne istnienie. Takie, o jakim Achilles mówił Odyseuszowi, opowiadając o podziemiach. Starcy na wózkach, przywiązani taśmami w pasie, wychyleni do przodu, języki im zwisają. Nie śmierć jest wielkim egzaminem życiowym, lecz umieranie".

Moment, w którym uświadamiasz sobie nieuchronność śmierci. Okrutna pewność, ostra jak nóż. Rani, rozrywa. Jak wbity na pal.

Śmierć Miłosza. „Miłosz wie. Miłosz wpatrzył się i doznał — jemu w blasku nawałnicy ukazało się coś... meduza naszego czasu" — pisał Gombrowicz. Po pogrzebie dotknąłem sarkofagu Poety. Nie pamiętam, czy był ciepły, czy zimny. Zapamiętałem napisy na schodach kościoła. I że słabli żołnierze. Szedłem ulicami Krakowa, powoli kończył się dzień. Pokochać świat — myślałem — rzeczy, rośliny, zwierzęta, ludzi. Ludzi najbardziej. To dużo. Któż zdoła?

Stary, prawie ślepy Márai kupił pistolet i strzelił do siebie. „Samotność wokół mnie tak gęsta jak zimowa mgła, można jej dotknąć" — pisał. Ostatni zapis w dzienniku: „Czekam na wezwanie, nie ponaglam, ale i nie ociągam się. Już pora". Cierpliwie, z godnością przyjąć błysk klingi. To dużo, bardzo dużo.

MÓJ PIES

Wojtkowi

Mój pies lubi przyglądać się pogrzebom. Na spacerze zatrzymuje się przy cmentarzu (mieszkamy w pobliżu) i natrętnie przypatruje się wędrówce konduktu. Potem, trochę zaniepokojony, wsłuchuje się w odgłosy ceremonii. Porusza uszami, wciąga powietrze w nozdrza. Nie chce ruszyć się z miejsca. Nie może wiedzieć, że właśnie składają ciało w ziemi. Przecież już za chwilę merda radośnie ogonem i — jak gdyby nic się nie wydarzyło — idziemy dalej.

Jest coś tragicznego w oczach mojego psa. Wpatruje się we mnie, jakby zobaczył anioła (nie wie, nieborak, jak bardzo się myli). Czeka na mój znak, ruch ręki, brzęk kluczy. Jednym słowem mogę wprawić jego ogon w upajający taniec zachwytu. Jest wierny, to prawda, jak pies. Znamy się dobrze. Jednak nie wiem, co ma przed oczami, gdy pomrukuje gwałtownie we śnie. Dlaczego boi się drewnianych mostów? A gdy szczeka na odkurzacz — czy tylko udaje, że nie wie, iż to ja wprawiam w ruch to dziwne, elektryczne zwierzę? I o czym myśli, gdy później niż zwykle wracam z pracy, i czy byłoby mu żal?

Mój pies urodził się w zimnym kraju, wśród lodowców (jego ojciec zginął powalony łapą białego niedźwiedzia). Pamiętam zdziwienie mojego psa, gdy po raz pierwszy zobaczył drzewo, liście, trawę. Tyle rzeczy musiał poznać, tylu się nauczył. Do tej pory zdarza mu się zimą sypiać na balkonie. Bawi się jak dziecko, chowa nos w śniegu. Nie wiem, czy pamięta jeszcze o swojej lodowej krainie. Czy chciałby do niej wrócić? Czasami — rzadko przecież — wyje. Przeciągle, z rozpaczą w głosie. Może to nie o księżyc mu chodzi.

ODMIANA

Szukałem spokoju, samotności. Męczył mnie wszechobecny tłok, ludzki tłum. Zacząłem odwiedzać weneckie kościoły. Jest ich mnóstwo. Weneckie świątynie — opuszczone pamiątki cudownych wydarzeń, proroczych snów. Niektóre służą dziś za sale wystaw, koncertują w nich wirtuozi. Inne — zatrzaśnięte, zasypiają na zawsze. Popłynąłem też na San Giorgio Maggiore. Niestety, źle wybrałem porę odwiedzin. Usiadłem na szerokich schodach kościoła, przede mną otwierała się Wenecja. Czytałem. Wśród moich lektur znalazły się słowa skreślone ręką Julii Hartwig:

Nie musi nazajutrz wstać słońce
Po nocy nie musi nastać dzień
Tak spojrzeć — to już wszystko odmienić
Nie myśl że to co się wokół dzieje
tak właśnie dziać się musi
i słusznie nam się należy

Nie od razu zrozumiałem. W samym sercu Toskanii, w miasteczku otoczonym grubymi murami. Wieże. Rozległy widok — puste pola, tylko drzewka oliwne wspinają się po zboczu wzgórza niczym średniowieczni rycerze. Było bardzo gorąco, jak w wierszach Zagajewskiego. Ukryłem się w kościele. To właściwie kaplica. Grube mury chronią przed żarem. Cudowne milczenie kamieni. Cisza. Nie zobaczyłem Najświętszej Panny, Ukrzyżowany nie skinął głową. Ale coś się dokonało, coś odmieniło. Zrozumiałem, że można żyć nie uzyskawszy odpowiedzi.

Czesław Miłosz pisał: „Jeżeli Boga nie ma, / to nie wszystko człowiekowi wolno. / Jest stróżem brata swego / i nie wolno mu brata swego zasmucać, / opowiadając, że Boga nie ma”. Na tym poprzestać. Być wdzięcznym za świat. Za deszcz i za jaskółkę, za lisa, który przebiega przez drogę. Za każdy okruch.

Może już niedługo odkryjemy nową planetę, a na niej życie. Być może będzie ono ubogie, mikroskopijne, pozbawione zmysłów. Może będzie dla nas jak młodszy brat, choć nie będziemy wiedzieć, kto go stworzył. I z radością spojrzymy w kosmos, ciągle ciemny i nieodgadniony.

TYBR

Jest piorun. Są gwiazdy. Noc. Wieje. Przechadzasz się powoli. Oddychasz głęboko, spokojnie. Jak dobrze, że możesz.

Uwielbiam wieczorne spacery wzdłuż Tybru. Jak hrabia Monte Christo zakradam się pod Koloseum. Na Piazza del Poppolo czytam książki. Mój Rzym to jednak głównie Forum Romanum, Kapitol i Palatyn. Przychodzi tu każdy. Przewodnicy opowiadają o losach władców, ich kochanek, żon. Ktoś przysiada na kamiennym bloku, mdleje, zachłystuje się przeszłością. Leszek Kołakowski pisał: „Na czterech węgłach wspiera się ten dom, w którym, patetycznie mówiąc, duch ludzki mieszka. A te cztery są: Rozum Bóg Miłość Śmierć. Sklepieniem zaś domu jest Czas, rzeczywistość najpospolitsza w świecie i najbardziej tajemnicza [...]. Wszystkie zatem wsporniki naszej myśli są narzędziami, za pomocą których uwalniamy się od przerażającej rzeczywistości czasu, wszystkie zdają się temu służyć, by czas prawdziwie oswoić". Czas nie musi być wrogiem. Historia i przyszłość (nawet tylko wyobrażona) wzbogacają mój czas, z konieczności skromny, rozpaczliwie krótki. Pomagają lektury. Książki są jak maska tlenowa, głęboki, swobodny oddech, gdy ciało jest już pod wodą.

Naiwna myśl, że piękno ocala. Ale spójrz: „Wysokie tarasy nad jasnością morza. / Pierwsi w hotelu zeszliśmy na ranne śniadanie. / Daleko, wzdłuż linii horyzontu, manewrują okręty". Na pewno istnieje. A czy ocala?

Śmierć otwiera drzwi albo je zatrzaskuje. Wiadomo: albo–albo. Póki co gwiazdy, powiew wiatru. Tybr.

ADAM SZCZUCIŃSKI

Karta 43

Listy Jacka i Gai Kuroniów (1961–82)

> *Wiem, że jesteś i że doczekam się Ciebie. Jestem więc o wszystko szczęśliwszy od tych, którzy nigdy nie doczekali się wielkiej miłości i tych, którzy ją utracili czy rozmienili na drobne. [...] My, maleńka, na pewno żyjemy i dlatego jesteśmy szczęśliwi, i tęsknimy, i zwyciężamy, i boimy się, i jesteśmy odważni.* (Jacek w liście z więzienia, 1965)

Ponadto w numerze:

Spór o pamięć — pomniki, cmentarze, patroni; Wspomnienia narodowca z Białostocczyzny (1944–47); **Mikołajczyk u Stalina** — wizyta w sierpniu 1944; **Album** — zdjęcia Feliksa Łukowskiego z wsi zamojskiej

Cena nr 43: 9 zł, prenumerata za nr. 44–47: 36 zł. Wpłaty na konto Fundacji Ośrodka KARTA: Bank BPH S.A. Oddział Warszawa 22106000760000401030002468. Zamówienia realizuje dział kolportażu Ośrodka KARTA, 02-536 Warszawa, ul. Narbutta 29, tel. 646-36-89, 848-07-12, e-mail: kolportaz@karta.org.pl, http://www.karta.org.pl

JERZY JEDLICKI

PODRÓŻ DO JĄDRA CIEMNOŚCI

Anna Bikont, „My z Jedwabnego". Przedmowa Jacek Kuroń.
Warszawa, Prószyński i S-ka, 2004, s. 432, fotografie i mapy.

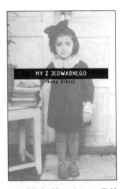

Z okładki patrzy nam w oczy pięcioletnia Chana Finkelsztejn z Radziłowa. Ma obwarzanki na pończoszkach, wyłożony biały kołnierzyk i kokardę we włosach. Dłoń położyła na książkach: czyżby to podręczniki? już ma iść do szkoły? nie, chyba jeszcze za mała, książki na stoliku to tylko podwyższone oparcie.

Zdjęcie było zrobione rok albo dwa przed wojną. Chana — dowiemy się — przeżyła Zagładę, a matka jej napisała w Izraelu jedno z najdokładniejszych świadectw o tym, co się stało i jak ocalała jej rodzina.

Książka Anny Bikont rozpoczyna się i kończy setkami nazwisk i dziesiątkami zdjęć. Są zdjęcia zbiorowe, cała rodzina albo klasa szkolna, albo organizacja chalucowa, są pojedyncze — z legitymacji albo na pamiątkę — są ślubne, z koleżankami ze szkoły, z kolegami z wojska, w jarmułkach i w mundurach, zdjęcia piekarzy i młynarzy, rabinów i kupców, kobiet, dzieci i starców. A na końcowych stronicach tomu akwarelą wymalowany plan Jedwabnego, takiego, jakie było latem 1939 roku, i opis: ulica za ulicą, dom po domu, kto tu mieszkał, kto i dokąd wyjechał, imiona dzieci, ludzkie losy w czasach pokoju i w czasach Zagłady. A dalej „wirtualny sztetl Radziłów" — dzieje kilku rodzin i znowu fotografie — jak wiele się ich jednak zachowało, przeważnie w dalekich krajach!

Już z samych tych zdjęć, z podpisów do nich i z historii rodzin widać, jak głęboko zróżnicowana była ta małomiasteczkowa społeczność w XX wieku. Są tu Żydzi prawowierni i zupełnie zeświecczeni, zamożni i ubodzy, wykształceni w chederze, w gimnazjum i (rzadko) na uniwersytecie, syjoniści i komuniści, zasiedziali od pokoleń tu na miejscu i rozproszeni po świecie: kto w Palestynie przeżył, kto w Stanach, kto w Australii, kto wyjechał po wojnie, bo tu już nie dawało się żyć. Po wielu latach odzywali się, jeden po drugim, na apel dziennikarki z Polski tropiącej ich ślady i ślady po ich zamordowanych bliskich.

Historycy i dziennikarze, ci co z niedowierzaniem, opornie przyjmowali rewelacje Jana Tomasza Grossa — przecież, wyjaśniali, socjologa, a nie historyka — domagali się szczegółów: „diabeł — mówili — tkwi w szczegółach", „każdy sąsiad — mówili — ma imię", nie należy — mówili — pochopnie uogólniać. Więc są te szczegóły, znalazły się, morze szczegółów, las twarzy, gęstwa ludzkich losów. Gdziekolwiek otworzyć tę pięknie, pieczołowicie uformowaną książkę (opracowanie graficzne: Lech Majewski i Edyta Majewska), na każdej stronie szczegóły, na każdej stronie imiona i nazwiska: tych, co wrzucali w ogień, tych, co się przyglądali, tych co ginęli w ogniu albo od siekiery sąsiada, i tych nielicznych, w których odezwało się sumienie, a może litość? może męstwo? może tylko pogarda dla katów? Tak, każdy sąsiad ma imię.

Więc są te szczegóły — okruszyny pozbierane przez dziennikarkę w łomżyńskim archiwum i w sklepie z butami w Costa Rice, w izraelskim kibucu i w domku z ogródkiem w Kansas City, w ciężkich od milczenia rozmowach w Jedwabnem, w Radziłowie. Są szczegóły, ile tylko chcecie, ale żaden z tych paszkwilantów, co wyliczali sto kłamstw Jana Tomasza Grossa, nie wlazł pod stół i nie odszczekał. Ich płody nadal zalegają wystawy księgarń i uliczne stragany. A teraz nastała cisza. Ciszą (wstydliwą czy zwyczajnie obojętną?) przyjęto dwa tomy studiów i dokumentów, wydanych przez Instytut Pamięci Narodowej. Dziwnie cicho zrobiło się nad tą stodołą. Może nie należy mącić tej ciszy?

Odradzano mi — powiada Anna Bikont. Po co jeszcze to rozgrzebywać, gderali przyjaciele; ludzie są już tym tematem zmęczeni. Nie dała się zniechęcić: to stało się na cztery lata jej misją, obsesją, manią, jak chcecie to nazwać. Zbierała relacje i dokumenty, badała je krytycznie i porównywała, skrzętnie protokołując każdy krok, każdą rozmowę, odsłaniając cały swój warsztat badawczy i analityczny i nie ukrywając własnych emocji. W ten sposób w kanwę opowieści, zaiste porażających, o zbrodniach w ziemi łomżyńskiej przed sześćdziesięciu laty, o ich historycznym podłożu, o mordercach i o ich ofiarach, wplotła się książka o powstawaniu tej książki, nie mniej poruszająca nasze uczucia i świadomość moralną.

Książki Anny Bikont nie da się czytać dużymi porcjami naraz, ponieważ jak mało które sprawozdanie o czasach pogardy dociera ona do samego jądra ciemności, budząc zgrozę i pozbawiając nas łatwych pociesz. Prawie wszyscy recenzenci oddają sprawiedliwość temu dziełu, które może mieć takie czy inne usterki, ale w którym nie ma nic z tak pospolitej dziennikarskiej powierzchowności. Godzi się nadmienić, że od tych sądów odstaje opinia recenzenta z „Rzeczpospolitej" (8 VIII 2004), który deklaruje, że sam zna nieźle „tę część Polski, o której ogniem, siarką i żelazem pisze Anna Bikont", po czym w dość pokrętnym wywodzie (pisanym czarną farbą) wydziwia, że zamiast robić reportaż o „łobuzach i złodziejach" z pewnego małego miasteczka, autorka *My z Jedwabnego* pokusiła się o pisanie grubej książki o „narodzie, którego w zadziwiający sposób — nie rozumie". Jakżeby go bowiem miała rozumieć, skoro jest z innej parafii.

Anna Bikont nie zajmuje się wszelako w swojej grubej książce sądami o narodzie, który o tyle lepiej od niej rozumie Krzysztof Masłoń. Obserwuje natomiast blokady, jakie tworzą sobie liczni jej rozmówcy w tym celu, aby do swych umysłów nie dopuścić wiedzy o faktach, nawet o takich, które wydarzyły się na ich oczach. Jest to rzecz zadziwiająca i niezmiernie przygnębiająca widzieć, jakich to wybiegów potrafimy się chwytać, byle tylko zaprzeczyć zdaniom ponad wszelką wątpliwość uzasadnionym, których uznanie mogłoby jednak zburzyć miły ład naszych dziedzicznie utrwalonych przekonań i zasiać w nas niepokój poznawczy i moralny. Jest to więc książka o potędze zbiorowych mitów, które w fantastycznych wręcz postaciach potrafią odradzać się w umysłach ludzi zarówno prostych, jak wykształconych. O dziesiątym lipca 1941 roku opowiada autorce książki nieżyjący już proboszcz jedwabieńskiej parafii: „Akcją kierował komendant gestapo kapitan Marcholl. To suwalski Żyd Waldemar Maczpołowski. On wydawał żydowskie jednostki oporu i za zdradę przeciw swemu narodowi awansowali go i dali mu kapitana na cały wywiad wschodni. Niemcy protestowali, że on obrzezany, ale Himmler powiedział, że to on decyduje, kto jest Żydem, a kto przyjacielem Rzeszy. Taka jest prawda" (s. 224). Że taka jest prawda, ksiądz zdaje się nie mieć najmniejszych wątpliwości. Jest zadowolony z siebie i jest — przyznaje — dumny ze swoich parafian, którzy oparli się kłamstwu (rozumie się, że kłamstwu Grossa).

O czym więc mamy rozmawiać? Z kim? Jak? Przekonywać przekonanych czy mimo wszystko szukać sposobów przełamania blokad, trafienia do umysłów ludzi impregnowanych na racjonalne procedury weryfikacji sądów. A może my — to znaczy ci, którzy procedury takie uznają — mamy z kolei z samozadowoleniem powiedzieć, że wszystko jest już jasne, bo wiadomo, co się stało i jak się stało w te dni lipcowe przed sześćdziesięciu trzema laty, więc pora wreszcie zamknąć bilans? Pogodzić się z historią, której nie wymażemy?

Kiedy jednak robię notatki z lektury książki Anny Bikont, widzę, że układają się one w dwa różne wzory, w dwie różne historie, albo raczej w dwie trochę różne wykładnie tych samych zdarzeń.

Oto pierwsza wykładnia. Antysemityzm jest ideologią zbrodniczą. Nienawiść sączona od dziesiątków lat w dusze ludzkie przez obóz narodowo-katolicki i podsycona przez eksterminacyjny rasizm hitlerowskich okupantów zaowocowała morderczym amokiem tłumu: zwykłych, ale przez lata indoktrynowanych mieszkańców, może i patriotów, bo przecież z odwagi w walce z okupantami także słynęła ta ziemia. Po rozmowie z historykiem łomżyńsko-białostockiego regionu Anna Bikont zapisuje gorzką refleksję: „Niełatwo przyjąć do wiadomości, że gotowość do popełnienia zbrodni i gotowość do poświęcenia życia dla ojczyzny może płynąć z tego samego, tyle że gdzieś po drodze zatrutego źródła" (s. 348). A kiedy przyszło otrzeźwienie, sprawcy i świadkowie musieli żyć dalej ze świadomością popełnionego czynu, z ciężarem grzechu nie do zmazania, z pamięcią ognia i krzyku, który powraca nocami. Tego niepodobna wyznać, więc całe miasto, cały powiat zostanie na długie lata związany zmową milczenia — aż miną czasy i przypadkiem ktoś niepowołany wygrzebie jakąś zapomnianą relację, notatkę, zeznanie, którym trzeba będzie zaprzeczyć ze ściśniętym ze strachu gardłem.

Druga wykładnia inaczej porządkuje i wyjaśnia te same fakty. Ideologia, nienawiść, mity — to wszystko odegrało raczej drugorzędną rolę. Ludzie rzucili się zabijać i palić Żydów przede wszystkim z chciwości. Jeśli działał tu mit, to chyba mit żydowskiego złota. W braku złota starczyły futra, szafy czy poduszki. I zabijali dlatego, że było wolno, mało tego: że byli zachęcani przez nowych panów tej ziemi. I dlatego, że robili to inni. I dlatego, że Żyd to wiadomo, Żyd nie budzi współczucia. „Z Radziłowa — mówi po latach stara kobieta — z o s i e m s e t   s z t u k   p o s z ł o   d o   s p a l e n i a. Tylu ich było, bo Żydzi plenili się jak króliki" (s. 146; podkr. J. J.).

Więc zrobili to, potem rozgrabili co się dało, potem się umyli, potem poszli na mszę, potem napili się wódki i — zapomnieli. Czasem sąsiad sąsiadowi coś w gospodzie wygarnął, to znów coś poszeptano po kątach, i tyle. Nie było żadnej zmowy, po prostu nie było o czym gadać. „Człowiek był młody, to się tak nie przejmował — tłumaczy późniejszy przybysz. — Było, minęło, wiadomo — wojna" (s. 107). Na wojnie różnie bywa. A po wojnie? „Jan C.: — Po wojnie było normalnie. Tak jakby Żydów nigdy nie było" (s. 150). Aż tu nagle po latach przychodzą jacyś z tą swoją żydowską prawdą i urządzają procesy przeciwko spokojnym i uczciwym obywatelom, procesy przeciwko miastu, wygrzebują trupy, drukują książki, zadają pytania. A kto by to tam pamiętał? I po co to komu? Jakiś w tym musi być interes, pewno chodzi o odszkodowania, chcieliby znów wzbogacić się naszym kosztem.

Te dwie wykładnie nie są formalnie sprzeczne, można powiedzieć, że się uzupełniają, ale każda z nich coś przecież innego mówi o społecznej naturze człowieka. W książce Anny Bikont obydwie wykładnie mają swoje oparcie. I każda z nich — teoria nienawiści i teoria duchowej pustki — ma bogate poświadczenie w naukach pasterzy tego ludu, w postępowaniu wielu sług Bożych i w ich pojęciach moralnych — wtedy i teraz.

Anna Bikont książką swoją złożyła natomiast hołd kilku rodzinom, które ocaliły wiarę w człowieczeństwo. To ci prości ludzie, którzy z najwyższym, podziwu godnym heroizmem ukrywali znajomych albo i nieznajomych Żydów przed węszącymi sąsiadami, a potem przez całe życie ukrywali, że ich ukrywali. I ci, którzy z nie mniejszą odwagą pomagali odkryć i pojąć prawdę, gdy wreszcie przyszła na nią pora. Trudno dociec, co sprawiło, że właśnie ci ludzie, w takich samych przecież lub podobnych środowiskach wychowani, nie pozwolili nikomu naruszyć swojej moralnej niepodległości, swojego suwerennego sumienia i samotnego męstwa. Nie wiem, co im dało tę siłę. Nie wiem, co daje niektórym ludziom tę świętą moc oporu i wytrwałości. Zawsze się jednak znajdzie tych dziesięciu sprawiedliwych, którymi miasto — to czy inne miasto — będzie mogło zasłonić swoją nędzę, a których mimo to prześladuje i wypędza jako wyrodnych synów czy córki, obdarzane epitetem „żydowskich pachołków". Sprawiedliwi z Jedwabnego i okolic, jedni po drugich, nie wytrzymywali w końcu tej atmosfery i nie oparli się aż w Ameryce.

W niedawnej dyskusji o książce *My z Jedwabnego* mówili więc niektórzy uczestnicy, że obezwładnia swoim mrokiem, nie pozostawiając żadnej nadziei. Ani na to, że sczezną kiedyś odwieczne przesądy i podziały, ani na to, że z postępami cywilizacji rosnąć będzie moralna świadomość ludzkich czynów. Tak integralnemu pesymizmowi przeciwstawiana była rada, aby krzepiące dowody zmiany postaw dostrzegać w każdym najmniejszym odstępstwie od zawziętego zaprzeczania udokumentowanym faktom albo od szukania usprawiedliwień dla zbrodni i aby przyjaźnie kwitować każdy gest przerzucający kładkę nad przepaścią między jedną i drugą Polską, między jednym i drugim moralnym *universum*. Ta miękka i wyrozumiała postawa, wyrastająca z pragnienia, aby jakoś dało się żyć i oddychać, nie trafia do przekonania moralistom bezkompromisowym. Z nimi jednak jest taki kłopot, że chcieliby być strażnikami nieprzekraczalnych granic między prawością i hańbą. A co, jeżeli te granice nie są takie nieprzekraczalne? We wspomnianej dyskusji najbardziej niepokojące pytanie postawił historyk Dariusz Stola: czy zbrodniarze z Jedwabnego i okolic są nam — pytał — całkiem obcy? a może mamy z nimi coś wspólnego? Na takie pytania lepiej nie odpowiadać.

Niemniej wszyscy uczestnicy debaty w jednym byli ze sobą zgodni: przyznawali, że znakiem wątłej nadziei może być sam fakt, iż książka *My z Jedwabnego* j e s t i że dwa tomy wydanych przez IPN dokumentów i studiów s ą. Tego nikt już nie cofnie i nikt nie unieważni.

JERZY JEDLICKI

WOKÓŁ JEDWABNEGO

„Wokół Jedwabnego", 2 tomy. Red. Paweł Machcewicz, Krzysztof Persak. Tom I: Studia, tom II: Dokumenty. Warszawa, Instytut Pamięci Narodowej, 2002, s. 526 + 1036.

Jednym z rezultatów wielkiej dyskusji prasowej roku 2000–2001, wywołanej publikacją *Sąsiadów* Jana T. Grossa, było wdrożenie w Instytucie Pamięci Narodowej zespołowego programu badawczego, mającego na celu (niezależnie od prowadzonego równolegle dochodzenia prokuratorskiego) wykrycie, na ile to możliwe, wszystkich okoliczności wymordowania Żydów w Jedwabnem 10 lipca 1941 roku.

W rekordowo krótkim czasie, bo już w grudniu 2002 roku, IPN ogłosił dwa grube tomy wyników imponującej pracy zespołu historyków — głównie młodych — kierowanego przez Pawła Machcewicza i Krzysztofa Persaka: ponad tysiąc stron odnalezionych i starannie opracowanych dokumentów archiwalnych i pół tysiąca stron analiz i wniosków. Wprowadzono do obiegu źródła nader różnego pochodzenia: dokumenty sowieckich i niemieckich służb bezpieczeństwa, doniesienia docierające do władz Polskiego Państwa Podziemnego i ich oceny sytuacji, polskie i żydowskie relacje z regionu łomżyńskiego i białostockiego z czasów obydwu okupacji, wreszcie akta śledztw, postępowań cywilnych i procesów karnych toczących się po wojnie w polskich urzędach i sądach. Studia historyczne objęły wszelkie okoliczności i uwarunkowania, jakie mogły mieć wpływ na przebieg masowych zbrodni, a więc także stosunki polsko-żydowskie w tym regionie przed wojną i pod okupacją sowiecką, postawy miejscowego Kościoła, niemieckie dyspozycje i raporty dotyczące działań oddziałów do zadań specjalnych w strefie przyfrontowej latem 1941 roku, wreszcie drobiazgową prawniczą analizę powojennych śledztw i procesów karnych.

Ogromna większość tych materiałów źródłowych (niezależnie od języka oryginału opublikowanych po polsku) nie była znana uczestnikom dyskusji prasowej sprzed 3–4 lat i gdyby książka Grossa nie poruszyła tak silnie opinii publicznej w Polsce, dokumenty te zapewne długo jeszcze spoczywałyby nietknięte w archiwach. Wśród nich m.in. bezcenne wspomnienia Chaji Finkelsztejn z Radziłowa, spisane wkrótce po wojnie w Palestynie i przechowywane w archiwum Yad Vashem. Źródła te pozwoliły nie tylko dodać wiele przerażających szczegółów do rekonstrukcji wydarzeń dokonanej przez Grossa, ale przede wszystkim znacznie ją rozszerzyć geograficznie. Według dokładnie udokumentowanych studiów Andrzeja Żbikowskiego i Edmunda Dmitrowa, krwawe pogromy i zbrodnie polskich mieszkańców na ich żydowskich sąsiadach latem 1941 roku odbywały się, w ochoczym współdziałaniu z niemiecką żandarmerią i specjalnymi oddziałami Policji Bezpieczeństwa, w ponad dwudziestu miastach regionu.

Artykuł znanego prawnika i kryminologa, Andrzeja Rzeplińskiego, który analizował akta spraw karnych z lat 1949–54 z oskarżenia o wymordowanie Żydów w Jedwabnem, pokazuje, jak pospiesznie i niedbale, z naruszeniem elementarnych reguł procedury, prowadzone były wszystkie czynności śledcze i procesowe — łatwiej w nich dostrzec zamiar zatuszowania spraw niż ustalenia prawdy Potwierdzają to zamieszczone w tomie II akta późniejszych jeszcze śledztw i procesów.

Publikacja Instytutu Pamięci Narodowej przeszła bez większego echa, jakbyśmy uznali, że dyskusja z roku 2001 wyczerpała temat. Tymczasem podstawy naszej wiedzy są dziś nieporównanie solidniejsze, a wnioski, jakie można z niej wysnuć, stały się nieodparte. Szczególnie dla tych, którzy po lekturze dwóch tomów *Wokół Jedwabnego*, albo przed nią, przeczytali jeszcze książkę Anny Bikont *My z Jedwabnego* [zob. rec. na s. 135–9]. Niepodobna już przeczyć, że Gross miał rację, twierdząc, iż po tych ujawnieniach historia społeczna i mentalna okresu okupacji musi ulec głębokiej rewizji. Największy zaś niepokój budzi pytanie, jak się to stać mogło, że informacje o zdarzeniach i zbrodniach, o których wiedziały tysiące ludzi, przez sześćdziesiąt lat nie przedostały się do obiegu publicznego.

jj

TOMASZ CYZ

POWRÓT ULISSESA
według Monteverdiego i Dallapiccoli

Patrzeć, i dziwić się, i patrzeć na nowo.
Luigi Dallapiccola

I. Gdyby pozbawić *Il ritorno d'Ulisse in patria* Claudia Monteverdiego (1640) prologu, dzieło rozpoczynałby lament Penelopy („*Di misera regina*"); płacz, wobec którego nie jesteśmy w stanie pozostać obojętni. Frazy są niesymetryczne, urywane, niecierpliwe, zatrzymane na niektórych słowach. Kulminacją jest *quasi* refren: „*Torna... torna Ulisse /* Powróć... powróć Ulissesie". Wołanie brzmiące jak błaganie, jak zaklęcie, które pojawia się nagle, bez ostrzeżenia. „Kiedy słyszymy lament Penelopy — pisał Michał Bristiger — treści naszego doświadczenia muzycznego, przeżycia i zarazem poznania, już nie sposób wyrazić słowami libretta, a cóż dopiero komentarza. *Prima la musica...*".

II. Dzieło Monteverdiego i Giacomo Badoaro rozpoczyna dialog czterech alegorycznych postaci, w którym L'Umana Fragilita (Ludzka Słabość) obarcza odpowiedzialnością za ciężki człowieczy żywot Czas, Los i Miłość. *L'Orfeo*, pierwsze dzieło operowe Monteverdiego, rozgrywał się niemal tylko pomiędzy zakochanymi. W *Il ritorno d'Ulisse* mamy różne oblicza miłości, więcej zamieszanych w zdarzenia postaci: Ulisses i Penelopa, Melanto, Eurymachos i pozostali zalotnicy, strzała Amora dosięga także Telemaka, który zakochuje się w Helenie (tej, która była przyczyną wojny trojańskiej).

O miłości mówi się tu wprost. W prologu Amor pięknym sopranem wyśpiewuje taneczną canzonettę („Jam ślepym strzelcem skrzydlatym. Przeciw mojej strzale nie masz tarczy ni obrony"[1]). Ale już za chwilę miłość zacznie się kojarzyć wyłącznie z oczekiwaniem i smutkiem. Lament Penelopy zosta-

---

[1] Tłum. Władysław Kłosiewicz.

je dwukrotnie przerwany przez piastunkę Euryklcę, co tylko wzmacnia efekt; każda z trzech cząstek kończy się zawołaniem-refrenem: „Powróć... powróć Ulissesie". Za chwilę, w rozmowie z Melanto, Penelopa oskarży Amora: *„è un idol vano* / jest fałszywym idolem, zabłąkanym bóstwem znanym z niestałości, jego chwile szczęścia są krótkie jak błyskawica".

Monteverdi korzysta z kontrastu. Lament zderzony zostaje z miłosnym tańcem Melanto i Eurymachosa — radosnym, zmysłowym, rytmicznie zmiennym (Melanto komentuje stan Penelopy: „Bolesne i trudne są miłosne pragnienia"). Za moment na scenie pojawi się główny bohater historii: gdy Ulisses spostrzega, że jednak dopłynął do Itaki, krzyczy radośnie (*„O fortunato Ulisse!"*). W jego pierwszym śpiewie nie ma ani słowa o Penelopie, o tęsknocie, o miłości; jest jedynie strach i pytania o samego siebie („Śnię jeszcze, czym już przebudzony? / [...] Sam, opuszczony, okłamany, zdradzony / [...] moim udrękom sam jestem winien"). Muzyka zdaje się przypominać otwierające fragmenty lamentu.

Penelopa nie słyszy tych słów. Za chwilę na piękne skądinąd wezwanie zalotników *„Ama dunque, sì, sì"*, pełnym bólu głosem odpowie: *„Non voglio amar* / Nie, nie będę kochała, bowiem kochając, cierpiałabym". Śpiewa też, że płomień Amora jest piękniejszy, gdy płonie z oddali, że „nie może pokochać ten, kto nie zna nic prócz płaczu i cierpienia". Jest stanowcza, gwałtowna, może nawet zimna, zraniona i nieubłagana. W opadającej linii głosu czuć przede wszystkim bezgraniczne cierpienie, smutek i niemoc, jakby nie potrafiła już kochać (Melanto: „Ona nie tylko nienawidzi kochać, ale także być kochaną").

Dlaczego Penelopa w pierwszej chwili nie rozpoznaje Ulissesa? „Jego przebudzenie po przybyciu do Itaki — pisał dyrygent Nicolaus Harnoncourt — ma wszelkie cechy symboliczne. Można je odbierać jako przebudzenie do nowego życia, jako zmianę osobowości [...]. Ulisses jest — prawdopodobnie — kimś innym, innym człowiekiem niż był wówczas, kiedy wyruszał pod mury Troi". Ale kiedy już dochodzi do rozpoznania, Penelopa po raz pierwszy porzuca recytatyw i zatapia się cała w arii, by wyrazić swoje szczęście. Wyśpiewuje pełną radości pieśń na cześć natury (przypomina Orfeusza, który w *„Rosa del ciel"* sławił słońce). Wreszcie małżonkowie śpiewają wspólnie w miękkiej kantylenie: *„Sospirato, mio sole...* / Słońce me upragnione! Odnaleziona światłości! [...] Niech wszelkich udręk odejdzie wspomnienie. [...] Uciechą jest wszystko!".

Kiedy słucham tego duetu, przypomina mi się fragment wiersza Wisławy Szymborskiej: „Nasze jedyne spotkanie po latach / to rozmowa dwóch krzeseł / przy zimnym stoliku". Czy ci dwoje — Ulisses i Penelopa — będą w stanie ze sobą żyć, zasypiać, budzić się i całować na przywitanie?

III. W prologu opery *Ulisse* Luigiego Dallapiccoli (1968) słyszymy lament Kalipso. „I znów jest samotne / twe serce i morze. Płaczę za tobą w rozpaczy

/ Kalipso, miłości już nie ma. Odkryłeś to mnie / w półśnie szepcąc głębokim: Patrzeć, i dziwić się, / i patrzeć na nowo" (tłum. Michał Bristiger). Ostatnie zdanie i złączona z nim nierozdzielnie fraza (zakończona charakterystycznym melizmatem) powróci jeszcze kilkakrotnie. Jest jak refren, *leitmotiv*, punkt odniesienia. Głos Kalipso łamie się, dotyka ciągle tych samych dźwięków, słów, bolesnych wspomnień, krzyczy, żałobnie zawodzi. „Kalipso — notował Michał Bristiger — dla jednych Nimfa obdarzająca miłością, dla innych zadawała śmierć, [...] u Dallapiccoli wydaje się Kalipso chyba jakąś dobrą boginią, tak wyrozumiała jest mimo swego osamotnienia, tak ożywiona pragnieniem zrozumienia motywacji Odysa"[1].

IV. *Ulisse* Dallapiccoli składa się z prologu, dwóch aktów i epilogu. Po lamencie brzmi instrumentalny, kasandrycznie ciemny motyw Posejdona (organy!), trzeci epizod dzieje się na brzegu wyspy Feaków. Nauzykaa bawi się z dziewczętami piłką, ale cały czas marzy o mężczyźnie, który pojawił się jej we śnie. Był piękny jak bóg, miał głębokie i smutne oczy. Wyszedł z morza i przemówił do niej, obiecał małżeństwo i szczęście. Zniknął bez słowa. Nagle na brzegu lasu pojawia się przepasany jedynie liśćmi Ulisses. „To jego spotkałam we śnie" — śpiewa Nauzykaa. Bierze go za rękę i prowadzi do pałacu ojca.

Minstrel Demodokus na prośbę króla Alkinoosa opowiada o losach bohaterów spod Troi: o Agamemnonie („Wokół krew... Krew chce krwi, która woła o kolejną krew... A potem. Wyrzuty sumienia") i Ulissesie („Nikt nie pamięta, kim był... Nikt nie pamięta jego bohaterskich czynów... Jego wspaniały łuk nie jest już nikomu potrzebny"). Alkinoos zwraca się wreszcie do mężczyzny, którego przyprowadziła córka. „Nienawiść, przygnębienie, pragnienie zemsty: oto moje imiona — śpiewa Ulisses. — Kiedyś byłem sławny, dziś jestem mniej niż proch... Być może jestem... Nikim?". Postanawia opowiedzieć im swoje przygody (Dallapiccola przenosi nas w tamte miejsca). Najpierw wizyta u Lotofagów, następnie pobyt na wyspie u Kirke, dalej zejście do Hadesu i rozmowa z matką Antikleą oraz wysłuchanie przepowiedni Tejrezjasza, wreszcie spotkanie ze Scyllą i Charybdą. Król Feaków obiecuje pomoc w powrocie do ojczyzny, Nauzykaa żegna Ulissesa.

Drugi akt dzieje się już w Itace. Zalotnicy, Antinoos, Eurymachos i Pisander, postanawiają zabić powracającego Telemaka (pojechał szukać ojca). Ten jednak uniknął zasadzki, chce zemsty. Ulisses powraca w stroju żebraka; rozmawia ze świniopasem Eumajosem, wzbudza niepokój u Melanto („Nienawiść, zemsta odbijają się w jego oczach"). Zalotnicy sławią Posejdona, namawiają Melanto, żeby znów dla nich zatańczyła, ściągają także łuk Ulissesa. Zjawia się Telemak, po nim Ulisses („*Anch'io*

---

[1] W *Niewiedzy* Milana Kundery, czytamy: „Kalipso, ach, Kalipso! Często o niej myślę. Kochała Ulissesa. Spędzili razem siedem lat. Nie wiadomo, ile czasu Ulisses dzielił łoże z Penelopą, lecz z pewnością nie tak długo. A przecież opiewamy ból Penelopy i nie robimy sobie nic z łez Kalipso".

son ritarnato! / Ja także wróciłem!"). Następuje rzeź. Penelopa i Ulisses rozwierają ramiona, patrzą na siebie. Epilog stanowi monolog Ulissesa na tle otwartego morza.

Dallapiccola pracował nad operą osiem lat. Pisząc libretto, sięgnął do źródeł homeryckich, tekstów Antonia Machado i Tomasza Manna, filmu opartego na *Odysei* (który oglądał w wieku ośmiu lat), projektowanego baletu (nad którym pracował z Leonidem Massinem), transkrypcji partytury *Il ritorno d'Ulisse in patria* Monteverdiego (którą „zaadoptował na współczesną scenę" w 1942 roku). Z *Boskiej komedii* nie czerpał bezpośrednio, ale — jak sam przyznawał — wszystko „filtrował myślą Dantego"[1]. Źródeł *Ulisse* trzeba też szukać w powieści Joyce'a: każda scena ma specyficzny układ i brzmienie, Dallapiccola każe nam też oczekiwać wejścia Ulissesa (w *Ullissesie* główny bohater pojawia się dopiero w piątym rozdziale).

W centrum dzieła znajduje się scena w Hadesie. Jest najdłuższa (trwa około 19 minut), rozpoczyna ją śpiew Cieni („Zawsze ciemność; nigdy światło... Zawsze cierpienie; nigdy nadzieja"); narastający, groźny, ciemny jak czarna krew, którą się żywią. Delikatne skrzypce tylko na chwilę dają wytchnienie. Pojawia się Antiklea. Według jednej z wersji mitu, miała popełnić samobójstwo z tęsknoty za synem; do tego właśnie nawiązuje Dallapiccola. „Strach. Troska o ciebie... Niepokój... Rozpaczliwa miłość... doprowadziły mnie do zniszczenia" — śpiewa rozdartym i drżącym głosem. Znika, mimo prośby syna („*Rimani!* / Zostań!").

Zjawia się Tejrezjasz, przepowiada, że Ulisses jeszcze raz ucałuje Itakę, syna i małżonkę. „Ale wokół krew. Wreszcie. Sam, jeszcze raz widzę cię wędrującego na morzu. Jesteś jasny, jasny jak morze. Fala oblewa cię... Nic więcej nie widzę". Na słowie „*mare* / morze" pojawia się melizmat: ten sam, który słyszeliśmy w otwierającym monologu Kalipso.

V. Bo *Ulisse* Dallapiccoli to przede wszystkim wariacja na temat kobiet. Są więźniarkami w świecie, do którego Ulisses ciągle wraca i z którego zawsze ucieka. Więźniarkami jego nieobecności i własnego uczucia. Kalipso próbuje zrozumieć, Nauzykaa chce kochać, Kirke usiłuje zatrzymać, Antiklea rozpacza, Penelopa czeka.

„Miłosna nieobecność — pisał we *Fragmentach dyskursu miłosnego* Roland Barthes — ma zaledwie jeden kierunek i może być wypowiedziana tylko od strony tego, kto pozostaje". Dlatego lamentują tylko kobiety — zatrzymane, unieruchomione. Ulisses martwi się sobą — ciekawy świata, „błędów ludzkich i dzielności". Dalej Barthes pisze, że inny z powołania jest wędrowcem, uciekinierem. „Ja, który kocham, jestem [...]

---

[1] Ulisses znajduje się w piekle, spowiada się ze swego życia i śmierci: „Nie mógł powstrzymać syn mój ulubiony / Ni cześć starego ojca, ni miłości / Powinność, niegdyś szczęście lubej żony, / Nie mogły zdusić we mnie ciekawości / Zajrzenia w świata roboty misterne, / Poznania błędów ludzkich i dzielności" (*Boska Komedia*. Pieśń XXVI, tłum. Edward Porębowicz).

osiedleńcem bez ruchu, w pogotowiu, w oczekiwaniu". Wreszcie: „Wypowiedzieć nieobecność to powiedzieć: «Jestem mniej kochany niż kocham»".

„Miłości już nie ma. / [...] Innej rzeczy szukałeś, ja nie umiałam zgłębić jej nigdy" — śpiewa Kalipso. „Kiedy już szczęśliwie wrócisz do ojczyzny, czasami wspomnij mnie" — prosi Nauzykaa. „Zostań ze mną, zostań. Jak niedoskonałe były kobiety, które znałeś przede mną!... Ja jestem tą, która cierpliwie, z miłością, ofiaruje ci drugie życie, drugą młodość" — krzyczy Kirke. Na początku rozmowy z nią Ulisses wyśpiewuje znane już zdanie: „Guardare, melavigliarsi, e tornar a guardare / Patrzeć, i dziwić się, / i patrzeć na nowo". Na końcu, jakby w nawiązaniu do przepowiedni Tejrezjasza, mówi ukochanemu, że największe potwory znajdują się w jego sercu, i nigdy go nie opuszczą. Wreszcie przyzywa Syreny, Ulisses schodzi do Hadesu, słucha Cieni.

Penelopa jest najmniej obecna. Kilkakrotnie wykrzykuje tylko jedno zdanie: „Ritorna, Ulisse; ritorna, Ulisse...", jakby jej organizm został wysuszony ciągłym lamentem i nie posiadał już łez. „Mogę wszystko zrobić z językiem — pisał Barthes — l e c z   n i e   z   m o i m   c i a ł e m. [...] Po moim głosie, cokolwiek on wypowie, inny pozna, że «coś mi jest»". W operze jest to jeszcze wyraźniejsze.

VI. *Prima la musica...* Penelopa Monteverdiego jest do ostatniej sceny smutna. Przejmujący jest zwłaszcza moment, kiedy podczas lamentu krzyczy na jednym oddechu: „Torna, deh torna Ulisse... Penelope t'aspetta, la innocente sospira". Nie może już wytrzymać, jest całkowicie bezsilna. U Dallapiccoli kobiety są do siebie podobne, tożsame (Kalipso, Antiklea i Penelopa to soprany, Nauzykaa — wysoki sopran, Kirke i Melanto — mezzosoprany). Nauzykaa prosi cichym głosem. Śpiew Kirke jest spieszny, gwałtowny. Partie Kalipso i Penelopy najczęściej wykonuje ta sama śpiewaczka, z charakterystycznym rytmem; opisujące ją instrumenty są jak mgła albo pajęcza nić. Pierwszy śpiew Penelopy jest nisko osadzony, wznosi się powoli, narasta, by za drugim razem, kiedy Antinoos namawia Melanto do tańca, rozdzierająco wykrzyczeć błaganie: „torna Ulisse!" (znów słychać melizmat).

VII. Według mitu, Ulisses po przybyciu do Itaki dwukrotnie spotkał się z Penelopą. Zamienił z nią kilka zdań jako żebrak, ale nie powiedział prawdy, pozostawił jedynie słowa nadziei. Dopiero po rzezi zalotników ciągle niedowierzająca Penelopa zostaje przekonana, kiedy Ulisses opisuje ich małżeńską sypialnię.

U Monteverdiego znajdziemy obie te sceny. Ulisses-żebrak, po zwycięskiej walce z grubasem Iro, wzbudza jedynie szacunek królowej, która nazywa go „dzielnym biedakiem" i pozwala zostać na dworze. Druga scena trwa przez cały trzeci akt. Na próżno Eumete i Telemak przekonują Penelopę, że ten, który zabił zalotników, jest jej mężem. „Człowiek na tej ziemi nieśmiertelnych bogów jest zabawką" — śpiewa z bólem w głosie. Ale właśnie bogowie, a raczej boginki (!), Junona i Minerwa, pomogą jej przejrzeć na oczy.

A może Penelopa nie chce rozpoznać Ulissesa, bo zna jego przeszłość? Najbliższych sobie ludzi, kochanków i małżonków, wiąże niewidzialna nić. To nerw, który odczuwa wszystko, także to nieujawnione i niewypowiedziane. Penelopa czuje zapach innych kobiet na ciele męża. Ulisses nie opowiada jej swojej przeszłości, nie musi. Z zazdrości jedynie morduje służebne, bo zadawały się z zalotnikami, bo nie były tylko jego. Jest okrutny, jak wielu przed nim i po nim. Jak Orfeusz, Tezeusz, Don Giovanni, Faust, Tristan, Oniegin...

Dallapiccola w końcowych scenach nie sięga do mitu. Penelopa rozpoznaje Ulissesa: słyszy przecież jego głos (u Monteverdiego małżonkowie, śpiewając, wsłuchują się w siebie, ale się nie słyszą, nie ma tu także słowa o Kalipso czy Kirke). Ostatni fragment to monolog Ulissesa, który kończy się tak: *„Guardare, melavigliarsi, e tornar a guardare.* Jeszcze: cierpiałem, żeby zrozumieć prawdę. Jeśli głos mógłby roztłuc ciszę, tajemnicę... Panie! Już nie jest samotne me serce i morze". Ulissesowi zostaje odebrana samotność, dana łaska: po tylu podróżach, tylu miłościach, odkrywa na końcu Boga.

Monteverdi opowiedział historię konwencjonalnie, z pozornie szczęśliwym zakończeniem. Dallapiccola poprowadził swojego bohatera znacznie dalej. Może dziś w podróż musi wyruszyć Penelopa?

TOMASZ CYZ

ADAM ZAGAJEWSKI

POEZJA ODESZŁA Z TEATRU*

Teatr i Poezja są zarazem przyjaciółmi i antagonistami. Trwa między nimi trudna miłość, zdarzają się rozstania i pogodzenia, schadzki i niechęci. Poezja w naszych czasach odeszła z teatru. U starożytnych tragików, u Szekspira, królowała wielka poezja. Postaci Szekspira są pijane poezją, nawet najniżsi słudzy są u niego poetami — i, o dziwo, publiczność, tak na ogół sceptyczna, wybacza to angielskiemu bardowi, bo czuje, że jego postaci mówią tak, jakby przemawiały już na Sądzie Ostatecznym, całą swoją naturą, swoją duszą, potencjalnością, a nie tylko płaskim językiem codziennej konwersacji. Mówią tym, czym mogłyby być, a nie tym, czym się stały.

My jednak wiemy dobrze, czym się stały, i szokuje nas dystans między tym, czym mógłby być człowiek i czym naprawdę jest. Ten dystans jest może istotą sztuki teatru.

Lecz teatr dziewiętnastowieczny, znużony zapewne wylewnością romantyków, odszedł od poezji — poważny buchalter ludzkich losów, pan Ibsen, pisał już tylko prozą, nasza Gabriela Zapolska pisała prozą, Szaniawski pisał prozą. Mrożek pisze prozą. Dzisiaj na ogół pisze się dramaty prozą i publiczność przyzwyczaiła się do tego, nie protestuje i nawet, być może, jej przedstawiciele wzdrygnęliby się na myśl, że znowu wiersz miałby wrócić na scenę (ale gdy słuchają w teatrze Calderona, Szekspira czy Słowackiego, nie wzdrygają się wcale).

Może dlatego poeci — nie wiedząc o tym — są lekko obrażeni na teatr. Często objawia się to w ich reakcji na sytuację, kiedy aktor czy aktorka mówi (recytuje!) wiersz poety żyjącego lub nie. Poeci na ogół

---

* Fragment wykładu inauguracyjnego w Państwowej Wyższej Szkole Teatralnej w Krakowie, październik 2004.

uważają, że aktorzy psują wiersz przez to, że zanadto go interpretują. Poeci są przekonani, że dobry wiersz jest jak ptak, jak wolny ptak, który może zerwać się z gałęzi i polecieć w nie wiadomo którą stronę.

A aktor decyduje z góry, w którą stronę będzie zmierzał wiersz, dokąd pójdzie, w którą skręci ulicę, do której kawiarni wejdzie, jakiego papierosa zapali.

Poeci uważają, że wiersze są wyrazem ich wolności (i że „najpiękniejszy jest przedmiot, którego nie ma") i że owa wolność jeszcze daje się usłyszeć wewnątrz wiersza, jako przestrzeń nie umeblowana.

Aktorzy często odbierają poezji jej wolność. Osadzają wiersz na ziemi, chcą, żeby słuchacze zobaczyli tego kogoś, kto mówi, i żeby dokładnie zrozumieli, do czego zmierza autor. Poeci mówią swe wiersze niekiedy aż nonszalancko (i narażają się na zarzut nadmiernej neutralności, zbyt wielkiego dystansu). Dzieje się tak także dlatego, że poeta, który mówi — czyta — swój wiersz, zostawia w nim przestrzeń dla wiersza jeszcze nie napisanego. Dla poety nie ma ostatniego wiersza. Każdy jest przedostatni. Ostatni wiersz byłby katastrofą. Nawet faktycznie ostatni wiersz jest wierszem przedostatnim. Poeci umarli nie napisali nigdy ostatniego wiersza, zostawili nam swoje utwory przedostatnie, możemy się tylko domyślać ostatniego wiersza Herberta, Mandelsztama, Miłosza.

Aktorzy nie znają tego jeszcze nie napisanego wiersza (poeci też nie, ale przeczuwają go zawsze). Dlatego aktorzy recytują wiersz ostatni, a nie przedostatni.

Być może aktorzy czytają wiersze z pewnym nadmiarem emocji, jako że czują się trochę winni, że teatr porzucił poezję.

I myślą: skoro teatr porzucił poezję, to my teraz dodamy trochę teatru do poezji. Myślą — skoro my teraz na deskach teatru mówimy prozą, to musimy przeprosić poezję i dodać do niej sporą szczyptę teatru. Pochylają się, jak zgarbieni starcy, albo prostują się, jak młodzieńcy, mówią głosem dyktatora lub zbankrutowanego bankiera.

Dodamy do wiersza — myślą aktorzy — postać żebraka albo przywódcy ludowego, starej kobiety albo ambitnego wyrostka. Pomożemy poecie, biednemu poecie, który dysponuje tylko atramentem i papierem, dodamy mu życia, dosypiemy życia do jego metafor.

A może jest inaczej — może aktorzy też są trochę obrażeni na poezję za to, że opuściła teatr, że deski teatru są teraz takie gołe i naturalistyczne, drewniane, że stół stojący na scenie jest tylko stołem, a nie magicznym przedmiotem, średniowiecznym zamkiem, że miednica jest tylko miednicą, a nie miejscem, gdzie nad ranem gromadzą się sny, a płaszcze aktorów, wlekące się po posadzce, zbierają tylko kurz, a nie marzenia.

Jeśli tak, jeśli — nie wiedząc o tym — są nieco obrażeni na poezję, to będą, nieświadomie, trochę psuli recytowane przez siebie wiersze, odbiorą im wolność, przedostatniość.

Jeżeli my nie mamy poezji, pomyślą nie myśląc tego wcale, to niech i poeci nie mają poezji.

Ale przecież to są tylko spory kochanków. Teatr i poezja są pokłóconymi kochankami. Dużo tu żalu, wzajemnego obwiniania się, trochę płaczu,wzdychania, trochę szyderstwa.

Może jeszcze się kiedyś pogodzą. Może poezja wróci do teatru a teatr wyjdzie z poezji.

Oby tak się stało.

Oby poezja wróciła do teatru.

ADAM ZAGAJEWSKI

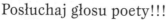

ZOBACZONE, PRZECZYTANE

Zwracamy się do naszych współpracowników i czytelników z prośbą o wskazanie, co spośród lektur, koncertów, przedstawień teatralnych, wizyt w muzeach, wystaw malarskich itp. wywarło najsilniejsze wrażenie w ostatnim kwartale i prosimy o króciutkie omówienie — osobistą impresję. Spodziewamy się, że dzięki Państwu uzyskamy obraz wydarzeń wartych uwagi. Zapraszamy do udziału, czekamy na wypowiedzi.

Redakcja „ZL"

ANNA ARNO, Paryż: Wieczór pamięci Czesława Miłosza w kościele Świętej Katarzyny w Krakowie, 27 VIII 2004.

27 sierpnia Czesław Miłosz spoczął w krypcie zasłużonych kościoła Ojców Paulinów na Skałce. Kilka godzin potem w sąsiednim kościele Świętej Katarzyny odbyło się poetyckie pożegnanie Poety. Były to zaduszki, ale — jak zaznaczył prowadzący spotkanie Jerzy Illg — naznaczone wdzięcznością za dar, jakim jest dla nas poezja Miłosza. I właśnie słynny *Dar* przeczytany przez Julię Hartwig otworzył wieczór.

Utwory Czesława Miłosza i jemu poświęcone czytali poeci i przyjaciele, wśród których byli Wisława Szymborska, Ewa Lipska, Anna Dymna, Małgorzata Nyczowa, Teresa Walas, Julian Kornhauser, Jerzy Kronhold, Krzysztof Lisowski, Jarosław Mikołajewski, Tomasz Różycki, Tomas Venclova, Adam Zagajewski, Aleksander Fiut, Andrzej Franaszek, Anatol Roitman, Wojciech Bonowicz, Michał Rusinek. Każdy z czytających zapalał świecę, ale także dzięki poezji wnętrze kościoła stawało się coraz jaśniejsze. Wierszom towarzyszyły utwory Bacha i Vivaldiego w wykonaniu kwartetu Amar Corde; właśnie muzykę barokową najbardziej kochał Czesław Miłosz i ponoć twierdził, że tak właśnie muszą grać w niebie.

Wybrane na ten wieczór utwory wydawały się łączyć niebo i ziemię i tego pewnie życzył sobie sam Miłosz, gdy pisał: „Jak powinno być w niebie, wiem, bo tam bywałem. / U jego rzeki. Słysząc jego ptaki [...] Myślę, że ruch krwi / Tam powinien być dalej triumfalnym ruchem /

Wyższego, że tak powiem, stopnia". W żałobny wieczór zabrzmiała więc poezja chwaląca dźwięczący, migotliwy świat, jego zmienność, nieprzebrane bogactwo rzeczy. Ten pyszny świat widzi Miłosz jako przedsionek zaświatów, w którym czasem ukazuje się to, co najważniejsze. Nie można było zarazem oprzeć się wrażeniu, że tam, gdzie te dwie rzeczywistości spotykają się, gdzie zaczyna się d r u g a p r z e s t r z e ń, widzi Miłosz miejsce poezji. Bardzo mocno tego wieczoru brzmiały wiersze, w których mówi Miłosz o swym poetyckim powołaniu. Nawet wtedy, gdy przyznaje się do słabości, do umiłowania ziemskich rozkoszy, zawiera się w tym zarazem wyznanie poetyckiej wiary. „Panie Boże, lubiłem dżem truskawkowy / I ciemną słodycz kobiecego ciała. [...] Jakiż więc ze mnie prorok? Skąd by duch / Miał nawiedzać takiego?" — pyta Miłosz przekornie, a zarazem uporczywie mówi o poezji, która bierze się nie z doskonałości, z przezroczystego ideału, ale z zapachów, smaków, pragnień. To, że kruche rzeczy, zjawiska świata będą trwały, jest dla Miłosza potwierdzeniem sensu ludzkiego życia, a także tego, iż nie wygaśnie poezja. Wielokrotnie obróci się bieg historii, „Ale książki będą na półkach, prawdziwe istoty, / Które zjawiły się raz, świeże, jeszcze wilgotne, / Niby lśniące kasztany pod drzewem w jesieni, / I dotykane, pieszczone trwać zaczęły / Mimo łun na horyzoncie, zamków wylatujących w powietrze, / Plemion w pochodzie, planet w ruchu".

Tego wieczoru usłyszeliśmy także te wiersze, w których Miłosz przemawia jako poeta swojego czasu, jest obecny, przygląda się i ocenia. Jest tym, który głęboko przeżywa zawirowania historii, ale jednocześnie, dzięki sile poetyckiego daru, wychyla się poza nią, ku sferze wiecznej; bywa sędzią i prorokiem. Ryszard Krynicki przeczytał słynne *Campo di Fiori* a Krystyna Zachwatowicz *Który skrzywdziłeś*. Usłyszeliśmy także poruszającą *Cafè Greco*: „W latach osiemdziesiątych dwudziestego wieku, w Rzymie, przy via Condotti, / Siedzieliśmy z Turowiczem w Cafè Greco [...] Upadały państwa, przemijały kraje, / Chimery ludzkiego umysłu osaczały nas, / Ludzie ginęli albo szli w niewolę. [...] Kim jestem, kim byłem / Nie jest już tak ważne. Dlatego, że inni, / Szlachetni, wielcy podtrzymują mnie / Kiedy o nich pomyślę". Potem pojawił się głos samego Turowicza czytającego *Piosenkę wielkopostną*.

Wyjątkowo dźwięczały tego wieczoru najbardziej znane wiersze: tryptyk *Wiara, Nadzieja, Miłość*, czytany przez Leszka Aleksandra Moczulskiego, Andrzeja Wajdę i księdza Adama Bonieckiego, a także *Ojciec w bibliotece*, wyjęty z tego samego poematu *Świat*. Ten ostatni współbrzmiał z wierszem *W Szetejniach;* podczas uroczystości pogrzebowych jego fragment czytany był w wielu językach, w kościele Świętej Katarzyny wzruszająco interpretował go Bronisław Maj.

Prócz poezji samego Miłosza usłyszeliśmy utwory jemu poświęcone. Wiersz-rozmowę w Berkeley przeczytał Marek Skwarnicki. Robert Hass w imieniu nieobecnej kalifornijskiej poetki Jane Hirshfield odczytał napisany po śmierci Czesława Miłosza wiersz *Wspomnienie*: „Siedzę nad rzeką / i myślę, / jak bardzo lubiłeś rzeki, // jak bardzo chciałbyś / przyglądać się teraz tym małym kaczkom, / o głowach zwróconych w górę rzeki, / zawzięcie wiosłującym pod prąd // Pomyśleć, że aż tyle trudu / wymaga zwykłe przepłynięcie na drugą stronę". Z kolei Seamus Heaney przedstawił swoją poruszającą adaptację fragmentu *Edypa w Kolonie,* poświęconą pamięci Miłosza: „Z jego nauk płynął spokój, jego osoba i głos / Były jak radosna wieść w cieniu drzew, Ale tym razem odwrócił się od nas i odszedł. [...] Nie porwał go / Bóg w rydwanie z ognia, nie zmiótł / Potężny wicher. Niech będzie, że jestem szalony / Czy naiwny, ale wiem, że człowiek ten zszedł / Ze świata przygotowany jak należy, tam gdzie / Drzwi do ciemności stoją otwarte na oścież".

Na zakończenie wieczoru nieoczekiwanie usłyszeliśmy głos samego Czesława Miłosza, który przeczytał wiersz o małym ptaku śpiewającym w koronie wielkiego drzewa. I to miał być już koniec, lecz ktoś zapomniał zatrzymać taśmę i usłyszeliśmy jeszcze jeden wiersz, jakby na dowód tego, że poezja, kolejny wiersz, zawsze gdzieś na nas czeka.

TOMASZ CYZ, Kraków: Koncert „De Musica" pod kierownictwem artystycznym Michała Bristigera. Wykonawcy: Anna Mikołajczyk — sopran, Marta Wyłomańska — sopran, Jadwiga Rappé — alt, Edward Wolanin — fortepian. Organizatorzy: Stowarzyszenie „De Musica" i Janusz Palikot (w ramach Projektu Jabłonna). Warszawa, Pałac Sobańskich, 28 IX 2004.

W pięknie przygotowanej (i wydanej) książeczce-przewodniku koncertu „De Musica" czytam, że koncert powinien wywoływać „ciągi dalsze". I oto właśnie przed chwilą wysłuchałem cyklu *Winterreise* Schuberta w wykonaniu Petera Pearsa i Benjamina Brittena. To prywatny koncert na dzisiejszy wieczór... Jeszcze dziś wieczorem swój przedśmiertny lament zaśpiewa Dydona. Chce umrzeć, bo zostaje sama, bo ukochany wybrał inną drogę, a dla niej życie bez niego nie ma sensu.

W programie znajdziemy również słowa: „utwory nieznane, mało znane, zapoznane, itp. zajmują w repertuarze ważne miejsce". Podczas zaprojektowanego przez prof. Michała Bristigera majowego Festiwalu Polskiego Radia „Paryżanie" mogliśmy posłuchać *Tańca zemsty Medei* Samuela Barbera z 1955 roku. Podczas wrześniowego koncertu usłyszeliśmy tegoż *Pożegnanie Andromachy* według *Trojanek* Eurypidesa. Oba utwory zostały wykonane w Polsce po raz pierwszy.

Koncert „De Musica" odbył się po raz drugi. Głównym tematem spotkania w maju 2003 roku była nieszczęśliwa miłość. Zabrzmiały m.in. aria Penelopy „Di misera regina" z *Il ritorno d'Ulisse in patria* Monteverdiego (1640), lament Kalipso z opery *Ulisse* Luigiego Dallapiccoli (1968), XVII-wieczna kantata *Infelice Didona* („O Dydono nieszczęśliwa") Sigis-

mondo D'India, XVIII-wieczne duety miłosne Francesco Durantego.
Tematami wrześniowego spotkania były: zachwyt i miłość (*Fairest Island*
oraz *If music be the food of love* Purcella), śmierć (*Mort de Socrate*
(Phédon) Erika Satie), rozpacz (*Andromache's Farewell* Barbera), piękno
i piekło (*Ganymed* oraz *Gruppe aus dem Tartarus* Schuberta). Przestrzenią obejmującą wszystkie był mit. I znów okazało się, jakże jest blisko
mitowi i muzyce do siebie. Koncerty prof. Bristigera uruchamiają różne skojarzenia, otwierają wiele interpretacyjnych ścieżek. We wrześniowym widzimy, jak dojrzały męż-
czyzna przygląda się... kobietom. Podziwia je; przygląda się nie tylko ich
kunsztowi (na scenie śpiewają tylko kobiety!), ale także przerażeniu, bólowi, błaganiu. Anna Mikołajczyk zjawiskowo oddaje frazami Barbera rozpacz wszystkich matek, które właśnie przeżyły śmierć własnego dziecka;
Jadwiga Rappé genialnie kreśli ciemną przestrzeń piekła (*Gruppe aus...*) —
od tego momentu można żyć tylko dobrze, żeby nigdy nie trafić tam, na dół;
Marta Wyłomańska „zdaje sprawę" (i nic więcej, bo nic więcej nie można,
i nie trzeba) ze śmierci Sokratesa. Reszta rodzi się w nas, jest milczeniem.
„*Remember me... remember me...*", śpiewa właśnie na koniec mojego
nocnego już koncertu Dydona. Nie mam zamiaru zapomnieć. Nie wolno mi.

IRENA GRUDZIŃSKA-GROSS, Boston: Adam Zagajewski; październik 2004 w Bostonie.
W Stanach Zjednoczonych trudno utrzymać się z pisania książek, chyba że są to poradniki lub thrillery. „Legenda miejska" głosi, że kelnerzy
w Nowym Jorku dzielą się na aktorów poszukujących angażu i pisarzy
szukających wydawcy. Na szczęście uniwersytety, liczne w Ameryce,
chętnie odgrywają rolę mecenasów. Większość znanych pisarzy uczy studentów „twórczego pisania". Robi to także Adam Zagajewski, co roku
spędzający semestr wiosenny w Teksasie, na University of Houston.
Ostatnio Zagajewski został wyróżniony prestiżową nagrodą Neustadt
International Prize for Literature, przyznawaną co dwa lata przez University of Oklahoma i pismo „World Literature Today". Jej laureatami byli,
między innymi, Gabriel Garcia Márquez, Czesław Miłosz i Octavio Paz.
Nagroda nazywana jest „małym Noblem".
Zagajewski miał w Bostonie dwa występy publiczne, oba pod mece-
natem miejscowych uniwersytetów. Pierwsze spotkanie, zorganizowane
w Massachusetts Institute of Technology, odbyło się 4 października w Sta-
ta Center, nowym budynku zaprojektowanym przez Franka Gehry'ego
(mecenat uniwersytetów dotyczy także architektury). Zagajewski czytał
swoje wiersze i odpowiadał na pytania uważnej publiczności. Wprowa-
dzając go, Eva Hoffman mówiła o historii Polski, która zmusiła rodziców
Zagajewskiego do opuszczenia Lwowa. Podkreślała ambiwalencję poety
wobec pojęcia „wygnania" i emigracji, a słuchacze, wyraźnie uważając

Zagajewskiego za swojego poetę, wydawali się rozczarowani, że nie odczuwa pokusy pisania wierszy po angielsku. Następnego dnia Zagajewski spotkał się z grupą studentów Derka Walcotta, omawiających wiersz *1 września 1939* roku W. H. Audena. Walcott poprosił go o lekcję historii, będącej naturalnym kontekstem poezji polskiej. Do historii odniósł się także Zagajewski podczas wieczornego spotkania, żartobliwie nazwanego koncertem trzech tenorów. Uczestniczyli w nim, poza Zagajewskim, Derek Walcott i Robert Pinsky. Poeci czytali wiersze i rozmawiali o związkach poezji z polityką. Dyskusja była wyjątkowa, bo każdy z występujących poetów miał inną biografię. Pinsky, tłumacz Miłosza i propagator poezji, urodził się w New Jersey i jest poetą na wskroś amerykańskim. Derek Walcott urodził się na Karaibach, i, jak sam mówił, odebrał solidne kolonialne wykształcenie. Stąd pewna łagodność w jego opiniach o imperium brytyjskim, bo jak mieć pretensję za „indoktrynację Szekspirem?". Zagajewski reprezentował doświadczenie dorastania w obrębie upadłego imperium rosyjskiego. I tak historia, szczególnie niedawna, stała się motywem przewodnim bostońskiej wizyty poety. A samo miasto pasjonowało się właśnie losami swej drużyny baseballowej i swojego senatora, Johna Kerry'ego.

STANISŁAW KASPRZYSIAK, Kraków: Salvatore Natoli, *Słownik naszych wad i zalet* (Mediolan, Feltrinelli Editore).

Słownik powinien mieć hasła i ten je ma, tyle że zaskakująco ułożone. Co ma wspólnego z naszymi wadami i zaletami „nieskończoność"? Albo „rozpacz"? Z jaką intencją mówimy dzisiaj o „pogaństwie" i „wierze"? „Asceza", „czystość", „gnuśność" nie muszą się nam wydawać anachroniczne? Ciekawi nas jeszcze „nadzieja" i „zbawienie"? A „melancholia" — ma jakąś dobrą stronę?

Włoski filozof Salvatore Natoli (ur. 1942) odpowiada na te pytania. Proponuje „etykę skończoności", „nowe pogaństwo", „świecką medytację" jako „sposób bycia w świecie". Tak jak w poprzednich książkach, chodzi mu o nasze doświadczenie cierpienia i poczucie szczęścia. Jedno nie będzie nam oszczędzone, drugie zawsze jest możliwe. Ład ziemski jest utworzony z przeciwieństw i nasze przebywanie na ziemi musi być „dwuskrzydlate".

„Śmiertelnym przystoi, co śmiertelne" — stwierdza Pindar. Jeżeli w to wierzymy, ściślej: jeżeli wierzymy tylko w to — to chociaż mamy siebie za niewierzących, jesteśmy blisko wiary. Ufamy widzialnemu światu, jesteśmy „wierni ziemi". Grekom to wystarczało.

Do Greków oczywiście nie można powrócić — mówi Natoli — od nich jednak można zacząć. Od ich archaicznej mądrości, która brała się z obcowania z elementem „ziemskim", z afirmacji *physis*. Potem, od Platona poczynając, filozofia wyrywała się poza fizyczność, religie objawione „oczerniały ziemię", ukazując ją jako „dolinę łez". Chciały dotrzeć do nieśmiertelności, umieścić ją poza ziemią. Domagały się jej dla nas. Tymczasem my potrzebujemy poczucia, że „wszystko jest pełne bogów", że nie tylko jest „pełne wody" (Tales) — materii. To zupełnie wystarcza tym z nas, co nie wierzą ani religiom, ani laickim ideologiom i nihilistycznemu ateizmowi. *Słownik* nie jest moralizowaniem, nie narzuca reguł i powinności. Uprzytamnia tylko, że nie warto przystosowywać się do dzisiejszych czasów, do ich mistyfikacji i przebiegłości. Warto jednak „samemu stać się dla siebie prawem". Warto mieć oczy otwarte. Po co? „Żeby żyć lepiej" — tak odpowiada Natoli na to proste pytanie. „Najdotkliwsze, co nas spotyka, to cierpienie i śmierć. Ale przecież można coś ze sobą zrobić, żeby cierpienie było mniej bolesne, a śmierć żeby mniej przerażała". Odpowiadając na pytanie jeszcze prostsze: po co człowiek żyje?, gotów jest powtórzyć za Pitagorasem: „Aby oglądać niebo". Naturalnie to astronomiczne, nie to teologiczne.

JACEK MAJ, Kraków: Joanna Pollakówna, *Ogarnąłeś mnie chłodem.* Kraków, Znak, 2003.

Podczas gdy teologia toczy coraz większe kule abstrakcyjnych pojęć, pisał Czesław Miłosz w *Piesku przydrożnym*, poezja jest zawsze po stronie ludzkiej wrażliwości. Strofa może unieść więcej niż tysiące zdań uczonego wywodu. Kielich powoju czy lecące stado ptaków stają się w wierszu przypisem do zachwytu (zob. także: kolczaste jeżyny, grzebień, ukochany obraz, nóż do papieru, liść kasztanowca), zaś krew i sztywność ciała — przypisem do cierpienia (zob. zwłaszcza: bezradność, „puste noce, po których tłuczemy się ociemniałą myślą", lęk, długotrwały ból, pytania: „dlaczego raczej tu niż tam", „czemu raczej teraz niż wtedy"). Wbrew pocieszeniom czas nie goi ran, bo te odnawiają się nieustannie. Pozostaje „zawierzenie bólowi", całkowite do niego przylgnięcie. Czy to możliwe, aby wtedy choć na chwilę „nie myśleć nie wiedzieć / zapomnieć o skazie", wyjrzeć przez okno i zobaczyć: „Drzewa drzewa / w ich koronach / geometria pokrzywiona / w niebo w niebo / kładka wąska / kładka gięta / po gałązkach / w niebo w niebo / drobnoskrętno / rwie się życia / spieszne tętno"? W prostocie tej piosnki mieszka przypomnienie: „domu tu nie rozkładaj".

JANUSZ MAJCHEREK, Warszawa: *Błądzenie*, wg W. Gombrowicza, reż. J. Jarocki (Warszawa, Teatr Narodowy, prem. 29 V 2004).

Rok Gombrowiczowski nie przyniósł wybitnych inscenizacji teatralnych, z jednym wyjątkiem: *Błądzenia* w Teatrze Narodowym. Scenariusz według tekstów Gombrowicza ułożył i przedstawienie wyreżyserował Jerzy Jarocki, mistrz teatru, który jak chyba żaden z innych reżyserów poznał Gombrowiczowską twórczość na wskroś. Kilkakrotnie, w kraju i za granicą, wystawiał *Ślub*. Pamiętna realizacja tego dramatu w Starym

Teatrze miała wszelkie cechy arcydzieła. Czekaliśmy na *Błądzenie* z nadzieją i cierpliwie, bo rodziło się przez kilka miesięcy. Widać w nim właściwą Jarockiemu drobiazgową pracę analityczną, która nadała spektaklowi chłodny, intelektualny wyraz. Rozgrywa się on w pustej, nieregularnej przestrzeni małej sceny Teatru Narodowego, z wykorzystaniem części widowni. Miejsca gry, swoiste stacje na drodze błądzenia, budowane są za pomocą podestów i zamykających się płaszczyzn ścian. Scenariusz widowiska ułożony został z fragmentów *Dziedzictwa*, *Ferdydurke*, *Iwony, księżniczki Burgunda*, pierwszej wersji *Operetki*, *Historii* oraz *Dziennika*; Jarocki sięgnął również do dokumentów i świadectw, znanych z tomu *Gombrowicz w Europie*. Ten zabieg stanowi, w moim przekonaniu, jedyną kwestię sporną.

Bohaterem i tematem *Błądzenia* jest Gombrowicz; bohaterem w tym sensie, że pojawia się jako postać, zresztą w trzech osobach, reprezentujących różne stadia życia i świadomości pisarza. Jarocki wyprowadził ten zabieg teatralny ze słynnego fragmentu *Dziennika* (użytego, rzecz jasna, w spektaklu), w którym Gombrowicz, wracając z Argentyny do Europy, konfrontuje się na morzu z wizją samego siebie, znacznie młodszego, płynącego dwadzieścia cztery lata wcześniej z Europy do Argentyny.

Będąc bohaterem *Błądzenia*, jest Gombrowicz zarazem jego tematem. Jarocki stwarza w teatrze ekwiwalent zasadniczej problematyki Gombrowicza: stworzenie samego siebie, swojego życia na podobieństwo dzieła. Dziełem jest tyleż literatura, co sam pisarz, który swoje życie przetwarza w literaturę, pragnąc formy i jednocześnie wciąż się formie wymykając (tę strategię doskonale pokazał Jeleński, opisując, jak Gombrowicz przetwarza dramat rodzinny w dramat królewski). Proces tych przetworzeń, poszukiwanie dla siebie kształtu, nadawanie temu poszukiwaniu wyrazu literackiego to właśnie tytułowe błądzenie.

Praca Jarockiego-scenarzysty znakomicie sprawdza się w dwóch pierwszych częściach przedstawienia, w których podstawę literacką stanowi dzieło Gombrowicza. W trzeciej części do głosu dochodzą dokumenty. Jarocki układa krótką historię ostatnich lat życia pisarza, łącznie z odtworzoną sceną ślubu z Ritą Labrosse. I to wydaje mi się sporne, nawet wątpliwe: po pięknym poetyckim i intelektualnym spektaklu stajemy się świadkami ni to akademii ku czci, ni to sentymentalnego romansu biograficznego. Różnica tonu jest uderzająca i raczej temu przedstawieniu szkodzi niż mu pomaga. A powód wydaje się prosty: w trzeciej części Jarocki buduje spektakl z materiału nie przetworzonego artystycznie przez Gombrowicza, to są świadectwa prywatności, którym Gombrowicz nigdy nie nadał formy.

GRZEGORZ MORYCIŃSKI, Warszawa: „Krajobraz znad Wisły. Malarstwo pejzażowe Jacka Malczewskiego" (Kraków, Muzeum Narodowe, Kamienica Szołayskich, 29 VI–12 IX 2004).

Wśród różnorodnych wystaw tematycznych inicjowanych przez Muzeum Narodowe w Krakowie wyróżniał się pokaz obrazów Jacka Malczewskiego „Krajobraz znad Wisły". Wystawiono obrazy z kolekcji Muzeum. Niezbyt często eksponowane, są jednak istotne, gdyż pokazują, jak wnikliwie artysta patrzy na pejzaż.

Oglądając te „szkice ze wsi" w małych formatach, zazwyczaj na tekturze lub deseczce, myślałem o tym, jak prostota i skromność tych motywów łączy się ze wspaniałą inwencją ich późniejszego wykorzystania w rozbudowanych kompozycjach symbolicznych czy portretach. W latach 1896–1910 artysta mieszkał w podkrakowskiej dzielnicy Zwierzyniec, mając pracownię w oranżerii. Tam właśnie powstawały te niewielkie kompozycje pejzażowe z rozległym widokiem na Wisłę, opactwo tynieckie, i dalej, na Tatry. Istniała tam także studnia, motyw wielu symbolicznych kompozycji. Ujmująca jest swoboda duktu pędzla, wynikająca zapewne z ogromnej świadomości warsztatowej. Tony chłodnych zieleni kontrastowane są stłumionymi czerwieniami i ugrami. Często występujący motyw rzeki, połyskującej srebrzystobiałymi refleksami, wprowadza nastrój spokoju i zadumy.

Wokół swoistego centrum wystawy — pejzaży — zawieszono wiele kompozycji i portretów (między innymi znakomity *Autoportret na tle Wisły*), co wprowadziło więź między studium z natury a jego późniejszą „adaptacją", mającą już dosadniejszy wyraz plastyczny. Ta dążność do maksymalnego napięcia między widzialnym a wyobrażonym jest (jak sądzę) u Jacka Malczewskiego najistotniejsza. Niezależnie od zanurzenia jego twórczości w poezji i literaturze Młodej Polski, problem malarskiego działania obrazu był dla artysty wiodący, a wystawa „Krajobraz znad Wisły" ten rys jego sztuki podkreśla.

ANNA ORZECHOWSKA, Warszawa: Wystawa „Witold Wojtkiewicz — Ceremonie" (Warszawa, Muzeum Narodowe, 16 VII–29 VIII 2004).

Warszawską wystawę w Muzeum Narodowym latem 2004 nazwano „Ceremonie", od tytułu ostatniego cyklu obrazów Wojtkiewicza z 1908 roku. W czterech niewielkich salach pokazano większość prac artysty. Wyjątkiem w chronologicznym układzie ekspozycji jest obraz *Samotny Pierrot* z 1907 roku, umieszczony naprzeciw wejścia, może z sugestią, że chodzi o *alter ego* malarza. Wizerunek klowna, cyrkowca, kuglarza wraca w wielu pracach, aż do ostatniego Pierrota, przedstawionego na autoportrecie z 1909 roku.

Znakomite rysunki kredką pochodzą z początkowego okresu studiów krakowskich, głównie z roku 1903. To *Wodzirej, Noc księżycowa* (z księżycem o uśmiechu klowna i z charakterystycznym dla późniejszego okresu motywem dziecka) czy z serii satyrycznych — *Cyganeria* i *Interwiew*; proste, ziejące grozą w symbolice gotycyzmu — *Ostatnia struna* i *Dzwony*. Z 1904 pochodzi cykl *Szkice tragikomiczne*, który wystawił Wojtkiewicz w krakowskim gmachu Towarzystwa Przyjaciół Sztuk Pięknych, a spośród nich — *Alkoholik,* karykatura Tadeusza Boya-Żeleńskiego w białej nocnej koszuli, *Czułostkowi* i *Rozpustnica* — z kobietą stojącą na ścieżce z rozlanego bukietu białych róż, wijących i zacierających się w nieskończoność, ubrana w usianą gwiazdami sukienkę. Te rysunki pokazują pracę wirtuoza detalu, który jednocześnie używał secesyjnej kreski i wyobraźni.

Akwarele z 1905 roku nabierają łagodniejszego tonu, stają się bardziej liryczne w wyrazie, a kreska rozpływa się w plamie barwnej. Pojawiają się ulubione przez Wojtkiewicza odcienie szarości (*Melancholia dziecka*), potęgując akordy mniej lub bardziej nasyconych pasteli (*Wiosenny poryw*). Podobnie dzieje się na obrazach olejnych (*Korowód dziecięcy*, przypominający znacznie mniej ekspresyjne tancerki Degasa, i *Krucjata dziecięca*, powstała pod wpływem opublikowanego w „Chimerze", 1901, utworu Marcelego Schwoba o tym tytule). Na portretach widać siostry Pareńskie z mieszczańskiej rodziny mecenasów i miłośników sztuki (w ich domu w Krakowie bywała niemal cała ówczesna plejada artystów), bladą Marynę o tęsknym spojrzeniu, w której Wojtkiewicz był nieszczęśliwie zakochany, i soczystą, rumianą Elizę. Jest także portret muzyka Bolesława Raczyńskiego, męża Maryny.

W latach 1906 i 1907 Wojtkiewicz coraz pewniej wykorzystuje talent do realizacji własnej malarskiej wizji świata. Maluje łagodnych szaleńców (cykl *Obłęd*, 1906), starców (obraz *Wegetacja*), kobiety i dzieci, zazwyczaj smutne, choć czasem jako upiorne i lalkowate istoty (płótno *Lalki* z podwójną sceną: na górze siedzą kobiety przy herbacie, przedstawione we mgle, jako nieżywe postacie, wbite w krzesła lub rozpływające się w fotelach, a na dole kołyszą się w tańcu ożywione, niepokojące lalki). Ten okres zamyka cykl *Cyrk* ze znudzonymi klownami i smutnymi festynami. W 1908 powstaje cykl *Z dziecięcych póz*, na który składa się tylko pięć obrazów. Wysoko ocenione, nawet przez krakowskich krytyków z konserwatywnej gazety „Czas", należą do najważniejszych w twórczości Wojtkiewicza. Niestety, prócz *Porwania królewny*, na wystawę nie dotarło płótno *Rozstanie* ani *Turniej* — oba znajdują się w Fundacji im. Raczyńskich przy Muzeum Narodowym w Poznaniu; pozostałe, *Orszak* i *Szał*, uważa się za zaginione. Podobnie spośród siedmiu prac z cyklu *Ceremonie*, zobaczyć można było *Wezwanie*, *Idyllę* i *Medytacje* (inaczej *Popielec*), i obraz *Chrystus wśród dzieci* — ukoronowanie wystawy.

Wojtkiewicz był artystą o niewielkim, lecz oryginalnym dorobku. Jest wiele węzłów, które łączą go ze współczesną mu sztuką, jak choćby partie pejzażowe i wpływ szkoły Stanisławskiego. U Wojtkiewicza chodzi o tło, metaforyczny skrót polskiego krajobrazu, gdzie maleńkie stawy, bajora, sterczące badyle-kikuty, podmokłe łąki czy smętne sady symbolizują smutne i nieszczęśliwe namiętności. Są nawiązania do Podkowińskiego, Degasa (korowody i taniec), Toulouse-Lautreca (maski i klowni) czy Klimta w *Bajce o rycerzu*. Jest odważna parafraza *Orki* Leona Wyczółkowskiego, akademickiego profesora Wojtkiewicza, z zaprzęgiem z drewnianego konia-zabawki, pchanego przez klowna.

Charakterystyczną i może najważniejszą postacią, która zamieszkuje świat malarski Wojtkiewicza, jest dziecko, jak u Gombrowicza o dekadę później. Zawsze przedstawiane jako istota smutna, fizycznie zdeformowana, bez twarzy. Dziecko na obrazach Wojtkiewicza nie jest infantylne, tylko przerażone życiem, egzystencjalnym bezsensem, ogarnięte nieszczęśliwym uczuciem. Widzimy w nim poczucie dziecięcej bezradności człowieka dorosłego, czasem strach przed rzeczywistością, która deformuje i zaciera rysy twarzy.

ROBERTO SALVADORI, Warszawa: Marguerite Yourcenar, *Czarny mózg Piranesiego / Konstandinos Kawafis* (Gdańsk, słowo/obraz terytoria, 2004).

Śledzić w ciemności „przypadki, które wszystkich nas prowadzą i które w naukowej terminologii nazywamy kolejami historii". Dobywać z mroku światłocienie miłości i śmierci. Od drugiej połowy lat dwudziestych po drugą połowę lat osiemdziesiątych Marguerite Yourcenar znajdowała zawsze jakąś noc do zbadania, skrawek cienia do odsłonięcia, jakieś szczątki nas samych, które można przywrócić życiu, zanurzając się w fale czasu, w pełnej świadomości, że wszystko się kończy, ale nic nigdy nie jest zakończone. „Wszystko to, co było, trwa nadal". A więc zawsze dzieło w tonacji czarnej, zawsze teatr cieni, gdzie splatają się ciemność i ruiny, upiory i widma — cały czarny welur ludzkiej egzystencji. „Nasz los należy do nas; jest tak bardzo nasz, że kształtuje nas i niszczy", jak sama napisała w 1987, roku swojej śmierci, na wyspie Mount Desert.

Piotr Kłoczowski, w swojej wyrafinowanej „Bibliotece Mnemosyne", z wielkim wyczuciem prezentuje obok siebie dwa niezmiernie znaczące utwory Yourcenar, które, choć należą do różnych okresów (1939–53 *Kawafis*; 1959–61 *Piranesi*) i dotyczą różnych postaci (artysta włoski XVIII wieku; poeta grecki wieku XX), są ze sobą w jakiś sposób związane. Piranesi i Kawafis przebyli podobną drogę. Obydwaj tworzyli w okresach przejściowych: od wrażliwości barokowej do gustu neoklasycznego, pierwszy; od „całej serii różnych Grecji" do „autentycznego klimatu lewantyńskiego", drugi. A zatem świadkowie przełomu, połączeni — co najważniejsze — „melancholią ruin".

Ruin monumentalnego piękna Rzymu, uwiecznionych przez rytownika, „tragicznego poetę architektury", którego niepokojące *Więzienia* przypominają nie tyle obrazy tradycyjnych więzień, co przerażających rzeźni pierwszej połowy XX wieku (i „tych, które szykuje nam przyszłość"). Ruin hellenistycznych, unieśmiertelnionych przez aleksandryjskiego poetę, którego wiersze pragną nie tyle wskrzesić przeszłość, co dać nam jej obraz, Ideę, może Istotę.

tłum. Halina Kralowa

LESZEK SZARUGA, Warszawa: ks. Wiesław Niewęgłowski, *Uśmiech i miecz*, Warszawa, Rosikon Press, 2004.

W gronie piszących księży Wiesław Niewęgłowski zajmuje swoje własne, odrębne miejsce. Debiutował w roku 1980 tomem o programowym tytule *Od słowa do milczenia*. Napięcie między słowem i milczeniem w dalszym ciągu cechuje tę poezję, jak choćby w *Biblijnym słowie*: „zdusiliśmy Twoje słowa tonami / komentarzy pyłem czczej gadaniny / [...] zrobiliśmy wszystko aby pod sypką warstwą wieków / obumarły a one niestrudzenie każdego dnia / z uporem przynoszą garść nowego życia". I może jedynie gorzkim paradoksem pozostaje fakt, iż ten wiersz jest kolejnym komentarzem — równie „czczym", co koniecznym: rzecz w tym bowiem — i tu gdzieś kryje się dramat wszelkiej liryki religijnej — że owe komentarze zarazem nas do Słowa przybliżają i oddalają odeń. Jak w wierszu *Lawina*: „jesteś na granicy szeptu i milczenia / nie chcę potrącić o słowo // aby nie spadła lawina zdań / i nie przywaliła nas na amen". Niewęgłowski jakby zbliżał się tutaj do stanowiska, w którym Leśmian przeciwstawiał „magię słowa" temu, co — w sporze z poetyką awangardową — określił jako „treść zdań".

Nowy tom Niewęgłowskiego rozpoczyna cykl wierszy z podróży do Ziemi Świętej, do Jerozolimy, w której wraz z pierwszą gwiazdą muezini „wprowadzają na ścieżkę z wersów Koranu" i gdzie — w dramatycznych okolicznościach współczesnych — „wszyscy wołają do tego samego Boga". Stamtąd droga prowadzi do Grecji, do Meteorów z uczepionymi do szczytów skał cerkiewkami, które są świadectwem wiary uskrzydlonej. Szlak dalszy wiedzie do Italii, do Londynu, Paryża, Przemyśla: w „podróżnym kufrze" poetyckim Niewęgłowski gromadzi zapisy refleksji zaświadczające, iż centrum świata jest wszędzie, i wszędzie trafiamy na przenikającą współczesność historię, jak w *Lęku* datowanym: 13 XII 1981 roku. Ale także wszędzie odnaleźć potrafimy źródło wiary, a tym samym nadziei.

Zbliżanie się do Boga — „Ulotnego Odległego" — to raczej droga modlitwy niż poezji. Niewęgłowski, jak wielu innych, zdaje w swych wierszach sprawę z nieprzystawalności obu porządków: „skradam się na wersetach modlitwy / aby Cię schwytać / lecz przy pierwszej sylabie potykam się / i ulatujesz" (*Ognisty*). Dopiero w ciszy, w milczeniu — a to nie znaczy przecież, iż bez słów — zbliżenie jest możliwe; tyle tylko, iż niewyrażalne. Jedyne, co wydaje się jeszcze pochwytne w słowa, to próba określenia centrum wspólnoty wiary, jak w wierszu tytułowym, stanowiącym zarazem puentę całego tomu: „Maryjo pierwszy Kościele / [...] nie zniechęcaj się swoimi dziećmi".

JULIUSZ KURKIEWICZ

POGODNA ARKADIA
SPŁYWAJĄCA KRWIĄ...

Ryszard Kapuściński, „Podróże z Herodotem". Kraków, Znak, 2004.

Seweryn Hammer tłumaczył *Dzieje* Herodota w połowie lat czterdziestych, pracę rozpoczął chyba już w trakcie II wojny, co należy potraktować jako wiele znaczący zbieg okoliczności, bo dzieło to opowiada o wielkiej wojnie ery starożytnej. Czesław Miłosz nie mógł znać greckiego oryginału (greki nauczył się dopiero w latach siedemdziesiątych, przygotowując się do tłumaczeń biblijnych), trudno też przypuszczać, by przed 1947 rokiem czytał przekład Hammera, z tej prostej przyczyny, że trafił on do drukarni w 1951 roku, a światło dzienne ujrzał w roku 1955. Tak więc opinia Miłosza na temat dzieła Herodota, jako bardziej dobrotliwego i mniej krwawego od późniejszej *Wojny peloponeskiej* Tukidydesa, zawarta w znanym ustępie *Traktatu moralnego* z 1947 roku („Jeżeli wiesz, co było potem, / To dziwnie ci nad Herodotem, / Mając znajomość z nocy kresem / Zasiadaj nad Tukidydesem"), była przytoczoną przez poetę opinią obiegową. U Herodota — i Kapuścińskiego — nie brak „purpurowego soku". Jest to zazwyczaj okrucieństwo komiksowe, sprowadzające się do technicznego opisu tego, co za pomocą ograniczonej liczby prymitywnych narzędzi człowiek może zrobić z ciałem drugiego człowieka, jak w tej pierwszej z brzegu scenie, w której Lidyjczyk Pytios błaga przyjaznego mu króla Persów, Kserksesa, o zwolnienie ze służby wojskowej jednego z jego pięciu synów. Król wpada w szał: „Nędzny człowieku, ty ośmielasz się wspominać o twoim synu, choć jesteś moim niewolnikiem, który powinien by z całym domem i wraz z żoną iść za mną? Po tej odpowiedzi zaraz rozkazał tym, którzy do egzekucji byli powołani, aby odszukali najstarszego z synów Pytiosa i wpół go przecięli, po czym jedną połowę zwłok ułożyli po prawej stronie drogi, drugą zaś po lewej, a środkiem miało przejść wojsko". Nie ze względów obyczajowych jednak publikacja polskiego tłumaczenia *Dziejów* była tak długo wstrzymywana. O szybsze bicie serca musiały przyprawiać cenzurę zarówno opisy złowrogich perskich władców, których żądza panowania nie znała żadnych granic, jak i odpowiedź Ateńczyków udzielona perskiemu wysłannikowi, proponującemu im bałamutną ugodę: „My sami wiemy, że Pers posiada potęgę o wiele większą niż my, tak że nie trzeba nam tego przypominać. Ale mimo to, przywiązani do wolności, będziemy się bronić, jak potrafimy".

Polityczne perypetie wokół publikacji polskiego tłumaczenia *Dziejów* dobitnie pokazują, na ile książka ta, mimo upływu niemal dwu i pół tysiąca lat, zachowała swą bulwersującą siłę. Bo za Herodotem nie przepadali już jego współcześni — miał za mało uprzedzeń (nie ukrywał na przykład swego podziwu dla barbarzyńców, jeśli tylko na niego zasługiwali, a powstanie religii interpretował w sposób naturalistyczny) i za dużo niezależności, by zaskarbić sobie powszechny poklask. Nie opłacał go żaden władca, utrzymywał się sam, dzięki spotkaniom autorskim, w trakcie których snuł opowieści ze swych rozlicznych podróży. Nie był naukowcem, raczej pierwszym reporterem o umyśle ruchliwym, chłonnym i krytycznym, w dodatku obdarzonym niezłym zmysłem marketingowym — wiedział na przykład, od czego należy zacząć opowieść, by zaciekawić czytelnika. Kapuściński po raz pierwszy zetknął się z Herodotem w roku 1951, gdy zaczął studiować historię w Uniwersytecie Warszawskim; kilka lat później, gdy ukazało się wreszcie polskie tłumaczenie *Dziejów*, przyszły autor *Cesarza* rozpoczął już swą pracę reportera w „Sztandarze Młodych", odnalazł w nim idealnego towarzysza podróży.

Tłem *Podróży z Herodotem* są w dużej mierze afrykańskie szlaki autora, choć książka zaczyna się od opisu pierwszych wypraw Kapuścińskiego — do Indii i do Chin — w latach pięćdziesiątych (przy okazji Kapuściński daje dowód wielkiego dystansu do siebie i poczucia humoru, kreśląc swój autoportret z czasów młodości — jest to portret zahukanego młodego dziennikarza z PRL-u, który rusza na wyprawę do Indii, nie znając angielskiego). Na pierwszy rzut oka *Podróże z Herodotem* to zaledwie postscriptum do *Hebanu*. Jednak nikt, kto uważnie przeczyta *Podróże*, nie będzie miał wątpliwości, że to książka w dorobku autora arcyważna. Herodot nie jest tu przewodnikiem w sensie dosłownym, podróż w przestrzeni fizycznej nie odbywa się w zasadzie jego szlakiem, choć czasem o niego zahacza. Jest natomiast i nauczycielem warsztatu, i autorem sceptycznej refleksji o niemożliwości dotarcia do prawdy, która jest perspekty-

wiczna, i kimś w rodzaju Sancho Pansy, co i rusz napominającym współczesnego podróżnika, ostrzegającym go przed popadnięciem w euforię:
popatrz, powiada, nic nowego nie zdarza się pod słońcem, bo prawa
historii są niezmienne i niezmienna jest ludzka natura.

Herodot postawił przed sobą dwa zasadnicze cele. Pierwszym było
utrwalenie dziejów świata, przeciwstawienie się niszczycielskiemu działaniu czasu. Drugi, bodaj ważniejszy, cel Herodota stanowiło zrozumienie
rozdarcia świata, faktu, że „rozpada się on na Wschód i Zachód, że te dwa
obszary są w stanie skłócenia, konfliktu, wojny". Zwłaszcza to drugie pytanie jest wciąż aktualne, a nawet aktualniejsze niż kiedykolwiek wcześniej:
jak bowiem zrozumieć tę plątaninę bezładnych faktów, które składają się
na historię, na naszą współczesność, która staje się historią? Dlaczego ludzie nienawidzą się wzajemnie, walczą ze sobą, chcą panować nad innymi? Można to tłumaczyć, odwołując się do socjologicznych, historycznych
czy politycznych faktów. Aby zajrzeć pod ich podszewkę, należy jednak
odwołać się do hipotezy o niezmienności natury człowieka, dzięki której
wciąż to samo przedstawienie grane jest na arenie dziejów. Herodot,
uważany za ojca historiografii, dostarcza, nieoczekiwanie, argumentów
przeciwko historyzmowi. Ludźmi powoduje zawsze i wszędzie *hybris*, złu-
dzenie wszechmocy, wiara we własne nieograniczone możliwości, która
ściąga na ich głowy gniew bogów. Dlatego właśnie historia Napoleona wy-
ruszającego na Moskwę tak jest podobna do historii perskich władców
organizujących wyprawy przeciwko Grecji. Być dobrym władcą to nie
chcieć zbyt wiele, umieć nałożyć na siebie mądre ograniczenia.

Skoro człowiek jest wszędzie taki sam (żeby poznać jego naturę wystarczy, zgodnie ze wskazówką Schopenhauera, przeczytać jedno historyczne dzieło), skąd odnaleźć w sobie wystarczająco dużo zapału, by
zwiedzać świat? „Człowiek, który przestaje się dziwić, jest wydrążony,
ma wypalone serce. W człowieku, który uważa, że wszystko już było i nic
nie może go zdziwić, umarło to, co najpiękniejsze — uroda życia". Dla
Herodota — i Kapuścińskiego — nie historyczne prawa, ale ludzie stoją
w centrum zainteresowania, a ich rozmaite wcielenia, kostiumy, są wy-
starczającą podnietą, aby wyruszyć w podróż. W podróży można napotkać
znaki nieograniczonej niemal potęgi ludzkiego talentu i wyobraźni, takie
choćby, jak ruiny wzniesionego na rozkaz Dariusza Wielkiego Persepolis,
które stają się okazją do medytacji nad podwójną, bosko-diabelską naturą
piękna. Podróżnik stoi na szczycie schodów prowadzących do miasta,
skąd Dariusz patrzył kiedyś na korowód małych jak ziarnka piasku lenni-
ków, i pod wpływem tego widoku formułuje pytanie o cierpienie niewolników, którzy wznosili kiedyś to i inne miasta, ciosali kamienie a potem
pchali je pod górę, to samo pytanie, które doprowadziło Nietzschego do
obłędu. „Czy te cuda mogłyby powstać bez owego cierpienia? Bez bata
dozorcy? Bez strachu, który jest w niewolniku? Bez pychy, która jest we

władcy? Czy wszelkiej sztuki przeszłości nie stworzyło to, co jest w człowieku negatywne i złe? Czy nie stworzyło jej przekonanie, że to, co w nim negatywne i słabe, może być przezwyciężone tylko przez piękno, tylko przez wysiłek i wolę jego tworzenia? I że jedno, co się nigdy nie zmienia, to jest kształt piękna i żyjąca w nas jego potrzeba?".

Odkrycie wielokulturowości świata, dzięki któremu naszym oczom ukazał się Inny, było jedną z najtrudniejszych prób, przed jakimi stanął człowiek w ciągu ostatnich stuleci, próbą, w której nie zawsze udawało mu się zachować twarz. Jej rezultat bywał dwojaki — albo utwierdzenie własnej tożsamości na drodze podboju i ujarzmienia Innego, albo zdobycie dystansu do samego siebie, spojrzenie na siebie oczami Innego. Zrozumienie, że sami należymy do tej wielkiej mozaiki, której wszystkich kamyków pewnie nigdy nie poznamy. Zmienne losy tych spotkań uprawniają nas do tego, by nazwać ziemię „pogodną Arkadią, która co kilka lat spływa krwią". Ale nigdy nie zniechęcą do wyruszenia w jeszcze jedną podróż w poszukiwaniu piękna.

ZOFIA KRÓL

NIEJEDEN PROROK LUBI DŻEM TRUSKAWKOWY

Ewa Bieńkowska, „W ogrodzie ziemskim. Książka o Miłoszu".
Warszawa, Sic!, 2004.

Nie jest łatwo pisać o Miłoszu. Nie tylko dlatego, że niekiedy w ogóle nie wypada komentować poezji. Nie tylko dlatego, że to poezja, która towarzyszyła całemu wiekowi dwudziestemu. Nie dlatego, że *Dzieła zebrane* Czesława Miłosza będą liczyły ponad trzydzieści tomów. To już wiemy. Wiemy także, że jego niedawna śmierć nie ułatwi nikomu zadania. Trudno bowiem mówić o poezji — Gombrowicz porównywał krytyka do drobiu, który może tylko skubać, gdakać i kwakać — jednak jeszcze trudniej mówić o poezji, jeśli jej autor niedawno umarł. Szacunek, który musimy okazać śmierci, dołącza się do szacunku, który chcemy okazywać poezji. Taki podwójny dystans sprawia, że nie pozostaje nic poza gestem podziwu. Poza gdakaniem. Ale to nie koniec kłopotu z Miłoszem. Właściwie dopiero tu kłopot z Miłoszem się zaczyna, bo nic, o czym wspomniałam powyżej, nie dotyczy tylko jego poezji. Tymczasem sama jej specyfika sprawia, że komentator bywa bezradny. Chodzi mi tutaj o coś, co można by nazwać pułapką, którą poeta zastawia na czytelnika. Zanim spróbuję odpowiedzieć na pytanie, jak Ewa Bieńkowska — której książka powstała zresztą jeszcze przed śmiercią poety — poradziła sobie z owym podwójnym kłopotem z Miłoszem, wyjaśnię krótko zasadę tej pułapki.

Oto fragment wiersza *Wyznanie*, który po śmierci Miłosza był jednym z najczęściej cytowanych jego utworów, zwłaszcza w publikacjach prasowych:

lubiłem dżem truskawkowy
I ciemną słodycz kobiecego ciała.
Jak też wódkę mrożoną, śledzie w oliwie,
Zapachy: cynamonu i goździków.
Jakiż więc ze mnie prorok?

Dlaczego ten wiersz stał się tak popularny? Wydaje się, że głównie ze względu na prosty, pozornie przejrzysty i pozornie w pełni odpowiedni wobec rzeczywistości język, jakim jest napisany. Poza tym cieszy czytelnika fakt, że poeta, prorok, przyznaje się do słabości, że okazuje się tak samo niedoskonałym człowiekiem jak wszyscy. Ale czy naprawdę o to chodzi?

Nie twierdzę bynajmniej, że to zły wiersz. Przeciwnie — jeden z lepszych. Jest jednak rozumiany zbyt płytko, jego pozorna prostota pozwala na pochopną interpretację. I tu właśnie dochodzimy do sedna owej pułapki.

Klarowność języka poetyckiego Miłosza, szeroki komentarz, jakim sam opatruje swoją poezję, ułatwiając zadanie specjalistom od literatury, radosna afirmacja świata, którą nam proponuje — wszystko to sprawia, że chętnie pozwalamy się wprowadzać w świat jego poezji, często nie zastanawiając się, czy to na pewno ostatni etap poznawania owego świata. Tymczasem to dopiero etap pierwszy.

„Spróbujcie ująć mnie najgłębiej. Słowo honoru, ja temu sprostam!" — pisze Gombrowicz w *Dzienniku*. To wezwanie przeniesione na inny plan dotyczy całej literatury. Zwłaszcza zaś poezji Miłosza. Słowo honoru.

Jak uniknąć pułapki? Jak ujmować Miłosza najgłębiej? On sam daje nam podpowiedź. Oto definicja poezji, którą zawarł w *Traktacie teologicznym*: „taka jest zasada poezji, / dystans między tym, co się wie / i tym, co się wyjawia". Tylko w ten sposób można wyjść poza ów pierwszy, najpłytszy etap interpretacji. Pamiętać stale o owym dystansie. Nie wierzyć prostocie. Nie zapominać o niewystarczalności języka. Tylko tak można uniknąć gdakania.

Nieadekwatność języka przeczy jego klarowności. Autokomentarz niekiedy bywa zwodniczy. Afirmacja świata zaś to może jedynie „ćwiczenia wysokiego stylu" *(To)*. Czy może dopiero tu poeta zastawia pułapkę — afirmacja jest autentyczna, tyle tylko, że niekiedy niełatwa? Orfeusz zasypia „z policzkiem na rozgrzanej ziemi" *(Orfeusz i Eurydyka)*. Czy piękno świata, ciepło ziemi zrównoważy siłę nieszczęścia? „Jakiż więc ze mnie prorok?". Wątpliwość? Ależ to kokieteria poety. Dobrze wie, że niejeden prorok lubi dżem truskawkowy. I — takim właśnie prorokiem chce być. Dopiero próba odpowiedzi na pytanie, dlaczego takim właśnie, pozwala pogłębić poziom interpretacji.

Jak Ewa Bieńkowska poradziła sobie z kłopotem? Jak uciekła z pułapki? Jak uniknęła gdakania? Twierdzę bowiem, iż rzeczywiście poradziła sobie, uciekła i uniknęła.

Tytuł książki nie zachęca do jej przeczytania. *W ogrodzie ziemskim. Książka o Miłoszu* — może być o wszystkim i o niczym. Trudno oprzeć się wrażeniu, że o Miłoszu powinno się pisać, ograniczając się do pewnego obszaru tematycznego, pewnej konkretnej linii zagadnień, inaczej łatwo zagubić się w gąszczu problemów. Tak ogólny tytuł wydaje się bardziej uprawniony w przypadku cyklu rozmów z poetą — *Podróżny świata*, czy zbioru odrębnych esejów — *Miłosz jak świat*.

Na okładce reprodukcja obrazu Brueghla *Upadek Ikara*. Jeśli założymy, że dobór obrazu był sugestią autorki, wiemy już nieco lepiej, o jaki „ogród ziemski" chodzi. O taki mianowicie, nad jakim leciał Nils Holgersson z kluczem dzikich gęsi w powieści Selmy Lagerlöf *Cudowna podróż*. W swojej mowie noblowskiej Miłosz przywołał ten lot jako metaforę powołania poety. Nils podróżuje wysoko nad ziemią, ogarnia ją z góry, ale zarazem widzi ją w każdym szczególe. Podobnie jest — co zauważa Bieńkowska w rozdziale o amerykańskim okresie twórczości poety — u Brueghla.

Schopenhauer uważa realistyczne malarstwo holenderskie za dobry przykład transcendentalnego oglądu świata w dziele sztuki. Taka forma sztuki to, według niego, jedna z niewielu możliwości oglądu rzeczywistości obiektywnej. Realizm poezji Miłosza zbliża się do Schopenhauerowskiego ideału, także stąd trafność skojarzenia z Brueghlem.

Głos Ewy Bieńkowskiej o Miłoszu jest głosem jej jako czytelnika, nie jako literaturoznawcy, i głosem skierowanym raczej do czytelników niż do literaturoznawców. Kategoryczność stwierdzeń, która raziłaby u specjalisty, tu staje się uprawnionym narzędziem formułowania opinii. Cieniowanie każdego sformułowania — konieczne w pracy specjalistycznej — odebrałoby książce *W ogrodzie ziemskim* jej podstawowy atut — oryginalność spojrzenia na poezję. Pisząc o poezji zapominać niekiedy o niej samej — oto sposób na zachowanie naiwności. Ale to nie naiwność drobiu. To naiwność oświecona, naiwność prowadząca do głębokiego ujęcia niektórych — nie wszystkich — problemów, które autorka porusza.

Tłumaczy to nieco ogólny charakter tytułu. A przede wszystkim — to sposób na kłopot z Miłoszem. Czytelnikowi łatwiej pokonać dystans wobec poezji, ma bowiem prawo być mniej świadomy owego dystansu. Bieńkowska korzysta z tego prawa i — mimo że przesuwa „klatki ogromnej taśmy" (*Dla Heraklita*) życia i twórczości Miłosza z wprawą specjalisty — komentuje poezję ze świeżością niewprawnego czytelnika. Dzięki temu unika obezwładniającego dystansu.

Jest za to — jako wnikliwy czytelnik — świadoma dystansu między tym, co poeta „wie", a tym, co „wyjawia". Unika zatem także drugiej części kłopotu z Miłoszem, unika pułapki poety.

Interpretacja poezji w *Książce o Miłoszu* jest wnikliwa. Bieńkowska doskonale zdaje sobie sprawę z tego, że prostota języka niekoniecznie oznacza prostotę myśli. Definiuje słowo Miłosza — jej zdaniem jedynie w braku czegoś trafniejszego — jako połączenie gęstości i przeświecania. Tymczasem naprawdę trudno o coś trafniejszego. Słowo Miłosza rzeczywiście wydaje się niekiedy pękać od ciężaru znaczenia, jakie w sobie niesie — stąd jego „gęstość". Ale jednocześnie zza uroczystych, ontologicznie obciążonych słów prześwieca świat. To słowo proste i konkretne, często w dużym stopniu adekwatne wobec rzeczywistości. Choć oczywiście zakładanie pełnej odpowiedniości to ponowne wpadnięcie w pułapkę prostoty języka. Trafność sformułowania Bieńkowskiej polega jednak nie na trafności określeń „gęstość" i „przeświecanie", ale na spostrzeżeniu, że specyfika słowa Miłosza polega na proporcjonalnym wymieszaniu obu tych elementów. Na alchemicznym połączeniu rytowanego kamienia i przezroczystego bursztynu.

Autokomentarz często utrudnia lekturę i bywa niepotrzebnie doklejany do utworu, jak — jej zdaniem — w przypadku *Traktatu poetyckiego*. Sceptycyzm wobec racjonalizowania poezji i dystans do własnej opinii sprawiają, że Bieńkowska niekiedy powstrzymuje się od rozbudowanego komentarza. W przypadku wierszy amerykańskich Miłosza zamiast szerokiego omówienia podaje krótką antologię szczególnie według niej charakterystycznych utworów.

Autorka książki *W ogrodzie ziemskim* nie daje się łatwo uwieść Miłoszowej kokieterii i afirmacji świata. Wie, że Orfeusz się przebudzi. Postawę Miłosza nazywa dzielnością, która zatrzymuje się na krawędzi rozpaczy, na krawędzi klęski. I tej granicy nigdy nie przekracza. Znowu bardzo trafne rozpoznanie. Zachwyt nad rzeczywistością zawsze dominuje w poezji Miłosza, ale to zachwyt świadomy, zachwyt, który porusza się umiejętnie po krawędzi przepaści niezachwytu, antyzachwytu. Pojawia się tu problem amoralności sztuki, który zauważa Bieńkowska. Afirmacja świata nie usuwa przecież z niego zła, ale je przyjmuje jako konieczny, dopełniający element. To zatem zachwyt daleki od naiwności. Trudny zachwyt. Trudna dzielność na krawędzi.

We wstępie autorka zadaje sobie pytanie o metodę poruszania się po poezji Miłosza, o metodę przesuwania „klatek" jego twórczości. Dochodzi do wniosku, że najprościej podążać za linią życia twórcy. Nie traktuje jednak tej metody rygorystycznie. *Książka o Miłoszu* to zatem rodzaj kroniki jego życia i twórczości. Wybór o tyle trafny, że sam poeta był wielkim kronikarzem, „kronikarzem stulecia" — jak został nazwany w tytule części wstępnej; o tyle zaś nietrafny, że napisanie takiej kroniki wydaje się niemożliwe. Bieńkowska nie ma jednak oczywiście ambicji objęcia całości życia i całości twórczości poety. „Kronikarstwo" jej książki polega w dużej mierze po prostu na pewnym porządku wywodu, na pewnej konsekwentnie rozwijanej równoległości linii życia i linii twórczości. „Miłosz jak czas" — parafrazuje autorka tytuł książki Błońskiego *Miłosz jak świat*.

Poszczególne rozdziały obejmują kolejne etapy rozwoju poezji Miłosza, przy czym to porządkowanie nie polega bynajmniej na sztucznym podziale na dziesięciolecia. Przeciwnie — nie ma tu schematyzacji, kryteria podziału są bardzo złożone i sama analiza kolejnych podtytułów pozwoliłaby dostrzec ogólny zamysł książki.

Rozdział drugi i przedostatni — *Legenda o Mieście Młodości* i *Późne lata* — skupiają się na analizie dwóch ważnych okresów — debiutu i późnej twórczości, punktu wyjścia i pełnej dojrzałości poetyckiej. Tytuły pozostałych rozdziałów formułowane są według trzech zasadniczych kryteriów: najważniejszych utworów danego czasu — linia twórczości (na przykład *Traktat poetycki*); miejsc, w których przebywał poeta — linia życia (*Ameryka*); stanów ducha, w których się znajdował, a które wpływały na jego pisarstwo (*Gniewy*) — połączenie obu linii.

Podsumowujący ostatni rozdział, *Wiek Miłosza*, powraca — jak w dobrej rozprawie — do tezy rozdziału pierwszego. *W ogrodzie ziemskim* to kronika wypadków, które doprowadziły „nie" poety do „tak". Zbuntowane „nie" rzucone rzeczywistości, które potem nazwano schematycznie katastrofizmem, i kategoryczne raczej niż ekstatyczne „tak", które z kolei zostało określone uroczystym mianem afirmacji świata. Tajemnica kroniki życia i twórczości Miłosza polega jednak na tym, że owo „tak" nie zapomniało o „nie", z którego się wywodzi. I ta tajemnica jest zawarta *implicite* w książce Ewy Bieńkowskiej.

ZOFIA KRÓL

TOMAS VENCLOVA

EKS

Tomasz Łubieński, „Wszystko w rodzinie". Warszawa, Świat Książki, 2004.

Przeczytałem tę książkę w ciągu jednej nocy. Było to w Bolzano, na pewnej konferencji, w której brałem udział wraz z kilkunastoma Polakami. O temacie nowej powieści Tomasza Łubieńskiego słyszałem już przedtem, więc pożyczyłem tomik od kolegi — no i nie mogłem się od książki oderwać. Po części dlatego, że jest po prostu dobrze napisana; ale także dlatego, że dotyczy ludzi, których znałem, i sytuacji, częścią których w pewnym sensie byłem, chociaż nie zawsze z własnej woli.

Chodzi o szwagra Łubieńskiego, a raczej eks-szwagra, który z tej racji występuje w powieści pod pseudonimem Eks. Autor kilkakrotnie odwiedza go w Wilnie, gdzie Eks mieszka (a raczej mieszkał, bo ostatnio przeniósł się do Bad Godesberg). Nie bez jego pomocy poznaje dziwną atmosferę wileńską, najpierw jeszcze w czasach Chruszczowa, potem w roku 1981.

Pamiętam szczegóły tamtejszego Wilna wzmiankowane w powieści: wysadzone stacje drogi krzyżowej, utrącone z dachu Katedry figury świętych, zamknięty kościół Bernardynów wypełniony popiersiami Lenina, zrównany z ziemią cmentarz ewangelicki, gdzie był pochowany Wawrzyniec Puttkamer, mąż Mickiewiczowskiej Maryli. A także drobną kontrabandę, którą uprawiał każdy przyjeżdżający z Polski — „kremplinę w pastelowe kwiaty", „szlafroki błyszczące, jedwabne, gotowe", „apaszki z szyfonu", „szminki". Oprócz tego „książeczki do nabożeństwa, medaliki i krzyżyki", wyłapywane najsrożej, jako przejaw „obcej ciemnoty i zacofania". (Tu wspominam, jak wiozłem z Warszawy Biblię i książkę Gilsona, które zdołałem ukryć). Jest to miasto wielonarodowe, ale pożycie kilku narodów ze sobą bynajmniej nie jest idylliczne. Polski duch i język są już raczej na wymarciu, litewski jeszcze nie został panującym, zresztą władze starają się temu w miarę sił przeciwdziałać. Jednak istnieje w tym mieście inteligencja, do której należy Eks.

Człowiek dowcipny, autoironiczny, elegancki jak na to miejsce i te czasy. Może trochę snobistyczny, ale w każdym razie ozdoba towarzystwa. Zna się na sztuce i literaturze, ma pociąg do antyków. Mówi zawsze ciekawie, do przodującego ustroju odnosi się z dystansem, chociaż z tym nie przesadza — zresztą chyba nie można go o to obwiniać. Jest ożeniony z piękną i miłą kobietą, która pisze i nawet drukuje amatorskie wiersze. Bardzo uczynny, wyświadcza różne drobne usługi. Spacery z nim, przesiadywanie w najlepszej (wtedy) kawiarni wileńskiej Neringa niewątpliwie są przyjemnością i pomagają znosić dławiącą aurę miasta.

Mogę zaświadczyć, że to wszystko prawda, bo też spacerowałem z Eksem i przesiadywałem z nim w kawiarniach. Książka Łubieńskiego jest prawie dokumentalna. Niektóre postacie występują nawet pod własnymi nazwiskami — na przykład tłumacz Aleksys Churginas, z którym omawiałem swoje przekłady z Borgesa, albo „litewski Berling", pułkownik Motieka, który wykładał na uniwersytecie taktykę militarną (bo był w niełasce i na nic innego mu nie zezwalano) — mój nauczyciel akademicki. Eks był bardzo znanym, wziętym adwokatem; prowadził dla mnie pewną sprawę cywilną i zrobił to znakomicie. Od tego czasu prawie przyjaźniliśmy się. Mówiliśmy o różnych sprawach dość otwarcie, chociaż zostawała pewna granica, nie tylko z powodów ogólnych, ale i dlatego, że wyczuwałem jakiś niewyraźny zapaszek.

Postać Eksa w książce po trochu rozjaśnia się, jak wywoływane zdjęcie. Według wszelkich przewidywań, w okresie przemian miał przyłączyć się do bojowników o wolność Litwy. Nie zrobił tego — na odwrót, wyemigrował. Bo przez cały czas był kimś innym. Do rąk nowych litewskich władz trafiły jego donosy, wydane potem jako specjalna publikacja — „trochę samizdatu, trochę sensacji straganiarskiej". Autor spotyka się z Eksem w Niemczech i rozmawia z nim w tej nowej sytuacji o jego życiorysie, rozjaśniając pewne niepokojące szczegóły, które zresztą nie były ukryte i wcześniej.

Jest to biografia dość złożona, choć w jakimś sensie typowa. Eks pochodził z bogatej rodziny, w szkole przyjaźnił się z synem ministra spraw zagranicznych Litwy, który w powieści występuje jako Dobry Kolega. Był to Stasys Lozoraitis junior, później wybitny działacz emigracji litewskiej — po zdobyciu niepodległości kandydował na prezydenta (przegrał). Starszy brat Eksa został rewolucjonistą całą gębą, uczestnikiem różnych sekretnych akcji przed- i powojennych, co prawdopodobnie Eksowi pomogło, jeżeli to słowo jest tutaj na miejscu. Podczas wojny były burżuj Eks nie mógł wstąpić do partii, ale — może właśnie dlatego, po części i z własnej rewolucyjnej gorliwości — został przyjęty do szkoły NKWD. Brał udział w wysiedlaniu któregoś z plemion kaukaskich, chyba Czeczeńców. Tego nie ukrywał. Zawsze mówił, że ma z tego powodu ciężkie wyrzuty sumienia. Ale mówił z dziwnym zwichnięciem perspektywy, jak gdyby był wtedy nie enkawudzistą, lecz zwykłym szeregowcem radzieckim. Na emigracji o swoich przejściach wojennych opowiedział więcej. Składały się na nie różne prowokacje wewnątrz resortu, dowcipy towarzysza Kaganowicza, sytuacje jak gdyby osobiste, a tak naprawdę niezupełnie osobiste. Słowem, gry informacyjne. Po wojnie sądził, że ma ten rozdział życia za sobą. Zaczął studiować prawo rzymskie i oczywiście radzieckie, został adwokatem. Pewnego razu zatelefonowano do niego z propozycją spotkania. Zasadniczo chciałby pozostać w swoim resorcie, ale takich propozycji na ogół się nie odrzuca, zwłaszcza gdy się ma rodzinę; zresztą różnica między resortami nie jest taka wielka, granica w żadnym razie nie jest szczelna. No więc rozgryza na początek jakiś gang przemytników złota, potem zaczyna pracować wśród różnych nieprawomyślnych ludzi, zaszyfrowanych kryptonimami Kombinator, Biznesmen, Dekadent, Izraelczyk. Dekadent to autor niniejszego minieseju, Izraelczyk to mój przyjaciel, syjonista Eitan Finkelstein, z którym razem rozkręcaliśmy kiedyś litewską Grupę Helsińską. Jestem dumny, że do licznych donosów Eksa nie trafił najmniejszy ślad przygotowań do proklamowania istnienia tej Grupy, jak również innych spraw ściśle konspiracyjnych. Ale może to skutek dobrej woli Eksa? Bo mówi Łubieńskiemu, że cierpiał, że z czasem zaczął wallenrodyzować, że został reformatorem, sympatykiem słusznej sprawy, prawie takim samym dysydentem, jak ci, których wsadzał do mamra. No, chyba jednak niezupełnie.

Było takich wielu. Czasem wydaje mi się, że środowisko wileńskie, oczywiście nie tylko wileńskie, było w tym samym stopniu przeżarte tajniakami (częściowo, według określenia Łubieńskiego, także jawniakami), co w słynnej powieści Chestertona *Człowiek, który był Czwartkiem*, albo we wczesnym opowiadaniu Mrożka *Kto jest kto?* Miałem przyjaciela, wielkiego polonofila, ocierającego się o dysydentyzm (podczas przyjazdów do Wilna często nocował w jego dużym mieszkaniu Josif Brodski). Otóż był tak zachwycony wspomnianym opowiadaniem Mrożka, że przetłumaczył je na litewski, chociaż na druk nie miał najmniejszej nadziei. Po latach okazał się agentem. Albo wzmiankowany już Aleksys Churginas — ten był prawie że jawniakiem, o jego kłopotliwej przeszłości i niewyraźnej teraźniejszości przebąkiwał każdy. „Pamiętam jego niezwykłą głowę: wysokie, jowiszowe czoło Goethego, srebrną kręconą czuprynę *à la* Cocteau, nieustępliwy nos, oczy, kiedy natchnione, to szerokie, jakby zakroplone atropiną, to znów zwężone w zabójczej, polemicznej ironii", pisze Łubieński, i ja też to pamiętam. Mógłby być lwem salonów literackich, i w pewnym sensie był. Przetłumaczył całego Szekspira, a na dodatek *Fausta* i *Boską Komedię*, i to stosunkowo nieźle — przekładów jego używa się do dziś. Ale, niestety, nie urodził się w Paryżu, do którego duszą należał.

Całe to podwójne życie, na ogół nawet jakby ludzkie, chociaż przerażające, jest opisane w niepowtarzalnej intonacji, której mistrzem zawsze był i jest Łubieński. Wszędzie tu spotykamy podwójną perspektywę, ambiwalentną narrację, splot podskórnych nurtów. Do każdego monologu dołącza się jakiś bachtinowski „głos cudzy", w każdym słowie czuje się migotanie. Czasem jest to monolog zwycięskiej partii, coś jakby głos dziejów, ale niezupełnie, bo już podcięty, podmyty przez naszą wiedzę, co z tego, że późniejszą. Czasem monologi Eksa, jeszcze na Litwie, w których jednak wyczuwa się jakiś wstydliwy sekret. Czasem rozmowa pisarza ze sobą, podszyta gryzącą autoironią. Albo znów opowiadania zdemaskowanego Eksa o swoich humanitarnych wyczynach po wojnie, które, według ciętej uwagi Łubieńskiego, „trudno chyba nazwać literaturą faktu": wyglądają na świetną parodię radzieckiej literatury dydaktycznej, tyle że niezupełnie wiadomo czy to Eks, czy Łubieński jest parodystą.

Pod koniec powieści Eks uważa się za niewinnego, oplutego, a także zagrożonego (bo litewski rząd wystąpił o jego ekstradycję, co prawda bezskutecznie). Posiadam jego listy, w których mówi to samo. Twierdzi, że w ostatnich latach reżymu był już prawdziwym Wallenrodem: kiedy został wysłany na Zachód w ślad za swoim starym przyjacielem Lozoraitisem, szpiegować go, przyznał się jakoby do swej podwójnej roli, i odtąd obaj prowadzili z KGB dezinformacyjną grę. No i w ogóle zrobił dużo dobrego.

Może jest w tym nawet jakiś odcień prawdy. Trudno zrozumieć, co w życiu Eksa jest prawdą, co kłamstwem. Zresztą, czy fałsz tego życia różnił się tak bardzo od fałszu ucznia i nauczyciela, którzy mówili w szkole to, czego nie myśleli, albo myśleli akurat na odwrót? Lub od zachowań intelektualisty, który sprzeniewierzał się zasadom rozumu, może nawet pisał do przełożonych o błędach ideowych kolegi? Wszystko w tym państwie było przeżarte dwuznacznością. I czy nie jest podszyty zdradą każdy wallenrodyzm, a zwłaszcza wallenrodyzm radziecki? Czy mamy zniszczyć samą pamięć o tym, jak zeszłoroczne liście? „Jak pościel po długo i beznadziejnie chorym, żeby nie straszyła?". Podobno rozgrzeszył Eksa ksiądz Tadeusz Fedorowicz w Laskach, który dał mu duchowe przyzwolenie na pracę w resorcie, pod warunkiem że będzie pomagał ludziom.

Na niektóre z tych pytań jest dość trudno odpowiedzieć, a jednak należy, i sądzę, że można. Jedno w każdym razie jest pewne: nie warto tak żyć, i nie chciałbym takiego życia. Choć może posłużyć jako materiał do ciekawej książki.

TOMAS VENCLOVA

LESZEK SZARUGA

ŚWIAT POETYCKI (XXVI)

Z dawnych i nowych wierszy skonstruowała swój najnowszy zbiór *Niebieski sweter* (Warszawa, Nowy Świat, 2004) Anna Piwkowska, która także potrafi zanurzyć się, jak w *Po-etyce*, w przestrzeń historii, w której odkrywa się nieco już zamglony obrazek: „Piękne charty przez park i zające przez gazon / i pałac, trochę mniej jednak wart niż życie / wywiezionych i zabitych o świcie / właścicieli". Pojawia się Rosja: „czas się tutaj toczy jakimś innym trybem. / To tak jakby ktoś zaczął wigilijną rybę / obierać nie od łusek lecz z wnętrza, od ości". A także Kresy: „Mój pradziadek ze strony matki, Maciej Krysztul / hodował pszczoły na Kresach i kochał biel. / [...] Mój pradziadek ze strony ojca, Justyn Wiłun, / jeździł saniami do zdziwaczałego księcia Gasztołda / przez ciemne litewskie lasy i kochał wilki". Kresowy rodowód jest w tej poezji wciąż ważnym doświadczeniem, konstytuującym tożsamość jej lirycznego bohatera, jego otwartość na świat, ciekawość innych, ale też tragizm losu ukazany w wierszu *Trzy drogi do jeziora*, skondensowanym komentarzu do twórczości i śmierci Ingeborg Bachmann.

Klasycystyczna harmonia tych wierszy — jak w świetnie skomponowanej *Inwokacji* — skrywa dramat niespełnienia, głodu, niepewności, lęku. Wszystko to wtopione w potoczystą narrację, w bieg życia, w którym dramat istnienia zdaje się niedostrzegalny:

Nieuzbrojonym okiem trudno dostrzec
tak jak odkrytym sercem nie ocenisz

jak się kaleczą o kształty zbyt ostre
zgłodniałe kropki rozszerzonych źrenic.
(*Petersburg 1998*)

Wiemy, że „niepewność jest naszym ulubionym prawem", o czym czytamy w znakomicie skonstruowanym wierszu *Za oknem*. I właśnie owa niepewność otwiera w poezji Piwkowskiej nowe przestrzenie, jak przy oglądaniu starych fotografii.

Tomasz Różycki
Dwanaście stacji

W kresowe przestrzenie wprowadza też epos — bo przecież to epos, choć mający cechy poematu heroikomicznego — Tomasza Różyckiego *Dwanaście stacji* (Kraków, Znak, 2004). Opowieść autora *Vaterlandu* zdumiewa odwagą, rozmachem przedsięwzięcia, ale też znakomitością konstrukcji. Kamienica w Opolu staje się tu echem kresowego — z południowych krańców — dworku: nie przypadkiem Ciocia bohatera planuje spotkanie prezydentów Polski i Ukrainy w Glinianach, których parafię mają wspomóc datki zebrane przez rodzinę. Spotkanie zresztą ma mieć cel szlachetny, zaś prezydenci mają „zobaczyć dzieło pojednania i, niby symbole / dwóch krajów bratnich, a tak srogo poróżnionych ze sobą / i rozwiedzionych za sprawą sił trzecich, podszeptów diabelskich, / moskiewskich i innych, zejść się ze sobą i na nowo pobrać".

Nie, nie podejmę się tutaj analizy tego świetnego i świeżego, przywracającego naszej poezji oddech epicki utworu: zbyt wiele tu warstw na siebie się nakładających, prześwietlanych klisz, perypetii bohatera, z pewnością starszego od autora, skoro wspomina przejazdy kolejową trzecią klasą. Lekkość narracji zresztą jest tu zwodnicza, Różycki bowiem świadom jest tego, iż pisanie eposu „narodowego" jest dziś „niemożliwe": tym większy budzi szacunek jego zamierzenie, którego realizacja trafnie w roku 2004 uhonorowana została Nagrodą Kościelskich.

Chciałbym zwrócić uwagę na trzy cechy tej epickiej narracji: jej, choć w wersy nieregularne ujętą, rytmiczność, podkreślaną niekiedy wewnętrznymi rymami i asonansami, jej językowe bogactwo, a nawet wyrafinowanie oraz zmysł obserwacji, dbałość o szczegół, jak choćby w szacunek budzącym swą maestrią opisie przygotowywania pierogów czy w przywołanym poniżej — dla pobudzenia zainteresowania czytelnika — fragmencie:

Dalej iść już nie mógł — przed nim był wiadukt,
za którym z silosów sypano w czasach szczęśliwej komuny
przez wielką rurę ziarno na wywrotki i nigdy na nie
nie trafiano z powodu wspólnej nietrzeźwości zarówno rurowych,
jak też i kierowców, i dzięki temu wciąż się utrzymywał
przy życiu naród tutejszy, czatujący wokół drogi z wiadrami
i szuflami w garści.

Zmysłowość wspaniale manifestowana jest w zbiorze Kazimierza Brakoniec-kiego *Całość* (Warszawa, Nowy Świat, 2004). Tytułowy neologizm spaja „ciało" i „całość", zmysłowość i spekulatywność.

Myśl jest cielesna — życie jest wszechświatem, jedynym i niepowtarzalnym, zrodzonym w erotycznym związku kobiety i mężczyzny, zakorzenionym w śmierci:

W każdej odkrytej myślą kobiecie
jesteś ty i nie potrafię cię nazwać
W każdym odkrytym myślą mężczyźnie
jesteś ty i nie umiem się nazwać

Inaczej jak śmiercią

która w miłości do życia dojrzewa
drzewo ciała w kwiatach dotyków
(*Całość*)

Zwraca uwagę dialektyczne napięcie między „ty" i „ja": jesteś t y i nie umiem s i ę nazwać" (podkr. — L. S.) — w tym wersie w dodatku owo męskie „ty" utożsamione zostaje z „ty" kobiecym pojawiającym się dwa wersy wcześniej: mamy zatem do czynienia z grą gramatyczną doprowadzającą do utożsamienia „ja" i „ty", do scalenia, do „całości" właśnie. Akt miłosny staje się „rtęcią śmierci przemienioną w jedność", kochankowie to „dwa klony jednej śmierci".

Jak w poprzednich tomach, tak i tutaj Brakoniecki jest głosicielem etycznego programu poezji. Najpełniejszy jego wyraz odnaleźć można w zamykającym zbiór wierszu z cyklu *Uterus Mundi*: „Czystość uczucia chciałbym chwalić / i jego spełnienie drobne i potężne / siłę woli i szacunek dla życia / pamięć otwartą i przebaczenie / i radość uważną pełną wolności". Daleka jest ta poezja od „wstydliwości uczuć": przeciwnie — jest owych uczuć namiętną manifestacją, afirmacją prawdy i dobra odnajdywanego w zdolności „pokochania zwyczajności", która „jest tajemnicą prawdy i tworzenia". Miłosny tryptyk, jakim jest *Całość*, stanowi wyznanie i wyzwanie: zwyczajność, powszechność doświadczenia wymaga uwagi pozwalającej na zbliżenie do tajemnicy istnienia: „Niech będą pochwalone i przeklęte dni / które mijają / niech się stanie jedno czułe ciało kocham".

Tom Kazimierza Hoffmana *Drogą* (Sopot, Tow. Przyjaciół Sopotu, 2004) prowokuje do rozważań o „Celanie poetów polskich" (Różewicz, Hoffman, Krynicki; nawiązuję do tytułu fascynującej książki Katarzyny Kuczyńskiej-Koschany *Rilke poetów polskich*): te rozkruszone „drobinki słów" z wiersza *Szron* otwierającego zbiór to wszak celanowski trop. Wiersz ten zresztą wydaje się szczególnie ważny: „drobinki słów. // Coś, / co mogło być / krajobrazem, zakolem... // rozkruszyło się". Ścięta mrozem mowa: zlodowacenie języka zdaje się w tej liryce jednym z ważniej-

szych rozpoznań określających kondycję człowieka współczesnego. To zatem nie tylko przejmujący obraz, w którym chrzęst mowy wypełnia przestrzeń międzyludzką, ale także diagnoza stanu cywilizacji: strachu, przemocy, bólu osamotnienia a zarazem pojedynczości, niepowtarzalności każdego istnienia, które, skupione, zamyka w sobie Całość.

Hoffman konsekwentnie utożsamia fakty ze znakami pisma, unieważnia opozycję natury i kultury, dąży do pochwycenia — wskazania tylko? — tajemnicy: „ta // Ding an sich w innym wszelako niż / u Kanta ujęciu (znaczeniu) Coś, bez czego dążenie / ruch słowa nie miał nie ma i nie będzie miał sensu" (*Glosa*); „Coś, / co mogło być" (*Szron*). Te zapisy stanowią pochwałę istnienia, życia — owego: „to jest" z utworu *Nad dwoma słowami z Parmenidesa*. A zarazem stają się wypowiadaniem siebie, wypowiadaniem się ku milczeniu, jak w mickiewiczowskiej poincie *W drodze do Como*: „zamilknąć / czysty / nad wodą".

Ta poezja jest „czymś więcej" i „czymś mniej": poszerza przestrzeń poezji (w zapisach to przywoływane teksty filozoficzne) i jednocześnie redukuje ją do punktu (milczenia), w którym zgęszczenie „drobinek słów" sprawia, iż ich kreacyjna moc zostaje nieskończenie spotęgowana.

Można powiedzieć — pisarstwo Hoffmana jest kolejnym tego dowodem — że poezja współczesna „ma kłopot z językiem", i jest on zasadniczo nowy, odmienny od tego, z jakim borykali się poeci epok dawniejszych. Poświadcza to nowy tom Piotra Mitznera *Pustosz* (Warszawa, tCHu, 2004). Wpisuje się on w linię poszukiwań „lingwistycznych" (w poincie wiersza *Starzyzna* czytamy: „To nie moje słowa / ja nie mam słów".

Tytuł tomu wydobyty został — o czym autor powiadamia w motcie — z konstelacji polszczyzny Karłowicza, Kryńskiego i Niedźwiedzkiego. „Lingwistyczny" wigor Mitznera nie jest pozbawiony zgryźliwego, czasem wręcz wisielczego poczucia humoru. Ale w wielu wierszach do żartów autorowi raczej daleko: te utwory bowiem to dramatyczna diagnoza współczesności rozpiętej między nierozpoznanym doświadczeniem ostatnich dziesięcioleci a niewiadomą przyszłością. Stąd czerpie swoją wieloznaczność wyznanie: „nie mam słów". Znajdujemy się — nie tylko w sferze doświadczenia historycznego — w jakimś „pomiędzy", w przestrzeni zaskakujących możliwości, jak w *Pierwszej stronie*: „Bóg powiedział / dwukropek a dalej / już tylko szło i szło / stworzenie za stworzeniem // i nie było między nimi przecinków". Owszem — nie brak tu humoru, ale jednocześnie przecież nie tylko o istoty żywe tu chodzi, lecz także o następstwo stwarzanych światów, o jakąś kosmiczną wylęgarnię, z której kolejne wiersze ratują, ocalają ułomki istnień, przemijań, błąkających się wśród nas przodków, przepływających przez naszą wyobraźnię dalekich rzek (cykl *Dniepr*). Jest „tu i teraz", ale także: „Ani czas ani miejsce" — jak w pierwszym wersie zamykającego ten świetny tom poematu *Przy drodze*.

Odnotowuję tu tylko — twórczość autorki zasługuje na omówienie całościowe — wznowienie tomu *Scalone z rozkładu* (Kraków, Partner, 2004) zmarłej niedawno Marianny Bocian. Wydanie pierwsze ukazało się poza cenzurą staraniem Lothara Herbsta jako druga pozycja (1978) serii Biblioteka „Agory"; Bocian wydała tu jeszcze spory esej *Na marginesie historii Apolla i Marsjasza*. Wspomniany tom, jak niemal całą twórczość Bocian z tego okresu, rozsadza nadmiar słów i emocji, wszakże patos tych wierszy nie razi, przeciwnie — przybliża atmosferę czasu, opisuje to, co skrywano wskutek „wstydliwości uczucia". Bocian mówi wprost — zanurzona w historii, stara się zrozumieć jej lekcję: „było wiele powodów armat grzmiących pod Stoczkiem / było wiele powodów niepotrzebnych ofiar i grobów / zbiera się sól historii nie na świetlisty diament". Ta historia przeciwstawiona jest codziennej podłości, znieczulicy, banalności zła. Te wiersze to dramatyczny, na granicy krzyku ewokowany apel o odpowiedzialność za własne i zbiorowe życie, o przyzwoitość, o prawdę i wolność. Brzmią dziś podniośle. Taką właśnie jest ta poezja wyrastająca z zafascynowania Norwidem i Słowackim, odważnie podejmująca dyskusję z postawami rówieśników, jak w *pokoleniu*, jednym z ważniejszych wierszy w całej twórczości Bocian:

paru ekspertów od piękna penetrowało ogrody naszych czaszek
lancetem otwierało zdanie po zdaniu w mózgu młodego poety
rozpoczynała się któraś z rzędu lekcja języka polskiego pod ścisłym
nadzorem wybitnie wybijającej kadry wybijającej utopię z pogłowia
nowa fala ale stara orkiestra

LESZEK SZARUGA

MARCIN GMYS

FONOTEKA

Karol Szymanowski, *Complete Songs for voice and piano*. Piotr Beczała — tenor, Juliana Gondek — sopran, Elżbieta Kryger — mezzoso-
pran, Iwona Sobotka — sopran, Reinild Mees — fortepian. Channel
Classics Records 2004.

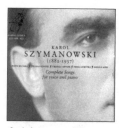

„Nigdzie — pisał Iwaszkiewicz — nie spostrze-
gamy wyraźniej owej drogi przebytej przez Karola
Szymanowskiego, owego potężnego wysiłku, jakiego dokonał, przezwyciężając fascynującą otchłań
schyłkowości, jak właśnie podczas badania tekstów
poetyckich jego pieśni". To stwierdzenie doskonale
przystaje także do muzyki autora *Króla Rogera*. Na
przykładzie pieśni Szymanowskiego najlepiej wi-
dać jego twórczą ewolucję, od „modernisty" kopiującego styl Richarda
Straussa i Skriabina, przez przemawiającego własnym głosem zwolennika
twórczości Debussy'ego i Schrekera, do reprezentanta „szkoły narodowej",
pomysłowo łączącego idiom muzyki Podhala, Kurpiów czy Strawińskiego
i własną wrażliwość brzmieniową. Żadnego innego gatunku — poza liryką
wokalno-instrumentalną — Szymanowski nie uprawiał z takim zamiłowa-
niem. Wydarzeniem światowej fonografii, prawie 70 lat po śmierci Szymanowskiego, jest wydanie pierwszego kompletu jego pieśni solowych z to-
warzyszeniem fortepianu. Jest ich 122, z czego jedna trzecia to prawdziwe
arcydzieła. Holenderska pianistka Reinild Mies zebrała czworo znanych
śpiewaków i dokonała tego, czego dotąd nie udało się zrealizować w ojczyźnie kompozytora. Sięgając po ten czteropłytowy komplet, największe
nadzieje wiązałem z mało znanym w Polsce Piotrem Beczałą, należącym do
najwybitniejszych tenorów europejskich młodego pokolenia. Beczała
w swym podejściu do muzyki Szymanowskiego wydał mi się jednak zbyt

powierzchowny, np. w urzekającej miniaturze *Nade mną leci w szafir nieba z op.* 11. Zbyt łatwo ten obdarzony pięknym głosem śpiewak popada w łzawą operową manierę, co szczególnie razi, gdy śpiewa cykle do słów Tetmajera, Micińskiego i Kasprowicza. Również głos Juliany Gondek, śpiewaczki amerykańskiej polskiego pochodzenia, wyraźnie pozbawiony jest niegdysiejszego blasku. Znakomicie za to — i zgodnie z oczekiwaniami — zaprezentowała się Urszula Kryger. Zaciekawiło mnie szczególnie, interpretowanych przez nią w świetnym stylu, *Pieśń do słów poetów niemieckich op.* 17. Jednak największym wykonawczym odkryciem albumu — właściwie należałoby powiedzieć: objawieniem — jest Iwona Sobotka. Ta zaledwie 24-letnia absolwentka warszawskiej Akademii Muzycznej, to śpiewaczka wielkiego formatu, co potwierdziły już zwycięstwa w ważnych konkursach wokalnych świata. Zachwyca krystalicznie czystymi koloraturami w orientalizujących *Pieśniach księżniczki z baśni* (do słów Zofii Szymanowskiej, siostry kompozytora), także w Tuwimowskich *Słopiewniach* czy *Kołysankach* do słów Iwaszkiewicza.

Krzysztof Penderecki, *Ubu Rex.* **Soliści, Chór i Orkiestra Teatru Wielkiego — Opery Narodowej w Warszawie, dyrygent Jacek Kaspszyk. Cd Accord 2004.**

Partytura *Ubu Rex*, bodaj najwybitniejszej polskiej „opery komicznej", jest przeciwieństwem licznych symfonii i oratoriów Krzysztofa Pendereckiego. Stykamy się z muzyką ożywioną jednocześnie wyrafinowanym dowcipem i rabelaisowską rubasznością, muzyką pełną ostentacyjnych odniesień do bliższej (Weill, Szostakowicz, Ligeti) czy dalszej (Mozart, Rossini, Musorgski) przeszłości. Penderecki nie wymyśla ich dla zabawy. Stanowią dźwiękowy odpowiednik palimpsestowych gier obecnych w tekście Jarry'ego, zawieszonym „w Polsce, czyli nigdzie", a zatem rozgrywającym się w imaginacyjnej próżni, gdzie pod zmienionymi nazwiskami przechadzają się pod rękę Lady Makbet ze swym mężem, Gargantua z Don Kichotem czy Wagnerowski Alberyk.

Wykonanie *Ubu Rex* jest w wielu fragmentach wyborne. Doskonali są zwłaszcza soliści: Anna Lubańska i Paweł Wunder, czyli para głównych bohaterów. Pawła Wundera pamiętam jako pierwszego polskiego odtwórcę tytułowej partii z krakowskiego spektaklu prezentowanego dekadę wcześniej. Od tego czasu Wunder nie stracił nic z ostrości swojej kreacji, stanowiącej „wybuchową" miksturę demonizmu i groteski, niezbędną dla oddania „grównianej" mentalności prymitywnego uzurpatora. Nagranie posiada jednak i słabsze strony. W porównaniu z krakowską kreacją *Ubu Rex* pod batutą Ewy Michnik, Jacek Kaspszyk wypada zaskakująco bezbarwnie. Już w czasie świetnych spektakli Krzysztofa Warlikowskiego w Operze Narodowej w 2003 roku, będących podstawą rejestracji, w sali było słychać, że Kaspszyk, całkowicie pochłonięty partią orkiestry, nie wykazuje troski o solistów. Również na płycie jest kilka fragmentów obciążonych niewybaczalnym grzechem braku synchronizacji między orkiestrą i sceną. A jednak nie Ewa Michnik, lecz Jacek Kaspszyk przejdzie do historii fonografii jako autor pierwszego nagrania *Ubu Rex*.

Ignacy Jan Paderewski, *Manru*. Soliści, Chór i Orkiestra Opery Dolnośląskiej we Wrocławiu, dyrygent Ewa Michnik. DUX Recording Producers 2004.

Ewie Michnik palma pierwszeństwa przypadnie za to na innym polu — operowej twórczości Paderewskiego. Wytwórnia Dux, kierowana przez Małgorzatę Polańską, miłośniczkę tego wielkiego pianisty i męża stanu, wydała pierwszą kompaktową edycję trzyaktowego *Manru*, jedynej opery Paderewskiego. I zarazem jedynej polskiej opery (*sic!*), która doczekała się inscenizacji na deskach nowojorskiej Metropolitan Opera.

Wbrew pochopnie ferowanym wyrokom, muzyka *Manru*, operowej adaptacji *Chaty za wsią* Kraszewskiego, nie zasługuje na zamieszczenie w długim rejestrze porażek polskiej opery późnego romantyzmu. Wiele fragmentów tego dzieła nawet dziś zadziwiać może plastycznością muzycznej charakterystyki bohaterów. Każdy z protagonistów wypowiada się w sobie tylko właściwym „języku muzycznym". Wprawdzie Urok (w nagraniu Maciej Krzysztyniak) ma cechy Alberyka ze *Złota Renu*, lecz nie przynosi to ujmy kompozytorowi; tworzył przecież w czasach, kiedy muzycy pozostawali w cieniu Wagnera. Najciekawszy jest w *Manru* lejtmotyw „dźwięku cygańskich skrzypiec", który tytułowego bohatera (w tej roli świetny Taras Ivaniv) odwiedzie od życia u boku Ulany (przekonująco odtwarzanej przez Ewę Czermak). Motyw ten, charakteryzujący swobodną aurę cygańskiego taboru, brzmi dziś zadziwiająco współcześnie. Stanowi niezamierzoną zapowiedź stylu... Astora Piazzoli. Kto wie, gdyby ambicje Paderewskiego ograniczały się wyłącznie do komponowania i gdyby swoje momentami wizjonerskie pomysły potrafił w pełni okiełznać, czy nie byłby dziś — jak Piazzola — jednym z najchętniej grywanych twórców XX-wiecznych. Pozostaje nam westchnąć. Nie bez podstaw Gombrowicz stwierdził, iż o ile wśród rodaków Borgesa rządzi „Generał Forma", narzucający jarzmo żelaznej dyscypliny, o tyle „u nas panuje cyganeria, hałaśliwość, zgrywa, efekciarstwo trupy wędrownej, która co wieczór daje inne przedstawienie i, co więcej, nigdy nie wie, jakim przedstawieniem wybuchnie".

MARCIN GMYS

O poetyckim pochodzeniu gatunków[*]

Pierwszym ptakiem, którego spostrzegłem na amerykańskiej ziemi, był szpak. Z podróżą za ocean łączyłem wielkie oczekiwania, cieszyłem się na myśl o spotkaniu z nowymi amerykańskimi zwierzętami. Kto zaś witał mnie na lotnisku? Ten europejski gaduła, który podkrada zdobycz rudzikom. Zupełnie jakbym wyleciał z lotniska Schiphol, zatoczył ogromny łuk i z powrotem tam wylądował. Stał sobie ten nakrapianiec o czarno lśniących piórkach na jaskrawo oświetlonym chodniku. Kiedy się obracał, zielony połysk przeobrażał się w iryzujący fiolet, niczym jakiś stary odłamek szkła, mieniącego się przez chwilę innym kolorem. Po drugiej stronie asfaltowej jezdni grupka szpaków przeprowadzała inspekcję trawnika. Kręciły i potrząsały dziobkami, wsadzając je w różne jamki. Od czasu do czasu wysuwały dziobki, przełykały liszkę i obserwowały niebo — być może, aby się upewnić, czy nie nadlatuje jakiś drapieżny ptak. Potem, niczym jacyś minitorreadorzy z Kordoby, kontynuowały bojowym krokiem swój spacer w poszukiwaniu kolejnej jamki. Po zakończeniu poszukiwań na trawniku szpaki usadowiły się na drzewie, oddając się pogaduszkom, imitowaniu głosów innych ptaków i reagowaniu na dźwięki dochodzące z ulicy. Mozart przez wiele lat miał oswojonego szpaka, zachwycił go bowiem talent tego gatunku do naśladowania cudzych głosów. Podobno za podstawę tematu koncertu fortepianowego *G-dur* posłużyły Mozartowi właśnie pogwizdywania jego ulubieńca. Natomiast dzisiejsze szpaki, zamiast imitować trzask bicza nad XVIII-wiecznym końskim zadem — tak jak to czynili ich przodkowie za czasów Mozarta — naśladują sygnały telefonów komórkowych. No cóż, również i szpak jest dzieckiem swojej epoki.

Czego właściwie szukał *Sturnus vulgaris*, ten nasz dobry znajomek szpak, w Stanach Zjednoczonych? W drugiej połowie XIX wieku panowała moda na introdukcję zwierząt w miejsca, do których bez ludzkiej pomocy szybko by nie dotarły. Christopher Lever w książce *They Dined on Eland* (1992) opisuje podejmowane przez tak zwane Towarzystwa Aklimatyzacyjne starania w celu wprowadzenia różnych gatunków zwierząt (i roślin) w zupełnie im obce ekosystemy, a więc wielbłądów w Brazylii, lam w Australii lub strusi oraz południowoafrykańskich antylop w Anglii. Można sobie wyobrazić wielbłądy w charakterze zwierząt jucznych także i na brazylijskich stepach, lamy jako dostarczycielki wełny, a strusie i antylopy jako źródło pożywienia. Jeśli zwierzę posiadało wartość użytkową lub dekoracyjną, istniało duże prawdopodobieństwo, że entuzjastyczni członkowie Towarzystw zafundują mu dalekie podróże. Organizacjom takim udało się przetransportować drogą morską imponujące ładunki ptaków, m.in. także szpaków, do Nowej Zelandii, Australii i Ameryki.

Z jakiego powodu sprowadzano ptaki śpiewające? Członkowie Towarzystw, w przeciwieństwie do mieszkańców Europy Południowej, nie konsumowali tych gatunków, przeciwnie: byli przede wszystkim miłośnikami dbającymi o ochronę ptaków. Aby znaleźć się na liście eksportowej, ptak musiał być przede wszystkim przedstawicielem gatunku owadożernego. Istotne były też kryteria estetyczne. Pierwszeństwem cieszyli się dobrzy śpiewacy o atrakcyjnym wyglądzie. Ogólnie biorąc, w zamorskie regiony wysyłano gatunki, z którymi wiązano nadzieję, iż mogą zmniejszyć u emigrantów poczucie

[*] „Raster" 1999 nr 86. Tłumaczka dedykuje swoją pracę Czesławowi Miłoszowi — w podzięce.

tęsknoty za krajem lub w inny sposób przyczynić się do polepszenia ich samopoczucia.

Można więc odnieść wrażenie, że emigranci, a nawet ich nie znający rodzinnego kraju potomkowie, dokładali wszelkich starań na rzecz jak najszybszego zanglizowania, sfrancuzienia bądź zniemczenia otaczającego ich krajobrazu. Zamiast dostrzegać i doceniać jego oryginalną wartość, preferowano tapicerowanie nowego otoczenia europejskimi ptakami-śpiewakami. Osobie przyzwyczajonej do atmosfery angielskiej wsi brakowało bowiem w takiej na przykład Nowej Zelandii czy Ameryce ptasiego śpiewu. Kraje te pod względem dźwiękotwórczym należały do nader ubogich.

W XIX wieku tylko nieliczni wyrażali swoje zaniepokojenie możliwością dalekosiężnych skutków zasiedlenia krajobrazu egzotycznymi gatunkami zwierząt. I oto w latach siedemdziesiątych owego stulecia pewnego ranka wypuszczono w Cincinnatti na wolność między innymi skowronki, pokrzywnice, pliszki, rudziki, słowiki, drozdy i gile. Lever opisuje, jak zerwały się masowo do lotu, tworząc kolorową chmurę, by chwilę później dać oszałamiający koncert. Już nigdy nie pojawiło się w Cincinnatti tyle śpiewających ptaków naraz. Większość z nich wyginęła w szybkim tempie. Na dziesięć wprowadzanych gatunków aż dziewięciu nie udaje się zaaklimatyzować na obcym terenie.

W Ameryce podjęto próby aklimatyzowowania kilkudziesięciu gatunków ptaków. W rocznych raportach rozmaitych organizacji można natknąć się na zachowane do tej pory liczne listy zakupów: uprzejme prośby o przysłanie siedemnastu skowronków, trzydziestu trzech szpaków, sześciu gili, oraz, jeżeli to możliwe, kilku indyjskich kaczek. Można by doszukiwać się w tym próby zaklęcia obcego obszaru poprzez narzucenie mu nowych cech. Spacerowicz o europejskich sympatiach miał nadzieję, iż dzięki takiej metodzie poczuje się w nowozelandzkim lub amerykańskim krajobrazie jak u siebie w domu. Tam, gdzie inni zasadziliby sad, wybudowali kościółek lub wbili słupek z tabliczką o religijnym przesłaniu, członkowie Towarzystw Aklimatyzacyjnych wypuszczali na wolność zwierzęta w celu oswojenia obcego sobie terenu.

Amerykańskie Towarzystwo Aklimatyzacyjne zyskało rozgłos dzięki stosowaniu dziwnego balotażu, któremu podlegały ptaki, zanim umieszczone zostały w klatkach i załadowane na statek. Nie wymagano od ptaków kandydujących do wyjazdu, by żywiły się szkodliwymi owadami, charakteryzowały urodą czy pięknym śpiewem. Najistotniejszym kryterium było choćby jednokrotne pojawienie się nazwy danego gatunku w dziełach Williama Szekspira. Pomysłodawcą planu był nowojorski aptekarz Eugene Schiefflin, ornitolog amator i miłośnik twórczości stratfordczyka. Już wcześniej udało mu się, i to z sukcesem, sprowadzić do Ameryki wróble domowe. Ptaki, którym Szekspir nie zapewnił u siebie poetyckiej niszy, nie miały szans na zamorską podróż. Niektóre gatunki nigdy nie zostały przez poetę wymienione — albo po prostu ich nie zauważył, albo też nie znał ich nazw. Jeszcze innym zabrakło odpowiedniej metaforycznej ekspresji lub przegrały w konkurencji z ptakami o milej brzmiących nazwach. Trudno, stało się. Najważniejszym celem Towarzystwa było wzbogacenie amerykańskiego krajobrazu tymi gatunkami ptaków, które wymienił w swoich dziełach Szekspir.

Oto jak wyobrażam sobie przebieg spotkania amerykańskiego Towarzystwa: wszyscy uczestnicy mają przed sobą dzieła zebrane Szekspira i jeden z obecnych, być może sam Schiefflin, czyta swoje ulubione fragmenty poświęcone ptakom. „Prędzej, królu, zważ, już świta, / Już skowronek zorze wita" (tłum. S. Koźmian). Protokolant odnotowuje w pośpiechu: *Sen nocy letniej*, akt IV, scena 1. O co właściwie chodziło tym miłośnikom ptaków? Czy wyobrażali sobie, iż spacerując po nowojorskich parkach, będą spotykać wielkiego poetę pod rozmaitymi ptasimi postaciami? Ptaki te, niby jakiś nowy typ chorągiewek, obdarzonych zdolnością fruwania, obrony swojego terytorium i rozmnażania, przejmowały władzę nad coraz to bardziej rozrastającą się mapą krajobrazu. Latające, dźwięczące chorągiewki, wypełnione klasyczną poezją z ojczystego kraju.

Czyżby podczas jednego z zebrań ktoś zaproponował, by wysłać w daleką podróż dodatkową ilość skowronków, skoro tak często pojawiają się one u Szekspira? „Już śpiewa skowronek pod sklepami nieba, / Już wychyla się z morza złoty rydwan Feba" (*Cymbelin*, akt II, scena 3, tłum. L. Ulrich). Wyobrażam sobie, iż w idealnym parku lub krajobrazie, stworzonym przez naszych miłośników ptaków, różne gatunki występowałyby w liczbowych proporcjach zgodnych z częstotliwością, z jaką wymieniane są przez poetę. W trakcie swoich spacerów znawcy Szekspira napotykaliby poetę najczęściej w postaci skowronka lub słowika, regularnie również jako ziębę lub kruka, natomiast rzadko w postaci szpaka.

Niestety, nic nie wyszło z projektu zasiedlania krajobrazu metodą szekspirowską. Większość z wprowadzonych przez Towarzystwo gatunków ptaków nie zdołała się zaaklimatyzować. Zresztą trudno się było tego spodziewać na kontynencie, gdzie większość nisz ekologicznych, inaczej niż w przypadku odległych młodych wysp, jest już zajęta przez inne gatunki. Całe to przedsięwzięcie skazane było z góry na niepowodzenie, gdyż nadzorowanie szekspirowskich proporcji wymagałoby zatrudnienia co najmniej dwóch leśniczych na jednego ptaka. Jedynym gatunkiem, któremu udało się pokonać barierę pomiędzy brytyjską poezją a amerykańską rzeczywistością, okazał się szpak. W latach 1890 i 1891 Shiefflin wypuścił szpaki na wolność w nowojorskim Central Parku.

W dziełach zebranych Szekspira szpak wymieniony jest tylko jeden raz, w części pierwszej *Henryka IV* (akt I, scena 3): „Nauczę szpaka jedynego słowa: / «Mortimer», potem poślę mu go w darze" (tłum. L. Ulrich). Ten jeden jedyny szekspirowski przedstawiciel gatunku sprawił, iż do Nowego Jorku sprowadzono około stu szpaków. Ich potomkom udało się stopniowo zadomowić na całym obszarze Ameryki.

Wspomina o tym w swojej książce poświęconej szpakom Hugh Gallacher. Wymienia inne, nieudane, próby osiedlenia szpaków w Stanach Zjednoczonych i w Kanadzie, między innymi w Quebecu (1875), Ohio (1872–1873) i Pensylwanii (1897). Również poprzednie próby przeprowadzone w Nowym Jorku w latach 1877 i 1887 zakończyły się fiaskiem. Jedynymi szpakami, którym udało się tu ostatecznie zaaklimatyzować, były szpaki szekspirowskie. Gallacher szacuje, iż w 1978 roku w Stanach Zjednoczonych oraz a południowej Kanadzie żyło ponad sto milionów szpaków. Tak im się tu dobrze powodzi, że stały się wręcz plagą. Czasami skupiają się na noclegowiskach nawet w milionowych grupach. Tworzą ogłuszające szekspirowskie echo, na które odpowiada się armatami. Szpa-

ki osiedlają się w dziuplach i konkurują z powodzeniem o miejsce na gniazdo z lokalnymi gatunkami dzięciołów, zwanymi *flickers*. Rodzime gatunki często przegrywają ze szpakami, te bowiem na zimę nie odlatują zbyt daleko na południe, zatem wiosną wcześniej powracają na swoje tereny, rekwirując lęgowiska konkurentów. Aby uchronić się przed wymarciem, rodzime gatunki zmuszone są do szukania innych nisz ekologicznych. Od momentu wprowadzenia szpaków liczebność populacji niektórych rodzimych gatunków wyraźnie zmalała.

Jeśli rywale szpaków wybiorą inne ekologiczne ścieżki, być może wywoła to również zmianę ich zachowania lub wyglądu. Należałoby szczegółowo zapoznać się z lokalnymi warunkami oraz zapomnieć na chwilę o szpaku, aby dokonać przewidywania co do zmian cech zewnętrznych ptaków wypchniętych ze swojej niszy. Kto wie, być może z biegiem czasu powstaną nawet nowe gatunki. Może to nastąpić o wiele szybciej niż dotychczas sądzono. Nadejdzie wówczas pora na napisanie rozprawy *O poetyckim pochodzeniu gatunków*. Ale już w tej chwili jest kwestią bezsporną, iż jeden istniejący „literalnie" szpak może okazać się świetnym bodźcem dla ewolucji biologicznej. Miłość do poezji może zmienić krajobraz.

Czy po wypuszczeniu na wolność szpaków w Nowym Jorku znalazło się dla nich miejsce w amerykańskiej poezji? A może szpak był w niej obecny już wcześniej? Jeśli amerykański poeta wspomina o szpaku, nie musi to wcale oznaczać, że natknął się na niego w naznaczonym przez te ptaki amerykańskim parku czy krajobrazie. Poeci wykazują skłonność do korzystania raczej z utartych poetyckich ptasich wzorców niż do zapuszczania się do pionierskich gniazd. W poezji amerykańskiej jest zatrzęsienie mew, skowronków i gołębi. Jest też sówka Umlaut Jamesa Merrilla oraz cała masa gęsich lotów, napotkanie szpaka natomiast nie jest bynajmniej łatwym zadaniem. Jeden z niewielu odnalezionych przeze mnie szpaków występuje w trzeciej części dowcipnego wiersza Audena, pochodzącego z 1953 roku:

Przy tamie strzyżyk raz i szpak
Ujrzeli ich w zaroślach.
On do niej słodko mówił tak:
„Wśród drogich, o, najdroższa,

Weselsza niźli wód zabawa,
Co za nic mają tę zaporę,
Słodka kaczuszko, gąsko żwawa,
Jagnię do pieszczot skore".
Słuchała, uśmiechając się
Gdy doń przemawiał tak.
Zapytał strzyżyk: „Czego on chce?
— O wiele za dużo" — rzekł szpak.

W momencie publikacji tego wiersza Auden mieszkał co prawda w Nowym Jorku, nie może to jednak uchodzić za dowód, że poeta opierał się na obserwacjach nowojorskich szpaków. Otóż Auden był Anglikiem spędzającym co roku wiosnę i lato w Europie. Być może więc to właśnie europejskie szpaki posłużyły mu za model bohatera wiersza. Natomiast jeśli chodzi o szpaki w wierszu Franka O'Hary *Serenada*, to podejrzewam, iż rzeczywiście mają one coś wspólnego z potomkami szpaków szekspirowskich:

Śpiew szpaków brzmi
jak pękające szkło,
co spada na dość
chropawą tacę. A gdzieś czeka
na każdego z nas słowik,
któremu z żalu serce
pęka.

Och, nie wiem, powiedzmy,
powiedzmy, że to ty paznokciami
drapiesz mnie w szyję
z delikatnym wrzaskiem

                  Nie,
to tylko szpak śpiewa,
po prostu szpak.
A wszędzie wkoło resztki
wielkiego, smutnego bohatera, tak,
ujaił go orzeł.
Gołębie wciąż łkają.
Szpaki się, kochanie, gnieżdżą
Pod okapem. Dobranoc.

O'Hara był konserwatorem w nowojorskim muzeum, a jako poeta czuł się spokrewniony z takimi artystami, jak Pollock, De Kooning i Rauschenberg. Znany jest jako twórca poezji wypełnionej otaczającą go codziennością. Ktoś taki, jak on, nie mógł po prostu nie zauważyć szpaka, który z czasem stał się jednym z najpowszechniejszych amerykańskich ptaków. Słowo „okap" nasuwa przy-

puszczenie, iż poeta sam obserwował szpaki. Co natomiast porabia w Nowym Jorku orzeł?

Dwa szpaki w ładnym wierszu Williama Carlosa Williamsa *Manewr* opisane są tak dokładnie, iż należy uznać za niemożliwe, by poeta sam ich nie widział. Szpaki te mogą rzeczywiście posiadać szekspirowski rodowód:

Widziałem dwa szpaki,
jak lecą w stronę drutów.
Ale w ostatniej chwili,
tuż przed lądowaniem,

obracają się równocześnie
w locie i siadają tyłem!
To mnie ujęło — żeby
tak dziobem w paszczę wiatru?

Jeżeli ptaki opisane przez Williamsa są rzeczywiście potomkami tych szekspirowskich, to klatka ze szpakami na transoceanicznym parowcu zawisła jak pomost pomiędzy europejską i amerykańską poezją.

W wielu miejscach w Ameryce europejski szpak stał się prawdziwą plagą. Można by się więc spodziewać, że amerykańscy poeci będą w swoich utworach wspominali nie tylko o pojedynczych szpakach, lecz także o często obserwowanych chmarach tych ptaków. I rzeczywiście taki wiersz istnieje. W 1970 roku afroamerykański poeta Robert Hayden opublikował utwór *Plaga szpaków*:

Wieczorami słyszę
jak robotnicy walą
w sztywne
liście magnolii
by wypłoszyć szpaki,
które tam hałasują i brudzą.

Ich tnący
przestrach, jak szklane
monety w rozsypce, odłamkach,
ptaki wybuchają w niebo z miki,
opadają jak łachmany
na ziemię sztywną
od uścisku mrozu.

Te, co ocalały, wracają,
gdy milkną strzelby,
na swoje zniszczone drzewa, tak
jak pozbawieni wyboru biedacy
wracają do niebezpiecznych

mieszkań, skrzeczą i gadają
w jaskrawych ciemnościach
ponad zabitymi.

Co za ironia losu: potomek Afrykańczyków wywiezionych przez handlarzy niewolników do Ameryki napisał wiersz o potomkach europejskich szpaków, także uwięzionych i wysłanych do Ameryki. Nie oznacza to bynajmniej, że w amerykańskiej poezji sprzed 1890 roku nie można natrafić choćby na jednego szpaka. W 1840 roku — w Stanach Zjednoczonych nie było wtedy jeszcze ani jednego przedstawiciela tego gatunku — amerykański poeta William Cullen Byrant wspomniał w jednym ze swoich wierszy o „głosie szpaka". Wykluczone, by usłyszał go w Ameryce. Przynajmniej jeden wyimaginowany osobnik uprzedził więc szpaki, które dotarły na amerykański kontynent za sprawą Towarzystw Aklimatyzacyjnych.

Tijs Goldschmidt
tłum. z niderlandzkiego
Ewa van den Bergen-Makała
tłum. wierszy z angielskiego Magda Heydel

Rodzinna korespondencja Witolda Gombrowicza

Korespondencja[1] obejmuje listy pisane w latach 1949–69 i adresowane głównie do brata Janusza i jego żony Stanisławy, a także do brata Jerzego, do siostry Ireny, bratanicy Teresy (córki Jerzego). Adresatką jednego jest siostra wraz z matką. Epistoły ułożone są chronologicznie. Umieszczony na końcu książki Aneks zawiera korespondencję z Anielą Brzozowską (*voto* Łukasiewicz), niegdyś służącą w domu Gombrowiczów.

Prezentowany zbiór pozwala na wnikliwsze zrozumienie charakteru i niektórych zachowań autora *Ferdydurke*. Obnaża jego stany wewnętrzne, nastroje, a jednocześnie daje pewien obraz bliższego i dalszego otoczenia. Ukazuje też skomplikowane relacje rodzinne, które nazywa „formą familijną". Jednak o ile *Dzienniki* zdominował egotyzm, o tyle *Listy do rodziny* ujawniają człowieka zatroskanego o los matki i rodzeństwa, czułego syna i brata poczuwającego

się do odpowiedzialności za najbliższych. Prezentują emigranta spragnionego wieści z kraju i pragnącego uciszyć niepokój oraz zaspokoić ciekawość.

Zdumiewa skromność coraz bardziej znanego pisarza, który jednak nie epatuje opisem swych dokonań. Raz tylko prosi o wyjaśnienie roli *Ferdydurke* w uratowaniu życia brata Janusza, który w obozie koncentracyjnym uznany został za autora powieści i dzięki pomyłce przetrwał (list z 24 X 1949). Zgoła wyjątkowo chwali się entuzjastyczną opinią Marii Kuncewiczowej, która *Ślub* porównała do *Hamleta* (30 V 1950). O innych wyrazach uznania pisze z dystansem czy właściwą sobie ironią.

Najbardziej interesuje go codzienność. Uważa, że „szczegóły są o wiele ciekawsze" (30 V 1950). Prosi o dokładne informacje: „Wolałbym, żeby Matka zamiast ogólnikowych i niezbyt dających się zastosować w praktyce rad opisała mi np. swój dzień albo coście jadły na obiad" (tamże). Podkreśla, że „ostatecznie egzystencja składa się z drobiazgów, podczas gdy sprawy zasadnicze są zawsze beznadziejne i dramatyczne" (26 VIII 1954).

Wiele miejsca zajmują w korespondencji kwestie materialne. Pomaga siostrze, zwłaszcza po śmierci matki, i łoży na leczenie brata, wspiera też bratową, Stanisławę Cichowską, wspomaga ciotkę Stefanię Łaźniewską. W miarę rytmicznie wysyła uzgodnione kwoty, choć nie jest mu łatwo. Dzieli się z krewnymi każdą otrzymaną nagrodą pieniężną.

Nie mniej istotne są sprawy zdrowotne. Narzeka na różne dolegliwości starcze, ale i pokrzepia się, pisząc: „Jedyna pociecha, że starzejemy się w kupie i kupą wyniesiemy się na tamten świat" (29 I 1960).

Ciekawym zagadnieniem jest stosunek Gombrowicza do żarliwego katolicyzmu siostry. Z jednej strony, w *Ślubie* sformułował tezę: „Człowiek jest poddany temu, co tworzy się «między ludźmi» i nie ma dla niego drugiej boskości, jak tylko ta, która z ludzi się rodzi", z drugiej jednak, rozumiał rolę religii i nie chciał, aby była przyczyną rozdźwięków rodzinnych. Pisał zatem: „W żadnym wypadku katolicyzm nie może nas dzielić, ja też nie jestem od tych

---

[1] Witold Gombrowicz, *Listy do rodziny*. Oprac. J. Margański. Kraków, WL, 2004, s. 500.

spraw tak daleki, co więcej, myślę, że niewątpliwie masz rację, będąc katoliczką, i że
im bardziej i głębiej nią będziesz, tym lepiej — mam na myśli twoją rację subiek-
tywną, wewnętrzną logikę Twego istnienia,
Twój «sens» zasadniczy" (23 X 1957).
Zawiadamia rodzinę o związku z „pewną Kanadyjką", która „jak dotąd, znakomicie się sprawia, jest zabawna, sprawna, za-
radna, uczciwa itd." (23 X 1964). To oczywiście Rita, przyszła żona pisarza. Wysyła
jej fotografię, dodając: „Póki co, mnie «ko-
cha», jak długo [to] potrwa, nie wiem, zresztą jakby uciekła, mam inną w Berlinie"
(14 XII 1964).
Gombrowicz natychmiast reaguje na
wszelkie przejawy pompatyczności, sztucz-
ności czy minoderii. Strofuje brata Jerzego:
„wolałbym tylko, abyś nie traktował mnie
per «Gombrowicz», sam Gombrowiczem
będąc — ma to wprawdzie precedensy w naszej literaturze, gdy chodzi o pisarzy, ale
mniemam, że «Witold» czy «Mój brat» to
mniej uroczyste. W ogóle w familijnym ło-
nie powinien panować raczej zdrowy sceptycyzm na punkcie ewentualnej wielkości jej
członków" (7 XI 1957). Podobne zarzuty
kieruje pod adresem Janusza i jego żony:
„Nie pisz «pani Rita», zresztą ona panna, acz
z dość bogatą przeszłością" (19 I 1965).
Autor *Listów* jawi nam się jako człowiek
bezkompromisowy i wrażliwy, stanowczy
i subtelny, troszczący się o innych i poszu-
kujący wolności dla siebie, odsłaniający
wszelkie zakłamania i zasadniczy. Z kart
korespondencji wyłania się oblicze osoby
w młodości zdominowanej przez rodzeń-
stwo, niedocenianej przez rodziców i pozbawionej oparcia duchowego w najbliższych. Toteż u schyłku życia Gombrowicz
napisze: „Co mnie dzisiaj dziwi, to moja
bezradność i nieudolność na gruncie ro-
dzinnym, zwłaszcza w latach późniejszych
— żyłem wtedy podwójną egzystencją, ma-
skując się nieustannie na terenie familijnym, i nie umiałem się narzucić w moim
gatunku, mojej rzeczywistości [...]. Z dala
od rodziny odnajdywałem siebie i zdoby-
wałem się na swobodę, łatwość, radość,
żart tudzież wiele innych rzeczy, które jak
gdyby przechowywały się we mnie tytułem

antynomii czy rekompensaty. Dużo by gadać" (3 XII 1962).

Maria Cyran

Rodzinna Europa

Początek jesiennego sezonu wystaw z powodzeniem może uleczyć z fałszywych kom-
pleksów. Ujawniła je niedawna kampania pod
hasłem „Powrotu do Europy", której Polska
nigdy nie opuściła, o czym świadczą przynajmniej dzieje jej sztuki i życia artystycznego.
Nie przypadkiem też telewizyjne migawki
z „Transalpinum"[1] wśród obrazów z Kunsthistorisches Museum w Wiedniu eksponują
tondo Botticellego czy obraz *Chrystus wśród
doktorów* Cimy da Conegliano z Galerii Malarstwa Obcego Muzeum Narodowego
w Warszawie. Na wystawie pokazano ponad
osiemdziesiąt obrazów. Połowa z nich przyje-
chała z muzeum wiedeńskiego, niektóre wy-
pożyczono za granicę po raz pierwszy. Pozostałe pochodzą ze zbiorów polskich, w znako-
mitej większości z Muzeum Narodowego, ale
także Muzeum Narodowego w Gdańsku
i Zamku Królewskiego w Warszawie. Zamysł
wystawy, a co za tym idzie, układ ekspozycji
ma charakter problemowy. Celem jest ukaza-
nie wzajemnych związków sztuki Północy
i Południa Europy od ok. połowy XV do połowy XVII wieku; od tajników malarstwa olej-
nego, które Włosi przejęli od malarzy nider-
landzkich, poprzez nieznane wcześniej na Północy studium aktu, po italianizujący nurt
w malarstwie niderlandzkim i niemieckim,
później flamandzkim i holenderskim, międzynarodowy caravaggionizm czy włoskie
podróże Rubensa i van Dycka. *Portret doży
Giustinianiego* Gentile Belliniego zestawiono
więc z *Portretem kardynała Albergatiego* van
Eycka i *Portretem Klebergera* Dürera; wspo-
mniana *Święta rodzina z małym św. Janem
Chrzcicielem* Botticellego sąsiaduje ze *Świę-
tem Różańcowym* z kręgu Dürera. Z kolei *Le-
żąca Wenus* Parysa Bordone i *Koncert wiejski*
Carianiego reprezentują charakterystyczny dla
malarstwa weneckiego około 1500 r. typ kompozycji *fête champêtre*. Jej mistrzami byli
Giorgione i Tycjan, na wystawie obecni jako
portreciści: *Portret chłopca z hełmem* pierw-

---

[1] „Transalpinum. Od Giorgiona i Dürera do Tycjana i Rubensa", Muzeum Narodowe w Warszawie, 17 IX–10 XII 2004.

szego, tajemniczy *Il Bravo* drugiego. Znawcom wystawa „Transalpinum" ukazuje nieustanne ścieranie się wpływów, stylów i motywów ikonograficznych. Mniej doświadczoną publiczność przyciągną arcydzieła z Wiednia i nazwiska, których brak w zbiorach polskich, jak Caravaggio, Tycjan i van Dyck, a mile zapewne zaskoczy nieoczekiwane bogactwo polskich zbiorów, jak choćby świetna stawka obrazów północnych caravaggionistów.

Także wystawa w Zachęcie, pierwsza jaką zorganizowano z okazji stulecia Akademii Sztuk Pięknych w Warszawie, ma układ problemowy, co w przypadku tak ogromnej, liczącej ponad 600 dzieł ekspozycji, czyni ją bardziej czytelną i zrozumiałą. Na trafnie dobranych przykładach ukazuje tendencje i zjawiska, które w ciągu 60 powojennych lat działalności pojawiały się w kręgu wpływów tej uczelni. Częściej są to prace powstałe w opozycji wobec obowiązującej doktryny artystycznej, aniżeli pozostające z nią w zgodzie. Można powiedzieć, że wystawa „Powinność i bunt"[1] spełniłaby bez mała wymagania stałej ekspozycji sztuki polskiej lat 1944–2004, gdyby w Warszawie miało wreszcie powstać muzeum sztuki XX wieku. Stanowi ona niewątpliwe świadectwo upartej przynależności do europejskiej rodziny artystycznej, pomimo lat okupacji i stalinizmu, kiedy uczyniono wszystko, by więzy te zerwać. Podskórny nurt nowoczesnego i europejskiego widzenia sztuki mógł się ujawnić dopiero w połowie lat 50., w roku Międzynarodowego Festiwalu Młodzieży i Studentów w Warszawie oraz wystawy w Arsenale (1955). I rzeczywiście ukazał polskie życie artystyczne jako równorzędnego partnera dla tendencji i kierunków dominujących na Zachodzie. Co sprawiło, że już niebawem jego przedstawiciele zaczęli brać udział w międzynarodowych wystawach w Wenecji czy Saõ Paulo. Na wystawie znakomitym, wyrazistym tego przykładem mogą być zestawione obok siebie festiwalowe chusty projektu Picassa, Henryka Tomaszewskiego i Jana Lenicy. Stąd już tylko krok do polskiej szkoły plakatu z jego lakoniczną formułą, poczuciem humoru i językiem odwołującym się do wykształconej — wtajemniczonej części społeczeństwa, czego nie można niestety powiedzieć o plakacie

ostatniej dekady. W galerii malarstwa, stanowiącej znaczną cześć wystawy, pokazano filiacje artystyczne kolorystów: Jana Cybisa, Artura Nachta-Samborskiego i Eugeniusza Eibischa, realistów w rodzaju Michała Byliny oraz nieco młodszych zwolenników nowoczesności Aleksandra Kobzdeja i Stefana Gierowskiego. Nie po raz pierwszy widać, jak od tolerancji i klasy mistrza, np. Tadeusza Dominika i Stefana Gierowskiego, zależy oryginalna kreatywność ich uczniów i następców. Równoległość zjawisk artystycznych w Warszawie i za granicą po 1955 r. stała się cechą nurtów i grup artystycznych skupionych wokół popaździernikowej Galerii Krzywe Koło, później także Galerii MDM, Współczesnej, Foksal, aż po Gruppę początku lat 80., której malarzy przyrównywano do niemieckich przedstawicieli nowej ekspresji. Warto przy okazji podkreślić, jak istotne znaczenie w dążeniu do nowoczesności odegrały, stojące pozornie na uboczu głównego — malarskiego — nurtu w ASP, Zakłady Artystyczno-Badawcze, pracownie projektowania, wzornictwa czy form przemysłowych, gdzie mistrzami byli związani niegdyś z Le Corbusierem Jerzy Sołtan i Oskar Hansen, czy nauczający tam w późniejszych latach rysunku albo malarstwa Jerzy Tchórzewski, Jacek Sempoliński, Łukasz Korolkiewicz.

Właśnie w zespole związanym z Oskarem Hansenem powstały znakomite, przestrzenne, zrywające z tradycyjnym rozumieniem pomnika jako posągu lub rzeźby, ale niestety niezrealizowane: *Pomnik Bohaterów Warszawy* i pomnik *Droga Oświęcimska*. Przemiany polityczne sprawiły, że w 1956 rozpisano konkurs na pierwszy z wymienionych. Już w dwa lata później autorów projektu wysoko cenionego przez kręgi artystyczne i także szeroką opinię publiczną — Zofię Hansen, Wojciecha Fangora, Jana Krzysztofa Meissnera, Lechosława Rosińskiego, Lecha Tomaszewskiego — skazno na upokarzający, częściowy zwrot kosztów. W 1957 ogłoszono międzynarodowy konkurs na pomnik oświęcimski. Jego los był równie nieszczęsny. Projekt z pracowni Hansena (Zofia Hansen, Jerzy Jarnuszkiewicz, Edmund Kupiecki, Julian Pałka, Lechosław Rosiński), wykorzystujący istniejące elementy struktury obozowej: dwa

---

[1] „Powinność i bunt. Akademia Sztuk Pięknych w Warszawie 1944–2004", Zachęta, Narodowa Galeria Sztuki, 18 IX–24 X 2004.

krematoria i prowadzące do nich tory kolejowe, znalazł się w trójce finalistów, zdobył uznanie światłej i niezależnej części jury, któremu przewodniczył sam Henry Moore (już wkrótce miała się odbyć w Zachęcie jego wystawa). Stał się jednak zarazem celem agresywnej, prymitywnej, ale niestety zwycięskiej krytyki Seweryny Szmaglewskiej.

Rok 2004 obfituje w rocznice, przypada nań między innymi stulecie urodzin Witolda Gombrowicza, któremu w Warszawie poświęcono dwie wystawy. Ta w Kordegardzie[1] ma niemal intymny charakter — pokazuje bowiem fotografie niedostatecznie w Polsce znanego, od lat mieszkającego za granicą architekta Bohdana Paczowskiego. Był on „sąsiadem" (mieszkał wtedy w Chiavari) i przyjacielem Gombrowicza, który po powrocie do Europy osiadł w Vence na francuskiej Riwierze. Piękne, czarno-białe zdjęcia ukazują pisarza i jego najbliższych: żonę Ritę, Konstantego Jeleńskiego, Marię Paczowską, a także Sławomira Mrożka, Jana Lebensteina i Jana Lenicę w ich codzienności, wśród zwyczajnych przedmiotów. Portret Gombrowicza jest tak psychologicznie przenikliwy, że wystawę można by zatytułować „Gombrowicz Paczowskiego".

Przy czym najlepszy komentarz do tej fascynującej wystawy stanowią słowa Bohdana Paczowskiego: „Nasza przyjaźń z Witoldem Gombrowiczem, rozpoczęta listami i wizytą w Vence w początkach lutego 1965 roku, trwała aż do jego śmierci w lipcu roku 1969.

Wszechogarniająca wrażliwość wiązała się u niego z dzielnością, z jasną myślą i z prostotą sformułowań, co sprawiało, że ilekroć było się z nim, miało się wrażenie odzyskiwania gruntu pod nogami, przy czym świat nie tracił niczego ze swoich zagrożeń i pułapek. To poczucie odeszło razem z jego odejściem.

Może w fotografiach przetrwa pasemko cienia tego czasu".

Odmienna, nawiązująca do tradycji zapoczątkowanej przed laty przez Adama Mauersbergera, jest wystawa w Muzeum Literatury[2]. Niezwykłość zawdzięcza swego rodzaju instalacjom Jerzego Kaliny, który dysponując fotografiami, wydaniami książek Gombrowicza i nielicznymi pamiątkami, za pomocą rozwiązań przestrzennych stworzył dynamiczny pokaz o silnym oddziaływaniu symbolicznym. W sali poświęconej *Ferdydurke* podium zasłane jest poduszkami... noszącymi nazwiska polskich pisarzy, wielkich i tych pomniejszych, o których profesor Pimko uczył swych niesfornych uczniów.

Pokaz nabytków Fundacji Ciechanowieckich z lat 1994–2004 w Zamku Królewskim w Warszawie[3] to z kolei przykład nieprzerwanych związków z Europą nie tylko twórców, ale i kolekcjonerów. Ich wybitnym przedstawicielem jest Andrzej Ciechanowiecki. Wykształcony w Polsce historyk sztuki, przez lata mieszkający za granicą, znawca i antykwariusz, wyszukiwał i zbierał polonika oraz dzieła artystów polskich albo z Polską związanych. A kiedy tylko stało się to możliwe, założył fundację imienia swej rodziny. Ze zbioru liczącego już ponad 1500 eksponatów pokazano najcenniejsze spośród nabytych w ostatniej dekadzie. Dla przykładu wystarczy wspomnieć choćby obrazy olejne i akwarele Jana Piotra Norblina (Jean-Pierre Norblin de la Gourdaine), jakże spolonizowanego przez lata pobytu w Rzeczypospolitej niezrównanego kronikarza życia i obyczajów.

Po tak świetnym początku sezonu można spodziewać się dalszego ciągu wystaw, przynajmniej gdy idzie o stulecie warszawskiej ASP, oraz o ekspozycje będące wspólnym dziełem europejskich historyków i krytyków sztuki.

Justyna Guze

[1] „Witold Gombrowicz Vence–Chiavari 1965–1968. 30 fotografii Bohdana Paczowskiego". Galeria Kordegarda, Warszawa 24 IX–17 X 2004. Wystawę w 2004 roku pokazano także w Lublinie, Inowrocławiu, Łodzi, Moskwie, Nowym Jorku, Frankfurcie, Kiszyniowie, Strasburgu, Aradzie, Bukareszcie, Rzymie. Katalog ze środków Fundacji Banku PKO SA.; opracowanie edytorskie Piotr Kłoczowski; projekt graficzny i typograficzny Janusz Górski; wybór cytatów z *Dziennika* Witolda Gombrowicza: Maria i Bohdan Paczowscy; Gdańsk, słowo / obraz terytoria, 2004.

[2] „Ja Ferdydurke", Muzeum Literatury im. Adama Mickiewicza, 29 X–III 2004.

[3] „Pokaz nabytków Fundacji Ciechanowieckich 1994–2004", Zamek Królewski w Warszawie, 28 IX–15 X 2004.

Paryskie wystawy, lato–jesień 2004

Sztuka autoportretu zawsze ciekawiła malarzy. Autoportrety lubi także publiczność, podpatrująca, jacy naprawdę są artyści, jak widzą siebie sami. Na wystawie w Musée du Luxembourg[1] zgrupowano autoportrety niemal wszystkich najsłynniejszych malarzy XX wieku, są: Baselitz, Buffet, César, Chagall, Degas, Derain, Dubuffet, Max Ernst, Giacometti, Frida Kahlo, Léger, Malewicz, Matisse, Mirò, Mondrian, Picabia, Picasso, Vlaminck, Vuillard i wielu innych. Przegląd interesujący, bo udowadnia, że można ukazać siebie na wiele sposobów. Sto pięćdziesiąt zgromadzonych dzieł odpowiada na pytanie: „kim jestem?". Za każdym razem inaczej. Autoportret, zapis siebie w ucieczce przed niebytem, staje się przejmującym manifestem osobistym i artystycznym. Czasami opowiada o tragizmie przeżywanej epoki, albo staje się testamentem artysty, ostatnim jego wizerunkiem (Degas, Mondrian).

Na wystawie przeważają autoportrety figuratywne, realistyczne, nieraz z malarską paletą w dłoni, z pędzlami w kieszeni czy przed sztalugą (Bogart, Pignon, Bonnat, Buffet). Są też autoportrety fotograficzne (Bayer, Beuys, Brancusi) i rzeźbiarskie (Bissier, Alquin, César). Wiele nosi znamię malarskiego stylu autora. Twarz Francisa Bacona jest zamglona. I charakterystycznie zniekształcona. Twarz André Massona kolorowo rozkołysana. Są autoportrety malowane cyklicznie, nawet przez 50 lat, autoportrety w lustrze (Dubuffet, Bissier), do góry nogami (Baselitz), i autoportrety potrójne (Norman Rochwell). Lovis Corinth notuje wszystkie swoje grymasy. Malarze portretują się też chętnie w przebraniu (Malewicz, Van Dongen), w masce (Popovic, Adami), albo nago (Egon Schiele, Suzanne Valadon), lub, jak Brian Bourke, tylko w kapeluszu.

Często autoportret staje się poszukiwaniem siebie, jeszcze niezdefiniowanego, niejasnego. Alberola pisze na czterech zdjęciach słowo „RIEN" — „NIC", Tony Cragg komponuje swój autoportret z kawałków plastiku, Henry Moore maluje same dłonie, Duchamp składa tylko swój podpis, a Ben kreśli jedno zdanie. Magritte maluje swoją sylwetkę,

a Arman pokazuje przedmioty, uroczy bałagan pod pleksiglasem. Słynny afisz „*I want you for US army*" okazuje się autoportretem jego twórcy, Jamesa Montgomery Flagga. Malarze przyglądają się sobie uważnie, potem wpatrują się w nas ze ścian, a my, patrząc intensywnie w ich oczy, czujemy niespodziewaną bliskość, jakby uchylili rąbka tajemnicy geniuszu i zaprosili nas do swojej pracowni.

Musée du Luxembourg pokazało ekspozycję poświęconą malarzowi cinquecento, Paolo Caliari, ogólnie znanemu jako Veronese (1528–1588)[2]. Bardzo laicka jest wizja malarza Veronesa, bo do dzieł inspirowanych antykiem, a nawet Biblią wprowadza elementy z życia współczesnej mu Wenecji, zabarwiając je subtelnym erotyzmem, czym naraził się władzom kościelnym, a nawet Inkwizycji. Kontrreformacja spowoduje w ostatnich latach jego życia zwrócenie się ku tematom religijnym, ale te prace zostały na wystawie pominięte. Veronese reprezentuje przejście od renesansu do manieryzmu, łączy tradycję toskańsko-rzymską z jej ulubioną tematyką mitologiczną i alegoryczną, z wenecką tradycją splendoru i bogactwa kolorów, stwarzając dzieła radosne, celebrujące piękno ludzkiego ciała (*Zuzanna i starcy*, 1570; *Porwanie Europy*, 1575–1580). Urodzony i wykształcony w Weronie, przenosi się Veronese w 1555 do Wenecji, gdzie dostaje prestiżowe zamówienie na dekorację plafonów w Pałacu Dożów. Dekoruje też wille, maluje freski i obrazy, a jego sposób interpretowania tematów podoba się zwłaszcza weneckiej arystokracji, bo czy są to portrety weneckich piękności, portrety historyczne, postacie antyczne, czy biblijne, Veronese przedstawia je godnie i pięknie. Maluje też dynamiczne, pełne ruchu sceny. Mars naciera na korpulentną, niczym włoska chłopka, Wenus, młody chłopak wybiera między dwoma kobietami, skromną Cnotą i ponętną Przywarą; nagi Kupidyn przytula się do łaciatych psów, Jupiter i Wenus zwijają się w miłosnym zwarciu, świętego Antoniego kuszą nagi centaur i piękna kobieta. Za każdym razem obraz pełen jest emocji, cielesnych pragnień, i poprzez swój wyszukany koloryt, swobodną kompozycję, lekkie potraktowanie tematów, stwarza współczesną nam wizję świata.

---

[1] „Moi! Autoportraits du XX siècle", Musée du Luxembourg, 31 III–25 VII 2004.
[2] „Veronese Profane", Musée du Luxembourg, 22 IX 2004–30 I 2005.

W oszklonym budynku Fundacji Cartier przy bulwarze Raspail, słynnym z ekspozycji sztuki nowoczesnej, pachnie jak w piekarni. Wielkie okna przesłaniają story zrobione z 4000 prawdziwych bagietek. Po salach przechadzają się modelki w krótkich, białych sukienkach, z przyczepionymi do pleców koszykami na pieczywo. Na wiklinowych stojakach stoją dzieła sztuki, upięte „suknie", przypominające snopki zboża, zrobione z bochnów, kromek, okruszków i rogalików. Ta oryginalna moda z pieczywa to wystawa sztuki *enfant terrible* francuskiego *haute couture*, Jean Paul Gaultiera[1]. Efemeryczne suknie z bułeczek i chlebów, spódnice z biszkoptów, surduty ze spiczastymi piersiami z chlebowej mąki, przypominające słynny gorset Madonny. Ugniecione z ciasta kapelusze, buty, sandały i parasolki szybko kruszeją, pękają i nabierają szlachetności materii niszczonej czasem.

Ale dlaczego słynny Jean Paul Gaultier zainteresował się piekarskimi wyrobami?

Kiedy Fundacja Cartier zaproponowała mu retrospektywę mody, uznając ją za część współczesnej sztuki, Gaultier nie zgodził się wystawić sukien jak w muzeum. Martwo, bez kontekstu, bez ruchu ciał pięknych modelek. Wielki smakosz i zawodowy prowokator, zamiast muślinu i taft postanowił użyć tym razem jako materii chlebowego ciasta, które daje się jak glina formować. Bo przecież i on jest, jak piekarz, tylko zwykłym rzemieślnikiem, prostym krawcem.

Jean Paul Gaultier, ur. 1952, nie ukończywszy żadnej szkoły mody, zaczął jako osiemnastolatek pracować w studio krawieckim Pierre Cardina, potem Jacques'a Esterela i Jeana Patou. Pierwszą własną kolekcję pokazał w 1976 roku. Miała znamiona jego przyszłego stylu — upiększanie przedmiotów codziennego użytku, zaskakujące skojarzenia materiałów, kulturowe melanże. Gaultier został natychmiast okrzyknięty „Ojcem złego gustu", ale to właśnie dzięki szyderstwu i szokującym nieraz pomysłom udaje mu się wyprowadzić modę z elitarnego kręgu. W 1983 roku, w kolekcji „Dadaiści" Gaultier pokazał gorsety noszone jako ubrania, a w kolekcji „Mężczyzna–przedmiot" — spódnice dla panów. Jego kolejną inspiracją

stają się Indie, tatuaże, rosyjski konstruktywizm, Frida Kahlo, damska bielizna, Chiny i Hiszpania. W latach dziewięćdziesiątych wypuszcza na rynek perfumy w oryginalnych puszkach, z flakonami w kształcie męskiego ciała („Le Mâle") i kobiecego („Classique"). Jean Paul Gaultier projektuje też kostiumy sceniczne piosenkarki Madonny i kostiumy do filmów: Petera Greenawaya, Luca Bessona i Pedro Almodovara, z którym współtworzy jego oryginalny estetyzm. W 1998 roku Ueno Royal Museum w Tokio poświęciło mu wystawę, podczas której widzowie zostali przemienieni w „jednodniowe modele".

Ekspozycja w Fundacji Cartier jest oczywiście kolejną prowokacją Gaultiera. W trakcie pięciomiesięcznej wystawy piekarze, sponsorowani przez Wielkie Młyny Paryża, odsłaniają w podziemiach Fundacji sekrety swojego rzemiosła i pieką na oczach publiczności kolejne porcje zaprojektowanego przez Gaultiera pieczywa. Na szczęście dla łakomczuchów, zwiedzający mogą kupić sobie „dzieło sztuki", bułeczkę czy croissanta... w fioletowe paski, w nawiązaniu do ulubionego, pasiastego T-shirtu Gaultiera (dochód przekazywany jest na rzecz „Restauracji Serca", charytatywnej organizacji rozdzielającej paryskie „kuroniówki"). Tym prostym sposobem możemy zaspokoić nie tylko ducha, ale i przyziemne potrzeby ciała.

Maria Stauber

Obrazy Polski w Paryżu, jesień 2004

Miasto nowy kształt brało i zdało się prawie,
że się sama Warszawa dziwiła Warszawie.
Adam Naruszewicz

W Luwrze możemy oglądać obrazy malarza, którego w Polsce nazywamy Canalettem, zapominając o „właściwym" Canaletcie, starszym, Giovannim Antonio Canalu, mistrzu weneckim i stryju „naszego" Bellotta[2]. Znamy te widoki. Dzieła Bellotta, były pomocne przy powojennej rekonstrukcji Warszawy. Są to obrazy wierne a zarazem żywe i nie jest to wcale czymś

[1] „Pain Couture by Jean Paul Gaultier", Fondation Cartier, 6 VI–10 X 2004.

[2] „Bernardo Bellotto. Obrazy z Zamku Królewskiego w Warszawie", Paryż, Luwr 7 X 2004–10 I 2005.

oczywistym, wszakże nazbyt sumienne oddanie szczegółu mogłoby zabić obraz, zgasić jego duszę. U Bellotta widzimy kościół Świętego Krzyża, jasny, o silnej sylwetce, ulica przed nim rozszerza się, obsadzona kamieniczkami o wyraźnych konturach. Widok oświetlony jest odważnie, z ostro rozgraniczonymi strefami słońca i cienia. Na ulicach drobne postaci — w kubrakach, żupanach, perukach. Powóz toruje sobie drogę wśród tłumu, w pobliżu pogrążona w rozmowie grupa znajomych, kuśtykający żebrak, kobieta prowadząca za rękę chłopca. Przyglądam się tym niewielkim sylwetkom, złożonym z kilku zaledwie plam rozjaśnionych żółtym blikiem. Można powiedzieć, że to tylko umiejętnie nakreślona miejska weduta. Bellotto osiąga w niej jednak mistrzostwo — obrazy pulsują bogactwem charakterów, strojów, postaci wywodzących się ze wszystkich stanów ówczesnej Polski.

Oglądam historyczną scenę elekcji króla Stanisława Augusta — szerokie pole i tłum szlachty, podekscytowanej wydarzeniem. Z przyjemnością patrzę na szlacheckie twarze, podgolone głowy i sumiaste wąsy. Wyborowi króla przygląda się także artysta w otoczeniu trzech córek i architekta królewskiego, Merliniego. Sama malarska jakość jest tu jednak słabsza. Bellotto nie widział elekcji na własne oczy, przybył do Polski trzy lata później.

Ostatecznie wygrywa Warszawa, miasto malowane z miłością, jak w najpiękniejszym chyba na wystawie widoku kościoła Karmelitanek, ze wspaniałą barokową fasadą świątyni; z bramy wyjeżdża kareta, obok Pałac Radziwiłłów z ciemnoczerwonej cegły i żywe grupy przechodniów. Na pamiątkę kupiłam plakat przedstawiający *Widok Warszawy od strony Pragi*: łodzie na rzece, którym przyglądają się wystrojeni spacerowicze. Po drugiej stronie Warszawa z wieżami i kopułami kościołów, dachami kamienic i sylwetą Zamku Królewskiego. Ponad nimi niebo, rozmydlony błękit z żółtawymi chmurami, jakie zdarzają się w pogodny dzień. Miasto nad rzeką, której brzegi do dziś porastają wodne zarośla.

Dobrze się stało, że wystawę Piotra Michałowskiego pokazano w Paryżu w Muzeum Delacroix[1]. Twórczość Michałowskiego wpisuje się bowiem w historię sztuki romantycznej; silne związki łączyły artystę z malarzami francuskimi owego czasu. Michałowski był uczniem C. J. Verneta i N. T. Charleta, podziwiał Géricault i Delacroix. Ekspozycja paryska ukazuje malarza w jego polskiej oryginalności, a zarazem w dialogu, jaki prowadził z Francją.

Najsilniejszym i pierwszym odczuciem wywołanym wystawą jest radość malarstwa silnego, pełnego rozmachu. Obrazy Michałowskiego malowane są szybko, niecierpliwie. Wiele z nich powstało na wcześniejszych płótnach; czasem prześwituje inny wizerunek. Artysta najwyraźniej nie przywiązywał do tego znaczenia. Ważny był akt malowania i to, co można w nim na gorąco uchwycić.

Wystawę otwierają portrety — twarze bardzo polskie, przede wszystkim chłopskie, nabrzmiałe zmęczeniem, zamyślone. *Seńko* — ruski wieśniak (a zarazem studium do cyklu z postacią Don Kichota) wzrok ma daleki, jest w nim filozoficzna zaduma, ale także nieokreślona prośba. Z twarzą tą kontrastuje podobizna papieża Innocentego X, inspirowana słynnym obrazem Velázqueza. Papież Michałowskiego jest doświadczonym, poważnym i surowym człowiekiem, jakby nie pasuje do niego bogata, purpurowa szata. Szczególną uwagę zwraca jeszcze jeden portret — grupa Żydów — patrzą w różne strony, trochę nieobecni, a jednak wydaje się, iż dostrzegają rzeczy niewidzialne.

Są na wystawie także dwa płótna ze słynnego cyklu przedstawiającego sceny z bitwy pod Somosierrą — tumult, mieszanina barw, strojów, pióropusze, kurzawa. Szwoleżerska szarża przypomina pędzący korowód. Widziane z daleka, obrazy zmieniają się w barwny fryz o miękkiej, abstrakcyjnej fakturze, z bliska dostrzegamy pociągnięcia pędzla lekkie i tłuste zarazem, gwałtowne i celne. Co zaskakujące — wszystko to rozgrywa się u Michałowskiego na płótnach o niewielkich rozmiarach. Obrazom tym towarzyszą portrety konne — kawalerzysty w czerwonej czapce i białym stroju, a także wspaniały wizerunek Napoleona — jego postać na koniu zdaje się przysadzista, a jednak bije z niej duma, siła i blask.

---

[1] „Piotr Michałowski", Paryż, Musée Delacroix, 25 X 2004–10 I 2005.

Michałowski miał zamiłowanie do koni — przedstawiał je zarówno w szkicach, akwarelach, jak i obrazach olejnych. Na wystawie najciekawszy wydaje się „portret" konia — biały, ciepło i zamaszyście namalowany łeb. Sąsiaduje z nim podobny obraz pędzla Géricault — bardziej „wykończony", wymodelowany, a jednak malowany z tą samą czułością.

W ostatniej sali powracamy do portretu — tym razem są to obrazy rodzinne, przedstawiające przede wszystkim dzieci artysty. Okrągłe buzie, szerokie, dziecinne wargi. Pozostaje w pamięci intensywne, brązowe spojrzenie pyzatego chłopca.

Anna Arno

NAGRODY LITERACKIE

Nagrodę Nobla w dziedzinie literatury otrzymała ELFRIEDE JELINEK.

Fundacja Kultury Polskiej przyznała Nagrodę Złotego Berła SŁAWOMIROWI MROŻKOWI (100 tys. zł).

Nagrodę NIKE 2004 otrzymał WOJCIECH KUCZOK za powieść *Gnój* (W. A. B.).

Laureatem Nagrody Kościelskich został TOMASZ RÓŻYCKI za poemat *Dwanaście stacji* (Znak).

Nagrodą im. Kazimiery Iłłakowiczówny za najlepszy poetycki debiut książkowy wyróżniono ŁUKASZA MAŃCZYKA za tom *Służebność światła* (Homini).

Nagrodą im. Zbigniewa Dominiaka wyróżniono BISERKĘ RAJCIĆ, zasłużoną tłumaczkę poezji polskiej na serbski.

Nagrodę im. Janusza Zajdla, dla najlepszych autorów w dziedzinie fantastyki, przyznano JACKOWI DUKAJOWI za powieść *Inne pieśni* (WL) i ANDRZEJOWI ZIEMIAŃSKIEMU za *Zapach szkła* (Fabryka słów).

Nagrodę „Przeglądu Wschodniego" im. Aleksandra Gieysztora otrzymał PIOTR WANDYCZ.

Nagrodę Naukową im. Jerzego Giedroycia, ustanowioną przez senat UMCS i przyznawaną przez kapitułę pod przewodnictwem Krzysztofa Pomiana, otrzymała OLA HNATIUK za książkę *Pożegnanie z imperium. Ukraińskie dyskusje o tożsamości* (UMCS).

Nagroda im. Beaty Pawlak, dziennikarki zabitej w zamachu terrorystycznym na indonezyjskiej wyspie Bali, 2002, przyznawana jest za publikację na temat innych kultur, religii i cywilizacji. Jej laureatami zostali PIOTR KŁODKOWSKI za cykl *Doskonały smak Orientu* (na łamach „Znaku") i ANDRZEJ STASIUK za książkę *Jadąc do Babadag* (Czarne).

Nagrodę im. Cypriana Norwida, ustanowioną przez Sejmik Województwa Mazowieckiego, otrzymał ZBIGNIEW SUDOLSKI za książkę *Norwid. Powieść biograficzna* (Ancher).

Nagrodę im. Łukasza Hirszowicza za działalność naukową, artystyczną lub edukacyjną, upamiętniającą obecność, kulturę i losy społeczności żydowskiej w Polsce, ufundowaną w Żydowskim Instytucie Historycznym, otrzymał DANIEL KAC (ps. Daniel Wołyński).

Nagrodę Gwiazda Bałtyku, dla wybitnych osobowości świata kultury i działaczy społecznych z krajów położonych nad Bałtykiem, wręczono w Petersburgu ANDRZEJOWI WAJDZIE.

Laureatami nagrody Warszawska Premiera Literacka zostali: za książkę czerwca 2004: EUSTACHY RYLSKI (*Człowiek w cieniu*, Świat Książki); za książkę lipca: HANNA KRALL (*Wyjątkowo długa linia*, a5); za książkę sierpnia: KAROL MODZELEWSKI (*Barbarzyńska Europa*, Iskry).

KRONIKA

13 VII Stanisław Lem został członkiem Niemieckiej Akademii Sztuk. □
15 VII w Warszawie, w Muzeum Narodowym otwarto wystawę „Witold Wojtkiewicz 1879–1909. Ceremonie". Patrz s. 158. □

16 VII w Warszawie zmarła Maria Turlejska (l. 85), historyk.□

16 VII w Krakowie zmarł Zbylut Grzywacz (l. 65), malarz, wykładowca krakowskiej ASP.□

19 VII w Galerii Zachęta w Warszawie otwarto wystawę László Laknera „Prace konceptualne & W hołdzie Celanowi".□

20 VII w Niemczech zmarł Günter Särchen (l. 77), współtwórca pojednania polsko-niemieckiego, prowadził w NRD Akcję Znaków Pokuty.□

21 VII w Warszawie zmarła Hanna Geremkowa, historyk starożytny, znawczyni dzieła i życia prof. Tadeusza Zielińskiego.□

22 VII we Francji zmarł Sacha Distel (l. 71), piosenkarz.□

23 VII w Warszawie, w Muzeum Narodowym otwarto monograficzną wystawę fotografii Edwarda Hartwiga.□

23 VII we Francji zmarła Janina Zyndram-Kościałkowska (l. 89), pisarka, autorka dramatów, na emigracji od 1941, laureatka Nagrody „Wiadomości". Nasza wierna czytelniczka i darczyńca, w „ZL" 85 opublikowała wspomnienie o Jerzym Stempowskim.□

24 VII minęła setna rocznica urodzin Jerzego Lieberta.□

24 VII w Centrum Sztuki i Techniki Japońskiej Mangha w Krakowie „Tygodnik Powszechny" uroczyście i miło obchodził wraz z zaproszonymi przyjaciółmi i admiratorami jubilata 70. urodziny swojego redaktora naczelnego ks. Adama Bonieckiego.□

25 VII smutna wiadomość dla starszych dzieci: w Toronto zmarł Leszek Mech (l. 71), scenarzysta serii filmów o Bolku i Lolku.□

27 VII w Warszawie Nagrodę im. Jana Karskiego i Poli Nireńskiej 2004 wręczono prof. Monice Adamczyk-Grabowskiej, kierującej Zakładem Kultury i Historii Żydów UMCS.□

27 VII minęła 25. rocznica śmierci Edwarda Stachury.□

28 VII w Warszawie, w Klubie Księgarza nagrodę Warszawskiej Premiery Literackiej za maj 2004 wręczono Jackowi Bocheńskiemu za książkę *Kaprysy starszego pana* (WL). □

29 VII w Galerii Kordegarda otwarto wystawę malarstwa Andrzeja Dudzińskiego „Ślady czegoś".□

29 VII w Warszawie prezentowano książkę Joanny K. M. Hanson, *Nadludzkiej*

poddani próbie. Ludność cywilna Warszawy w powstaniu 1944 r. (Czytelnik). W hotelu Bristol w Warszawie Władysław Bartoszewski przedstawił swoją książkę *Dni walczącej Stolicy* (Świat Książki).□

31 VII–8 VIII w Gdańsku odbył się VIII Międzynarodowy Festiwal Szekspirowski.□

Pod przewodnictwem prof. Adama Karpińskiego, IBL PAN, powołano Komitet Organizacyjny Obchodów Pięćsetnej Rocznicy Urodzin Mikołaja Reja, 2005.□

Wojciech Skalmowski (ps. Maciej Broński), wykładowca Katolickiego Uniwersytetu w Leuven, współpracownik paryskiej „Kultury" został odznaczony Krzyżem Komandorskim Orderu Zasługi RP.□

Książę Stanisław Lubomirski-Lanckoroński wygrał proces z muzeum w Radomsku o zwrot kolekcji 49. obrazów (wartości ok. 245 tys. zł), odebranej rodzinie wraz z rodową rezydencją w Kruszynie.□

Tadeusz Różewicz ogłosił fragmenty *Dzienników* z lat 1955–59 („Odra" nr 7–8).□

We Francji ukazała się naukowa biografia Jana Potockiego pióra François Rosseta i Dominique Triaire (Flammarion), a w Belgii pięciotomowe krytyczne wydanie dzieł Potockiego w opracowaniu tychże autorów (Peeters). Ogłosili oni oryginał *Rękopisu znalezionego w Saragossie* — trzecią, dotychczas nieznaną w Polsce wersję tej powieści (pierwszej, wstępnej, Potocki zaniechał, drugiej nie dokończył, polski tłumacz Edmund Chojecki dokonał kompilacji, dodając do 45 rozdziałów z wersji drugiej zakończenie wersji trzeciej). Potocki zamknął trzecią i jedyną pełną wersję książki w 61 rozdziałach, była ona o 5 rozdziałów krótsza od kompilacji tłumacza, uchodzącej dotychczas za oryginał.□

SIERPIEŃ

1 VIII minęła 60. rocznica wybuchu Powstania Warszawskiego, obchodzona pod egidą prezydenta miasta Lecha Kaczyńskiego. Na Woli otwarto Muzeum Powstania Warszawskiego.□

2 VIII w Muzeum Literatury im. A. Mickiewicza odbył się spektakl *Pamięci nasze i miłości*, w 60. rocznicę śmierci K. K. Baczyńskiego, T. Gajcego, Z. Stroińskiego.□

2 VIII zmarł Henri Cartier-Bresson (l. 95), wielki artysta fotograf, współtwórca agencji fotograficznej Magnum.□

4 VIII minęła setna rocznica urodzin Witolda Gombrowicza. Poczta Polska wydała znaczek o wartości 1,25 zł z podobizną Gombrowicza według fotografii Bohdana Paczowskiego, wykonanej w Vence, 1965.□

9 VIII w Warszawie zmarł Bogusław Madey (l. 72), kompozytor, pianista, rektor Akademii Muzycznej im. Chopina w Warszawie, dyrygent Teatru Wielkiego Opery Narodowej.□

12 VIII w Zakopanem odbyła się parada *Młoda Polska w Zakopanem — Inspiracje*. Reż. Andrzej Dziuk, scen. Rafał Zawistowski.□

13 VIII Helena Łuczywo zrezygnowała z funkcji członka zarządu Agora S.A., wydawcy „Gazety Wyborczej", nadal sprawując stanowisko zastępcy redaktora naczelnego tego dziennika.□

14 VIII w Krakowie zmarł Czesław Miłosz (l. 93), poeta. Laureat Nagrody Nobla, 1980. Współpracował z „ZL" od początku istnienia pisma. Utraciliśmy w Nim wielkiego i niezawodnego przyjaciela. Naszym powodem do satysfakcji i spokoju sumienia jest to, że nie obarczaliśmy Go prośbami o doraźną pomoc — kulturze polskiej i światowej nie ubył z naszego powodu ani jeden wiekopomny wiersz. Kilkadziesiąt Jego utworów, w tym tytułowe z Jego kolejnych tomów, oraz już dzisiaj kształtujące kanon Jego twórczości, ukazało się na naszych łamach (wykaz publikacji Miłosza w „ZL" patrz s. 90).□

14 VIII minęła 10. rocznica śmierci Eliasa Canettiego.□

16 VIII jubileusz 80. rocznicy urodzin obchodził Stanisław Różewicz, reżyser filmowy.□

22 VIII w Oslo, z Muzeum Edvarda Muncha skradziono obrazy *Krzyk* oraz *Madonnę* jego pędzla.□

23 VIII w Londynie zmarł Mieczysław Paszkiewicz (l. 79), prezes Związku Pisarzy Polskich na Obczyźnie.□

24 VIII w Muzeum w Królikarni otwarto wystawę „Przekształcenia. Andrzej Wróblewski 1956–1957".□

27 VIII w Krakowie odbyły się uroczystości pogrzebowe Czesława Miłosza. Po Mszy św. w Bazylice Mariackiej kondukt przeszedł ulicami miasta do klasztoru oo. Paulinów na Skałce, gdzie złożono ciało Zmarłego. Wieczorem w kościele św. Katarzyny odbyło się

Pożegnanie. Memorial — wiersze czytali wybrani przez organizatorów poeci i przyjaciele. Szerzej — patrz teksty w tym numerze „ZL": Pinsky, Craveri, Arno.□

W Krakowie rodzina Czesława Miłosza powołała polsko-amerykańską fundację „The Miłosz Institute. Archives and Library". Jej celem jest udostępnienie w Internecie dorobku literackiego poety i jego korespondencji. Czesław Miłosz złożył swoje archiwum w Beinecke Library, USA.□

We Włoszech ukazał się tom wierszy *Le poesie giovanili. Cracovia, primavera, estate 1939* — pełne wydanie młodzieńczych utworów poetyckich Karola Wojtyły. Tłum. Marta Burghart.□

29 VIII w Muzeum im. A. i J. Iwaszkiewiczów w Stawisku odbyło się spotkanie z Jadwigą Staniszkis i Kazimierzem Kutzem, z okazji wydania ich książki *To nie to... nie tak miało być* (EGO).□

Redaktorem naczelnym „Rzeczpospolitej" został Grzegorz Gauden. Dotychczasowy redaktor Maciej Łukasiewicz pozostał w kolegium redakcyjnym jako redaktor naczelny sobotniego dodatku „Plus-Minus". Redaktorem naczelnym dwutygodnika „Viva" została Katarzyna Montgomery.□

WRZESIEŃ

1 IX w Moskwie rozpoczęły się XVII Międzynarodowe Targi Książki. Z czytelnikami spotkali się: Adam Michnik, Stefan Chwin, Zbigniew Kruszyński, Adam Wiedemann.□

2 IX jubileusz 90. urodzin obchodziła Stefania Grodzieńska.□

2 IX w Weimarze pożar w bibliotece księżnej Anny Amalii w Zielonym Zamku strawił ok. 25 tys. książek, zaś 40 tys. egzemplarzy uległo zniszczeniu podczas gaszenia ognia wodą. W książnicy tej znajdowała się kolekcja szekspirowska oraz licząca 20 tys. tomów kolekcja wydań i opracowań *Fausta* Goethego. Pokrzepieniem jest to, że nasi Najwięksi — Czesław Miłosz, Witold Lutosławski, Zbigniew Herbert, pomni tych i innych zagrożeń, okazali się bardziej przewidujący, umieszczając swoje archiwa w lepiej zabezpieczonych, wyspecjalizowanych instytucjach, takich jak Beinecke Library w USA czy Fundacji Paula Sachera w Bazylei.□

2 IX w Odessie z okazji obchodów 210-
-lecia miasta odsłonięto pomnik Adama
Mickiewicza dłuta Aleksandra Kniazyka.□
2 IX ogłoszono listę 7 finalistów Nagrody
NIKE: Wojciech Kuczok *Gnój* (W. A. B.), Ewa
Lipska *Ja* (WL), Daniel Odija *Tartak* (Czarne), Mieczysław Porębski *Nowosielski* (WL),
Ryszard Przybylski *Krzemieniec. Opowieść
o rozsądku zwyciężonych* (Sic!), Magdalena
Tulli *Tryby* (W. A. B.), Henryk Waniek *Finis
Silesiae* (Wyd. Dolnośląskie).□
2 IX w Warszawie zmarł Stefan Woło-
szyn (l. 93), pedagog, znawca życia i twórczości Janusza Korczaka.□
2–23 IX we współpracy z Media Kontakt
w Domu Kultury Śródmieście w Warszawie odbył się przegląd „Powstanie
Warszawskie 1944 w filmie fabularnym
i dokumentalnym".□
4 IX jubileusz 80. urodzin obchodził
Jerzy Ficowski, poeta, eseista, tłumacz, badacz życia i twórczości Brunona Schulza.
5 IX w Teatrze Stanisławowskim w Łazienkach Królewskich przedstawiono spektakl
Z piołunu gorzki miód.□
6 IX w Bibliotece Narodowej w Warszawie otwarto wystawę „Jedenaście arcydzieł
literatury w filmach Andrzeja Wajdy".□
6 IX dyrektorem Instytutu Adama Mickiewicza został Tomasz Tłuczkiewicz. Za-
stąpił Ryszarda Żółtanieckiego.□
W Sądzie Rejonowym dla m. st. Warszawy zarejestrowano Towarzystwo Autorów
Teatralnych.□
7 IX w Warszawie, w Muzeum Etnogra-
ficznym otwarto wystawę obrazów Nikifo-
ra, pokazano 90 prac Mistrza z Krynicy. Na
ekrany wszedł poświęcony mu film *Mój
Nikifor*, reż. K. Krauze, z Krystyną Feld-
man w roli głównej.□
10 IX w Bibliotece Narodowej odbyło się
spotkanie z Ryszardem Matuszewskim,
z okazji 90. urodzin i 70-lecia pracy twórczej
oraz prezentacji jego książki *Alfabet. Wybór
z pamięci 90-latka* (Iskry); wprowadzenie:
Tadeusz Komendant. 23 IX w Domu Literatury odbyło się inne spotkanie z Ryszardem
Matuszewskim z tej samej okazji; o jubilacie
mówili A. Nasiłowska i T. Drewnowski.□
10 IX w Nancy otwarto wystawę „Trzej
muszkieterowie i... czwarty", na której
pokazano dzieła Schulza, Witkacego, Gombrowicza i Kantora.□

10 IX w Wenecji otwarto 9. Międzynarodowe Biennale Architektury. Zaprezento-
wano projekty młodych autorów z Polski:
Piotra Nawary, Agnieszki Szultk, Izabeli
Małachowskiej-Coqui.□
We Włoszech ukazała się *Storia della
letteratura polacca* w opracowaniu Luigi
Marinellego, w ramach serii Piccola Biblio-
teca Einaudi, s. 540. Zarys historii polskiej
literatury sięga Galla Anonima. Literaturę
międzywojnia omawia Francesca Fornari,
lata 1939–56 — Marcello Piacentini, lata
1956–2000 — Silvano De Fanti. Poświęcono osobną uwagę tzw. Generacji 1956, Wi-
toldowi Gombrowiczowi, powieści histo-
rycznej, okresowi małej stabilizacji i teatro-
wi absurdu, Miłoszowi, Różewiczowi, Bia-
łoszewskiemu, Herbertowi, Szymborskiej,
Nowej Fali, autorom lat 80. i 90, a także
literaturze w jidisz oraz hebrajsko-polskiej
— w oprac. Laury Quercioli Mincer.□
10 IX minęła 30. rocznica śmierci Mel-
chiora Wańkowicza.□
10–19 IX we Wrocławiu odbył się
39. Międzynarodowy Festiwal „Wratisla-
via Cantans".□
11–12 IX w Kołobrzegu odbyła się po
raz piąty Herbertiada. Ogólnopolski Przegląd Twórczości im. Zbigniewa Herberta.□
11 IX w Warszawie zmarł Jerzy Lisowski (l. 76), tłumacz, eseista, redaktor naczelny „Twórczości" od roku 1980, autor
Antologii poezji francuskiej.□
12 IX w Warszawie zmarł Marek Karp
(l. 52), historyk, publicysta, założyciel
i wieloletni dyrektor Ośrodka Studiów
Wschodnich.□
13 IX w Nowym Jorku zmarł Fred Ebb
(l. 76), autor tekstów do słynnych musicali
Kabaret, Chicago, New York, New York.□
13 IX w Waszyngtonie, w Scena Theatre
odbyła się premiera *Iwony księżniczki Burgunda* Gombrowicza. Reż. R. McNamara.□
14 IX w Poznaniu, w Muzeum Narodowym
otwarto monograficzną wystawę „Skupienie
i marzenie. Malarstwo Jana Spychalskiego".□
14 IX w Warszawie, w Filharmonii Narodowej wystąpił z koncertem muzyki
dawnej po raz pierwszy w Polsce zespół
Café Zimmermann.□
15 IX w Wiedniu, w Kunstforum otwarto wystawę Tamary Łempickiej „Art Deco
Icon".□

15–18 IX w Lovranie, Chorwacja, odbyła się konferencja naukowa „Witkiewiczowie w Lovranie — po stu latach", udział wzięli: D. Blażina, S. Okołowicz, A. Żakiewicz, L. Sokół, B. Michalski, G. Tomassucci, J. Degler.☐

16 IX w Londynie, w Barbican Art Gallery otwarto wystawę „Space of encounter. The architecture of Daniel Libeskind".☐

16 IX we Lwowie rozpoczęło się Forum Wydawców, największe na Ukrainie targi książki. Uczestniczyli: Olga Tokarczuk, Daniel Odija, Andrzej Stasiuk, Krzysztof Varga, Paweł Smoleński.☐

17 IX w Muzeum Narodowym w Warszawie otwarto wystawę „Transalpinum — od Giorgiona i Dürera do Tycjana i Rubensa. Dzieła malarstwa europejskiego ze zbiorów Kunsthistorisches Museum w Wiedniu". Odkrywcze zestawienie bezcennych obrazów, patrz: s. 187.☐

17 IX minęła 65. rocznica samobójczej śmierci Stanisława Ignacego Witkiewicza.☐

17–25 IX w Warszawie trwał 47. Międzynarodowy Festiwal Muzyki Współczesnej „Warszawska Jesień". 23 IX w Warszawie, w Mazowieckim Centrum Kultury odbył się koncert złożony z *Ładnienia* (premiera), kompozycji Pawła Mykietyna do wiersza Marcina Świetlickiego (partia wokalna w wykonaniu Jerzego Artysza) oraz utworu Pawła Szymańskiego, powstałego dla zespołu baletowego z San Francisco.☐

19 IX w Gdyni na Festiwalu Polskich Filmów Fabularnych główną nagrodę Złote Lwy i Nagrodę Publiczności Silver Screen otrzymał film *Pręgi*. Reż. Małgorzata Piekorz, scenariusz Wojciech Kuczok.☐

20 IX jubileusz 90. urodzin obchodził poeta Maria Luzi.☐

20 IX w Krzemieńcu otwarto Muzeum Juliusza Słowackiego (ekspozycja projektu Jolanty Pol).☐

21 IX w New York Theatre Workshop Elżbieta Czyżewska wystąpiła w sztuce Ibsena *Hedda Gabler*. Reż. Ivo van Hove.☐

21 IX w Galerii Zachęta otwarto wystawę „Bunt i powinność. Akademia Sztuk Pięknych w Warszawie 1944–2004". Wydarzenie. Patrz s. 188.☐

21 IX w Bibliotece Uniwersytetu Warszawskiego odbyło się spotkanie z Normanem Daviesem, z okazji wydania jego książki *Powstanie '44* (Znak).☐

21 IX rząd RP przyjął Narodową Strategię Rozwoju Kultury na lata 2004–2013, najważniejsze cele programu to: rozwój czytelnictwa, sieci bibliotek i instytucji artystycznych, ochrona dziedzictwa oraz wspieranie sztuki współczesnej.☐

22 IX w Suwałkach, w Muzeum im. Marii Konopnickiej odbył się wieczór „In memoriam. Czesław Miłosz 1911–2004. Powroty".☐

23 IX w Warszawie, w Klubie Księgarza o książce Hanny Krall *Wyjątkowo długa linia* (a5) mówiła Julia Hartwig.☐

24 IX w Lublinie doktoraty *hc* KUL otrzymali Krzysztof Zanussi i Mikołaj Górecki.☐

24 IX w stulecie urodzin Witolda Gombrowicza w Muzeum Literatury im. Adama Mickiewicza odbył się wernisaż wystawy „Ja, Ferdydurke...". Scenariusz Jolanta Pol i Jerzy Kalina.☐

24 IX zmarła Françoise Sagan (l. 69), powieściopisarka, autorka *Witaj smutku*.☐

24 IX w Lublinie odbył się II Kongres Kultury Chrześcijańskiej, udział wzięli m.in.: J. Buzek, B. Geremek, L. Kieres, A. Wajda, W. Bartoszewski.☐

25 IX w São Paulo otwarto 26. Biennale Sztuki, pokazano m.in. zdjęcie o pow. 23 m^2 przedstawiające żywy portret Jana Pawła II, jaki z udziałem 3,5 tys. statystów i brazylijskich żołnierzy ułożył Piotr Uklański.☐

27 IX w Galerii Kordegarda odbył się wernisaż fotografii Bohdana Paczowskiego „Witold Gombrowicz Vence–Chiavari 1965–1968", patrz s. 189.☐

28 IX wrocławskie Wydawnictwo Dolnośląskie, działające na rynku od 1986 roku, zostało sprzedane poznańskiej firmie Publicat S. A., wcześniej znanej jako Podsiedlik–Raniowski i Ska. Wydawnictwo Dolnośląskie ma zachować nazwę, siedzibę, władze oraz dotychczasowy profil wydawniczy.☐

28 IX w Warszawie, w Pałacu Sobańskich odbył się z inicjatywy Janusza Palikota koncert „De Musica". Kierownictwo artystyczne Michał Bristigier, edytorskie oprac. książeczki programowej Piotr Kłoczowski, graficzne — Janusz Górski. Patrz s. 153.☐

29 IX w Warszawie, w Instytucie Sztuki PAN otwarto wystawę fotografii architek-

tury warszawskiej Czesława Olszewskiego (1894–1969). □

30 IX w Olsztynie, w Galerii BWA otwarto wystawę Marca Chagalla „Ilustracje do Biblii i inne litografie", pokazano ponad 80. prac z prywatnej kolekcji Jakuba Lepy. □

30 IX w Warszawie zmarł Zygmunt Kałużyński (l. 86), krytyk filmowy, publicysta, wieloletni współpracownik „Polityki". □

W Paryżu po trwającym cztery lata kapitalnym remoncie budynku otwarto dla czytelników Bibliotekę Polską. Z tej okazji odbyła się sesja naukowa poświęcona historii biblioteki: z udziałem B. Geremka i H. Carrere d'Encausse. □

Wanda Rapaczyńska, prezes Agory, znalazła się na ósmym miejscu rankingu kobiet europejskiego biznesu ogłoszonego przez dziennik „Financial Times". □

Na dziedzińcu Collegium Maius Uniwersytetu Opolskiego odsłonięto pomnik Jerzego Grotowskiego projektu Mariana Molendy. □

PAŹDZIERNIK

1 X w Krakowie Ryszard Kapuściński otrzymał doktorat *hc* Uniwersytetu Jagiellońskiego. □

1 X w Radomiu, w Muzeum im. J. Malczewskiego otwarto wystawę „Jacek Malczewski 1854–1929". □

1 X w Nowym Jorku zmarł Richard Avedon (l. 81), fotograf, pracował dla „Harper's Bazaar", „Vogue", „New Yorker"; „New York Times" 2002 uznał go za najsłynniejszego fotografa świata. □

1 X na półroczny urlop udał się członek zarządu Agora SA Piotr Niemczycki, odpowiedzialny m.in za wydawnictwo, a po odejściu Heleny Łuczywo z zarządu, również za pion redakcyjny. Prezesem zarządu jest Wanda Rapaczyńska. Nowym członkiem czteroosobowego zarządu jest Jarosław Szaliński, innym, stosunkowo od niedawna, jest Zbigniew Bąk. □

2 X w Warszawie, w Pałacu Potockich wręczono Nagrodę „Przeglądu Wschodniego" im. Aleksandra Gieysztora prof. Piotrowi Wandyczowi. Laudację wygłosił Adolf Juzwenko. □

3 X w Teatrze Stanisławowskim w Łazienkach Królewskich w Warszawie odbył

się uroczysty finał konkursu Nike 2004 na najlepszą książkę roku 2003. Laureatem został W. Kuczok (*Gnój*; W. A. B.). □

4 X we Wrocławiu, w Muzeum Narodowym otwarto wystawę „Jan Lebenstein. Kolekcja Muzeum Narodowego we Wrocławiu", w 5. rocznicę śmierci artysty (40 olejów i gwaszy). □

Nakładem wydawnictwa Hotel Sztuki ukazała się dwutomowa antologia *Jan Lebenstein* pod redakcją Andrzeja Wata i Danuty Wróblewskiej. Tom I, *Monologi o sztuce własnej, o tradycji i współczesności* ze wstępem Krzysztofa Pomiana zawiera wypowiedzi artysty. Tom II, *Jan Lebenstein i krytyka. Eseje, recenzje i wspomnienia* poprzedza wstęp Joanny Sosnowskiej. □

4 X w Villi Foksal w Warszawie Adam Michnik, przybyły na kwadrans ze szpitala, oraz zaproszony w jego zastępstwie Krzysztof Masłoń, dokonali prezentacji książki Janusza Głowackiego *Z głowy* (Świat Książki). W ciągu pierwszego tygodnia sprzedano 20 tys. egz. □

4 X w siedzibie redakcji „Gazety Wyborczej" odbyła się dyskusja wokół książki Anny Bikont *My z Jedwabnego* (Prószyński i Ska), fragmenty w „ZL" 86. Prowadzenie: J. Jedlicki, udział: J. Tokarska-Bakir, A. Smolar, wiele głosów z szczelnie wypełnionej sali. Recenzja J. Jedlickiego patrz. s. 135. □

5 X w Bibliotece Narodowej odbyło się spotkanie z wydawcą źródeł *Przywileje gmin żydowskich w dawnej Rzeczypospolitej*, Jakubem Goldbergiem, wyróżnionym dyplomem ministra spraw zagranicznych „Za Promocję Polski w Świecie". Słowo wstępne: A. Wyczański. □

5 X w Bibliotece Publicznej m. st. Warszawy odbyła się sesja „Książka i prasa w Powstaniu Warszawskim", referaty wygłosili: M. Straszewska, W. Bartoszewski, A. K. Kunert. □

5 X w redakcji „Rzeczpospolitej" odbyła się debata na temat „Władza wobec Kościoła i opozycji. 20. rocznica zabójstwa ks. Jerzego Popiełuszki" z udziałem W. Chrzanowskiego, A. Paczkowskiego, ks. J. Sikorskiego, H. Wujca oraz autorów książki *Ksiądz Jerzy Popiełuszko* (Świat Książki) E. K. Czaczkowskiej i T. Wiścickiego. □

5 X w Warszawie, na fasadzie domu przy ul. Chocimskiej 35, gdzie w latach 1934–1939 mieszkał Witold Gombrowicz i gdzie powstała powieść *Ferdydurke*, odsłonięto w obecności Rity Gombrowicz tablicę pamiątkową (projekt Z. Wilma). □

6 X w Salonie Pisarzy Biblioteki Narodowej gościła Urszula Kozioł. □

6 X w Nowym Jorku, w redakcji „Nowego Dziennika" odbył się wieczór autorski Adama Czerniawskiego. Prowadziła A. Frajlich. □

6–10 X w Lublinie odbył się w ramach Konfrontacji Teatralnych festiwal sztuk Gombrowicza. □

7 X w Luwrze otwarto wystawę „Bernardo Bellotto", przygotowaną przez Luwr i Zamek Królewski w Warszawie w ramach imprez „Nova Polska. Sezon Polski we Francji". Patrz. s. 191. □

7 X w Łodzi doktorat *hc* Akademii Sztuk Pięknych otrzymał Andrzej Turowski. □

8 X w Paryżu zmarł Jacques Derrida (l. 74), filozof. □

9 X na Zamku Królewskim w Warszawie wręczono nagrody Totus 2004 przyznawane przez Fundację Konferencji Episkopatu Polski „Dzieło Nowego Tysiąclecia", otrzymali je m.in.: Władysław Bartoszewski, Zofia Morawska z Lasek, redakcje „Gościa Niedzielnego" i „Niedzieli" oraz zespół PR SA i Radia Watykańskiego. □

10 X w Nowym Jorku zmarł Christopher Reeve (l. 52), aktor, filmowy Superman, od 9 lat przykuty do inwalidzkiego wózka. □

10–14 X w Warszawie odbywały się VII Dni Książki Żydowskiej. □

12 X w Paryżu, w Muzeum Sztuki i Historii Judaizmu otwarto wystawę „Bruno Schulz. Republika marzeń". □

14 X spadkobiercy Zygmunta Kubiaka ogłosili swoją wolę nieodpłatnego przekazania Bibliotece Uniwersytetu Warszawskiego liczącego kilka tysięcy tomów księgozbioru pisarza. □

14 X w prasie ukazał się komunikat, że w związku z chorobą Adama Michnika podczas jego kilkumiesięcznej nieobecności zespołem redakcyjnym „Gazety Wyborczej" kierować będzie Helena Łuczywo. □

14–17 X w Warszawie odbył się Festiwal Kultury Żydowskiej „Warszawa Singera". W Bibliotece Narodowej zorganizowano sesję naukową „Pejzaż pisarza. Warszawa Singera". Skorzystaliśmy z tej okazji i przedstawiliśmy „ZL" nr 88, poświęcony Jackowi Kuroniowi, zawierający nieznane opowiadanie Singera powstałe w jidisz i zatytułowane, (*nomen omen*), *Biblioteka*. Chodzi o zasłużoną bibliotekę w przedwojennej dzielnicy żydowskiej w Warszawie. □

15 X w Siedlcach pokazano publicznie *Ekstazę św. Franciszka* El Greca. Obraz odkryty podczas inwentaryzacji zabytków w 1964 roku na plebanii w Kosowie Lackim przez Izabellę Galicką i Hannę Sygietyńską, przez czterdzieści lat uważany za „skarb wewnętrzny Kościoła", decyzją ordynariusza bpa Zbigniewa Kiernikowskiego udostępniono zwiedzającym w siedleckim Muzeum Diecezjalnym. □

Redaktorem naczelnym „Twórczości" został Bohdan Zadura (ur. 1945), poeta, prozaik, tłumacz. Życzymy powodzenia. Pismo wydaje Biblioteka Narodowa. □

15 X w Bibliotece Narodowej w Warszawie odbył się koncert poetycko-muzyczny „Europa w poezji polskiej", urządzony pod egidą ZLP w ramach XXXIII Warszawskiej Jesieni Poezji. □

KOMUNIKATY

Komisja Fundacji Stypendialnej im. Stanisława Lama zawiadamia, że 28 II 2005 upływa termin nadsyłania podań o stypendia na 2005 r. O stypendia ubiegać się mogą osoby specjalizujące się w historii literatury polskiej i w krytyce literackiej. Chodzi o kandydatów, którym dla kontynuowania pracy niezbędny jest krótki pobyt w Paryżu i korzystanie z tutejszych bibliotek i archiwów, m.in. ze zbiorów archiwalnych Biblioteki Polskiej w Paryżu.

Wymagana jest znajomość języka francuskiego.

O stypendium im. Stanisława Lama nie mogą ubiegać się mieszkańcy Paryża i regionu paryskiego.

Do umotywowanego podania należy dołączyć życiorys, wykaz publikacji lub opinie osób kompetentnych.

Stypendium wynosi 900 euro. Fundusz nie pokrywa kosztów podróży oraz nie zapewnia mieszkania w Paryżu. Przed przyjazdem do Francji stypendyści muszą ubezpieczyć się na wypadek choroby.

Podania prosimy przysyłać pod adresem: Komisja Stypendialna Funduszu im. Stanisława Lama, Société Historique et Littéraire Polonaise, 6, quai d'Orléans, 75004 Paris, Francja.

Miejska Biblioteka Publiczna im. Stanisława Grochowiaka w Lesznie zawiadamia, że w dniu 13 IX 2004 r. rozstrzygnięty został VI Ogólnopolski **Konkurs Literacki im. Stanisława Grochowiaka.** W dziedzinie poezji: I Nagroda — nie przyznano; II Nagroda — Mateusz Wabik i Christian M. Manteuffel; III Nagroda — Jacek Guz; Wyróżnienia: Jacek Karolak, Małgorzata Bogaczyk, Tadeusz Zawadowski.

W dziedzinie prozy: I Nagroda — Piotr Kępski; II Nagroda — Katarzyna Turaj-Kalińska; III Nagroda — Małgorzata Marcinkowska i Wacław Grabkowski; Wyróżnienie — Nina Sokołowska.

W dziedzinie dramatu i słuchowiska radiowego: I Nagroda — Izabela Degórska; II Nagroda — Marzena Orczyk; III Nagroda — Czesław Markiewicz; Wyróżnienie — Marta Guśniowska.

Uroczyste podsumowanie Konkursu wraz z wręczeniem nagród odbyło się 18 X 2004 r. w Miejskiej Biblioteki Publicznej w Lesznie.

LISTY DO REDAKCJI

Wokół „Ryszarda II" w Teatrze Narodowym

Moi Drodzy, piszę w pierwszym porywie. Ukazały się już recenzje z przedstawienia *Ryszarda II* (reż. Andrzej Seweryn, współpraca artystyczna Anna Smolar). Wczoraj dwie w „Rzeczpospolitej" (edycji tylko warszawskiej), pozytywna i negatywna, dziś Romana Pawłowskiego w „GW", krytyczna (każde zdanie od: nie potrafił, nie umiał, zamiast..., — niestety...). Najbardziej krytykowane jest aktorstwo, ale nawet scena nie znalazła uznania (zamiast szekspirowskiej, operowa). Jest mi przykro ze względu na Andrzeja Seweryna i młodziutką Annę Smolar. Krytyka teatralna, filmowa, literacka w Polsce to najsłabsza część życia kulturalnego.

W gazetach recenzje są całkowicie arbitralne, zależne od humoru recenzenta i jego uwikłania środowiskowego. To są rzeczy nieprzejrzyste dla ludzi z zewnątrz. Anna Smolar musi zaufać sobie i swojej ocenie. Myślę, że to było dla niej bardzo ważne doświadczenie, zetknęła się z wielkim teatrem i poznała go od dobrej strony. Teraz poznaje jego stronę najsłabszą — związek z krytyką oraz granice tej zależności. To najtrudniejsze dla każdego artysty, bo są szczególnie wrażliwi na ciosy, bezinteresowną złość, cudzą arogancję i brak subtelności artystycznej. Widziałam tylko próbę generalną, ale to dało mi poczucie wielkości przedstawienia. Sceny jarmarczne, u nas przez krytyków uznane za sceny z *Zemsty*, mieszczą się w teatrze szekspirowskim. Nie zwrócono uwagi na wspaniałe aspekty tego przedstawienia: scenografię, światło, machinę teatralną, niezwykle precyzyjną i sugestywną, szekspirowskie sceny mistrzowskiego pojedynku w więzieniu, a przede wszystkim napięcie, chwytające widza za gardło, podczas konfrontacji bohaterów na wielkich schodach, trwające od początku przedstawienia niemal przez cały I akt. (Recenzenci nawet nie wiedzą, do czego są aluzją te wielkie schody — Historii i jej mechanizmów, przecież, nie operetki). Mówi się, wyolbrzymiając, o złych cechach przedstawienia: aktorstwo (a przecież Żebrowski to świetny uczeń Seweryna), wybór scen dramatycznych (brak sceny debaty parlamentu, a może i komisji śledczej?). Nic nie usprawiedliwia jednostronności podejścia krytyków i ich krańcowego negatywizmu. Pawłowski napisał swoją recenzję siekierą. Ściskam czule Annę Smolar, niech nie ulega tym złym duchom i wytrwa przy swoim zdaniu. To jest najważniejsze. Seweryn zapewne wie co myśleć, ale przypuszczam, że i dla niego jest to kubeł zimnej wody. Jestem im wdzięczna za to, że z takim rozmachem zrobili tak świetną i szlachetną rzecz.

Warszawa, 19 X 2004
[imię i nazwisko znane Redakcji]

W 87 numerze „Zeszytów Literackich" (2004 nr 3) w cyklu *Album Brodnickie* ukazał się **esej Mariana Bizana** pt. *Ulotny zapach heliotropu,* w którym autor wspomina urodzonego w Brodnicy poetę i dramaturga **Artura Marię Swinarskiego i jego mogiłę na Cmentarzu Centralnym w Wiedniu**; cytuje przy tym fragmenty wiersza *Pomorze* z tomu *Błękitna godzina*: „Jam przecież jest z tej gleby – gleba dała kłosy / — A moje dłonie puste — jak wędrownika losy".

Bizan pisze, że jako dyrektor Instytutu Polskiego w stolicy Austrii stawał wraz z Ewą Lipską przy nagrobku poety. Refleksje te przypomniały mi jego historię. Otóż w latach 1986–90, pracowałem w Wiedniu jako radca Ambasady do spraw naukowych, oświatowych i kulturalnych oraz dyrektor Instytutu Polskiego. Wśród różnych śladów polskich nad Dunajem dotarłem również do grobu poety. Była to niewielkich rozmiarów mogiła, zarośnięta trawą, wciśnięta między kamienne grobowce, na niej mała tabliczka z napisem „Artur Maria Swinarski. Poeta polski". Na to miejsce pochówku Swinarskiego zwróciła mi uwagę profesor Gerda Leber-Hagemau, która w latach sześćdziesiątych utrzymywała z nim żywe kontakty. W przepastnej skrzyni Hagemau znajduje się sporo materiałów związanych z osobą pisarza (m. in. jego listy).

W rozmowie ze mną w roku 1990 Gerda Leber-Hagenau stwierdziła:

— Moje kontakty ze Swinarskim datują się od początku jego pobytu w Wiedniu w 1963 roku. Od razu — jak wielu innych Polaków — skontaktował się ze mną. Korespondowałam z nim wcześniej. Próbowałam mu pomóc. Rychło umarł i został pochowany tutaj na Cmentarzu Centralnym. Zebrałam wszystkie jego prace. Przygotowuję obecnie wydanie tych utworów, w tym listów, recenzji, pomysłów teatralnych, itp. Jest tego ponad 100 pozycji. Posiadam też dość duży zbiór jego fotografii. [...]. Zastanawiam się, co zrobić z jego archiwum, chyba przekażę je Polsce". (Zob. *Powrót do niebieskich motyli* „Panorama" 1990 nr 13, s. 12). To archiwum mieści zresztą niejedną polską pamiątkę. Jego właścicielka, Niemka, urodzona w Łodzi, zafascynowana polską kulturą od lat utrzymuje liczne kontakty z naszym środowiskiem literackim. Jest autorką książek o Janie III Sobieskim, o polskim dramacie itp.

Od niej też dowiedziałem się o wiedeńskim epizodzie Swinarskiego. Przebywał tu

w latach 1963–65, umarł w nędzy, a miejsce na wieczny odpoczynek załatwił, czy odstąpił, ojciec Krzysztofa Wizego. Hagenau zasugerowała mi, byśmy zainteresowali władze polskie pośmiertnym losem poety.

Padały najpierw propozycje sprowadzenia prochów do kraju, do rodzinnej Brodnicy. Po niezbyt fortunnych tego typu inicjatywach (np. sprowadzenie prochów Witkacego na Pęksów Brzyzek w Zakopanem) pomysł upadł. Postanowiliśmy więc zabiegać o umieszczenie na tej ziemnej mogile nagrobka. Pomysł został przedstawiony Krystynie Marszałek-Młyńczyk, podsekretarzowi stanu w ówczesnym Ministerstwie Kultury [...]. Ministerstwo wyasygnowało na ten cel 40 tysięcy złotych i zleciło pracowni Konserwacji i Rekonstrukcji Dzieł Sztuki Obiektów Metalowych w Warszawie, która wcześniej przygotowała popiersie Jana Kiepury dla Opery Wiedeńskiej, wykonanie nagrobka. Zadania tego podjął się mgr Jan Śluzek. Powstał nagrobek wykonany z brązu [...]. [Wskutek komplikacji spowodowanych literą prawa uchwalonego przez Radę m. Wiednia], bodajże w czerwcu 1991 roku — już po moim powrocie do kraju — zamontowano nagrobek z brązu na Cmentarzu Centralnym w Wiedniu. Mgr inż. Wojciech Gawęda słowa dotrzymał, dokonał transportu i montażu obiektu. Swinarski spoczywa w grupie 121, w rzędzie 12, numer grobu 11.

Kraków, 6 XI 2004
prof. zw. dr hab. Bolesław Faron
Dyrektor naukowy Wydawnictwa
Naukowego Sp. z.o.o.

**Do WPana
Jana Dworaka,
Prezesa TVP**

Szanowny Panie Prezesie,

Z niepokojem dowiadujemy się, że ukazujący się od czterech lat magazyn „**Dobre Książki**" ma wkrótce zniknąć z anteny programu 1 TVP. Magazyn ten jest jednym z nielicznych programów poświęconych książkom w telewizji publicznej, w którym prezentowane są opinie osób zawodowo zajmujacych się literaturą. [...]

„Dobre Książki" dokonały rzeczy niezwykłej — w tak krótkim czasie stając się
prawdziwie opiniotwórczym programem
w telewizji publicznej poświęconym literaturze i książkom. Nie warto tego zaprze-
paszczać.

5 XI 2004

Dr Andrzej Nowakowski
Dyrektor Instytutu Książki

[pod listem podpisali się m.in.:] Wisława Szymborska, Maria Janion, Andrzej
Wajda, Krystyna Zachwatowicz, Olga Tokarczuk, Jerzy Pilch, Joanna Olczak-Roni-
kier, Julia Hartwig, Andrzej Stasiuk, Monika Sznajderman, Beata Stasińska, Albrecht
Lempp [i niniejszym Barbara Toruńczyk].

W Weimarze każdy plac, budynek, obraz
opowiada jednocześnie wiele historii. Cra-
nach, Bach, Herder, Liszt, wszechobecny
Goethe, Nietzsche, Steiner, Bauhaus, Hitler.
Chwilami miałem odczucie, że w mojej głowie otwiera się jednocześnie kilka książek,
a postaci przechodzą z jednej opowieści do

drugiej. Te gry z pamięcią tak bardzo mnie
wciągnęły, że jeszcze w powrotnym autobu-
sie, poniekąd mimowolnie, wyobraźnia re-
konstruowała zdarzenia sprzed stuleci.

Przed odjazdem zajrzałem do kościoła
ŚŚ. Piotra i Pawła, aby popatrzeć na ołtarz
Lucasa Cranacha Starszego. Lubił tutaj
bywać Tomasz Mann. Gdy po II wojnie
zbierano pieniądze na odbudowę poważnie
zniszczonej podczas bombardowania świątyni, autor *Lotty w Weimarze* ofiarował
przyznaną mu wówczas Nagrodę Goethego.

Obecnie w mieście prowadzona jest
wielka kwesta na strawioną przez pożar na
początku września 2004 roku Bibliotekę
Księżnej Anny Amalii. Spaliło się m.in. ok.
50 tys. książek (głównie starodruków),
a ok. 60 tys. zostało uszkodzonych. Zamro-
żone czekają na restaurację.

Jednocześnie trwają przygotowania do
przyszłorocznych obchodów 200. rocznicy
śmierci Schillera (w jego weimarskim muzeum trwa właśnie remont). Zapowiadane są
wystawy i konferencje w całych Niemczech.

Pozdrawiam serdecznie

17 XI 2004

Jacek Maj

a5, KRAKÓW

Babaryko (Andrzej), *Linia horyzontu*. Bibl. Poetycka Wydawnictwa a5 pod red. R. Krynickiego, t. 46, s. 56.

Krall (Hanna), *Spokojne niedzielne popołudnie*, s. 160.

Pilch (Jerzy), *Inne rozkosze*, s. 128.

Szymborska (Wisława), *Wiersze wybrane*. Wybór i układ Autorki, s. 380 [wydanie nowe rozszerzone].

BIBLIOTEKA „WIĘZI", WARSZAWA

Huppert (Uri), *Podróż do źródeł pamięci*, s. 126.

Iwaszkiewicz (Jarosław), *Portrety na marginesach*. Oprac. P. Kądziela, s. 176.

Jędrzejewski (Wojciech OP), *Fascynujące zaproszenie. Msza święta krok po kroku*. Przedmowa A. Świderkówna, s. 128.

ISKRY, WARSZAWA

Matuszewski (Ryszard), *Alfabet. Wybór z pamięci 90-latka*, s. 528 + fot.

Toeplitz (Krzysztof Teodor), *Rodzina Toeplitzów. Książka mojego ojca*, s. 384.

KOS, KATOWICE

Gruszka-Zych (Barbara), *Sprawdzanie obecności*, s. 60.

Kos (Piotr Jan), *Szamanka zeszła z gór. Narodziny szamanki. Zapiski z czasu próżni*, s. nlb.

Matusz (Sławomir), *Narkoeseje*, s. 128.

NOIR SUR BLANC, WARSZAWA

Beigbeder (Frédéric), *Windows on the World*. Tłum. M. Kamińska-Maurugeon, s. 280.

Bukowski (Charles), *Płonąc w wodzie, tonąc w ogniu. Wiersze z lat 1955–1973*. Tłum. P. Madej. Posłowie J. Jarniewicz, s. 276.

Camilleri (Andrea), *Głos skrzypiec*. Tłum. J. Mikołajewski, s. 172.

Haasse (Hella S.), *Drogi wyobraźni*, Tłum. Z. Klimaszewska, współpraca S. Walecka, s. 128.

Jacq (Christian), *Królowa wolności. Wojna koron*. Tłum. Z. Apiecionek, s. 288.

Milton (Giles), *Samuraj William. Obieżyświat, który otworzył wrota Japonii*. Tłum. M. Kłobukowski, s. 328.

Norwid (Cyprian), *Vade-mecum*. Édition établie par Christophe Jeżewski. Traduit du polonais par Christophe Jeżewski et alii. Préface de Józef Fert. Postface, notes et commentaires de Christophe Jeżewski, s. 360 + il.

Valdés (Zoé), *Cud w Miami*. Tłum. M. Raczkiewicz-Śledziewska, s. 232.

NORBERTINUM, LUBLIN

Flutsztejn-Gruda (Ilona), *Byłam wtedy dzieckiem*, s. 148.

Królikowski (Bohdan), *Pamięć wrzosu. Opowieść ułańska*, s. 192.

Lando (Jerzy), *Po obu stronach muru*. Tłum. D. i S. Waydenfeld, s. 260.

Likiernik (Stanisław), *Diabelne szczęście czy palec Boży. Wspomnienia*, s. 204.

Maciąg (Paweł Wojciech), *Konary milczenia*, s. 140.

Sławińska (Irena), *Szlakami moich wód...*, s. 216.

Wyrwa (Tadeusz), *Posłannictwo historii czasu pogardy i zakłamania*, s. 580.

Starnawski (Jerzy), *Sylwetki lubelskich humanistów XIX i pierwszej połowy XX wieku*, s. 336.

Zamojszczyzna w poezji i obrazie. Antologia. Wybór i oprac. E. Gnyp, M. Dułakska, Z. Piłat, s. 152 [wspólnie z Zamojskim Tow. „Renesans"].

NOWY ŚWIAT, WARSZAWA
Łubieński (Tomasz), *Ani tryumf, ani zgon.*
Szkice o Powstaniu Warszawskim, s. 106.
Piwkowska (Anna), *Niebieski sweter. Wiersze dawne i nowe*, s. 104.
Sterniczuk (Wiesław), *Zrozumieć cień*, s. 72.

SŁOWO / OBRAZ TERYTORIA,
GDAŃSK
Kwaśny (Adam), *Trzy dramaty średniowieczne*, s. 104.
Markiewicz (Henryk), *Przygody dzieł literackich*, s. 268.
Yourcenar (Marguerite). *Czarny mózg Piranesiego. Wprowadzenie w dzieło Konstandinosa Kawafisa.* Tłum. J. M. Kłoczowski, K. Dolatowska. Biblioteka Mnemosyne pod red. P. Kłoczowskiego, s. 112.

ŚWIAT KSIĄŻKI, WARSZAWA
Głowacki (Janusz), *Z głowy*, s. 264.
Smoleński (Paweł), *Irak. Piekło w raju*, s. 288.
Wildstein (Bronisław), *Mistrz*, s. 336.

UNIVERSITAS, KRAKÓW
De Man (Paul), *Alegorie czytania. Język figuralny u Rousseau, Nietzschego, Rilkego i Prousta.* Tłum. A. Przybysławski, s. 368.
„Kartografowie dziwnych podróży". Wypisy z polskiej krytyki literackiej XX wieku. Red. i wstęp M. Wyka. Oprac. K. Biedrzycki, J. Fazan, D. Kozicka, M. Urbanowski, J. Zach, s. 620.
Słownik realizmu socjalistycznego. Red. Z. Łapiński, W. Tomasik, s. 452.
Szahaj (Andrzej), *E Pluribus unum? Dylematy wielokulturowości i politycznej poprawności*, s. 204.

W. A. B., WARSZAWA
Łopieńska (Barbara), *Męka twórcza. Z życia psychosomatycznego intelektualistów*, s. 288.
Shuty (Sławomir), *Zwał*, s. 248.

WYDAWNICTWO LITERACKIE,
KRAKÓW
Czapliński (Przemysław), *Efekt bierności. Literatura w czasie normalnym*, s. 236.
Tokarczuk (Olga), *Ostatnie historie*, s. 296.

Zechenter-Spławińska (Elżbieta), *Pod gwiaździstym niebem. Wiersze wybrane*, s. 192.

ZIELONA SOWA, BIBLIOTEKA
„STUDIUM", KRAKÓW
Dajnowski (Maciej), *Promieniowanie reliktowe*, s. 116.
Dehnel (Jacek), *Żywoty równoległe*, s. 48.
Kobierski (Jarosław), *Południe*, s. 44.
Maliszewski (Karol), *Inwazja i inne wiersze*, s. 44.
Nowacki (Dariusz), *Wielkie wczoraj*, s. 160.
Wajs (Joanna), *Sprzedawcy kieszonkowych lusterek*, s. 40.

ZNAK, KRAKÓW
Abse (Dannie), *Stetoskop.* Tłum. A. Szuba, s. 88.
Beckett (Samuel), *Molloy i cztery nowele.* Tłum. A. Libera, s. 284.
Boyce (Frank Cottrell), *Miliony.* Tłum. Z. Batko, s. 260.
Coetzee (J. M.). *Wiek żelaza.* Tłum. A. Mysłowska, s. 216.
Czesław Miłosz. In memoriam, s. 224.
Davis (Norman), *Powstanie '44.* Tłum. E. Tabakowska, s. 1000 + fot.
Heller (Michał), *Filozofia przyrody. Zarys historyczny*, s. 256.
Kapuściński (Ryszard), *Podróże z Herodotem*, s. 264.
Kozłowski (Maciej), *Moja heroina. Świadectwo psychiatry*, s. 160.
Miłosz (Czesław), *Dzieła zebrane. Wiersze tom 4*, s. 408.
Pawłowski (Krzysztof), *Społeczeństwo wiedzy. Szansa dla Polski*, s. 240.
Ruane (Kevin), *Racja stanu: zabić księdza.* Tłum. D. Chylińska. Posłowie A. Witkowski, s. 384.
Schmitt (Eric-Emmanuel), *Pan Ibrahim i kwiaty Koranu.* Tłum. B. Grzegorzewska, s. 64.
Suzuki (Koji), *Ring.* Tłum. K. Jakubiak, s. 326.
Swieżawski (Stefan), *Alfabet duchowy.* Oprac. L. A. Wawrzyńska-Furman, s. 88.
Tołstoj (Tatiana), *Kyś.* Tłum. i posłowie J. Czech, s. 292.
Torres (Tereska), *Pamiętnik na trzy głosy.* Tłum. W. Brzozowski, s. 244.
Trân Thi Lài-Wilkanowicz (Maria Teresa), *Z Wietnamu do Polski. Opowieści córki mandaryna.* Tłum. W. Brzozowski, s. 304.

WYDAWNICTWA INNE

Bieńkowska (Ewa), *W ogrodzie ziemskim. Książka o Miłoszu.* Warszawa, Sic!, s. 280.

Guzek (Andrzej Wojciech), *Frottage.* Białystok, Nauczycielski Klub Literacki, s. 56.

Klugmanowie (Tosia i Aleksander), *...a droga wiodła przez Łódź.* Łodź, Biblioteka „Tygla Kultury", s. 108 + 92.

Mitzner (Piotr), *Pustosz.* Warszawa, tCHu, s. 136.

Moczulski (Leszek Aleksander), *Notatki pisane na skrawku ciemności o miłości.* Kraków, Biuro Promocyjne f-art, Galeria Rynek, s. 150.

Pastuszewski (Stefan), *Nie ma podwórka. Treny.* Kielce, Gens, s. 64.

Spotkania na Bagateli. Polska Europa świat. Z Janem Kułakowskim rozmawia Leszek Jesień. Warszawa, Rhetos, s. 276.

Srokowski (Stanisław), *Miłość i śmierć. Wiersze.* Wrocław, Światowit, s. 104.

Sworzeń (Marian), *Dezyderata. Dzieje utworu, który stał się legendą.* Poznań, Media Rodzina, s. 100.

Urbankowski (Bohdan), *Poeta, czyli człowiek zwielokrotniony. Szkice o Zbigniewie Herbercie.* Radom, Polwen Polskie Wydawnictwo Encyklopedyczne, s. 728 + fot.

Zagajewski (Adam), *A Defense of Arbor.* Tłum. C. Cavanagh. Nowy Jork, Farrar, Straus and Giroux, s. 198.

Zagajewski (Adam), *Selected Poems.* Translated by C. Cavanagh, R. Gorczynski, B. Ivry, C. K. Williams. London, Faber and Faber, s. 182.

Zagajewski (Adam), *Terra del Foc.* Tłum. X. Farré. Barcelona, Quadens Crema, s. 76.

Zagajewski (Adam), *Tierra del Fuego.* Tłum. X. Farré. Barcelona, Acantilado, s. 80.

Ziarkowska (Justyna), *W gorączce. Krytyka literacka Maurycego Mochnackiego i Mariana José de Larra.* Wrocław, Dolnośląskie Wyd. Edukacyjne, s. 192.

ODPOWIEDZI REDAKCJI

Z przykrością zawiadamiamy wymienionych poniżej autorów, którzy zechcieli nam powierzyć swoje utwory do druku, że nie jesteśmy w stanie tego uczynić: **Białystok:** Karolina C.; **Bielsko-Biała:** Małgorzata W.; **Brodnica:** Mirosław K.; **Chocianów:** Jacek K.; **Czechowice-Dziedzice:** Marcin T.; **Józefów:** Anna N.; **Katowice:** Dariusz Z.; **Kraków:** Ola K.; **Lublin:** Łukasz M.; **Łódź:** Robert Ł., Alicja M.; **Mielec:** Jan R.; **Mississaliga (Kanada):** S. D. Ch.; **Myślenice:** Emil B.; **Opole:** Irena Z.; **Opole Lubelskie:** Marcin K.; **Owsiany:** Andrzej M.; **Rzeszów:** Piotr S.; **San Diego (USA):** Piotr F.; **Słupsk:** Wiesław C.; **Swarzędz:** Arkadiusz Ż.; **Szczecin:** Wojciech Ł.; **Tychy:** Paweł S.; **Warszawa:** Filip N., Adrian S.; **Wieluń:** Maciej B.; **Wojnicz:** Lucjan O.; **Wołów Śl.:** Cyprian A.; **Wrocław:** Marcin L.

ZESZYTY LITERACKIE 2004

Publikowali:

ARNAUD Claude: *Smak cudzego życia* (85).

ARNO Anna: *W parku o świcie...*; *Wersy ulic* (85); *Passing thru'*; *Przechodząc* (86), *Drugie Przyjście*; *Niedziela Palmowa* (87), *Na Boże Narodzenie 2003* (88). *Magdalena Abakanowicz w Nowym Jorku* (85). Głosy o książce: Adama Michnika *Wyznania nawróconego dysydenta* (86). B. T.: Wybór, oprac. i przypisy: Herbert / Jeleński, *Kilka listów* (85). Patrz też: Toruńczyk Barbara.

BACEWICZ Wanda: *Kwiecień 2003*; *Ucieczka* (87).

BAL Małgorzata: Pożegnanie Jacka Kuronia na cmentarzu (88).

BARTOSZEWSKI Władysław: *Pożegnanie ambasadora* (86).

BASTEK Grażyna: *Francis Bacon i tradycja* (85).

BIEŃKOWSKA Ewa: *Nienawistne „ja"* (86), *Śmierć Miłosza* (88). Głosy o książce: Adama Michnika *Wyznania nawróconego dysydenta* (86).

BIKONT Anna: *My i Jedwabne* (86).

BIZAN Marian: *W kręgu dawnych mistrzów* (85), *Na Akropolu, czyli w domu (III)* (86), *Ulotny zapach heliotropu* (87).

BLUMSZTAJN Seweryn: *Nasz ojciec chrzestny* (88). Pożegnanie Jacka Kuronia na cmentarzu (88).

BOCZKOWSKI Krzysztof: *Jednorożec* (86).

BOMANOWSKA Marzena: *Ojczyzny Brodskiego* (86).

BONIECKI Adam ks.: *Jacek święty* (88). Pożegnanie Jacka Kuronia na cmentarzu (88).

BRODSKI Josif: *Komu biją ze zmurszałej dzwonnicy* (85).

BUCHNER Antoni: Zobaczone, przeczytane: *„Bella Cura". Teatr im. Norwida w Jeleniej Górze* (87).

BUJAK Zbigniew: Pożegnanie Jacka Kuronia na cmentarzu (88).

BURNETKO Krzysztof: *Obywatel J. K.* (88).

CALASSO Roberto: *Kenkō*; *Roberto Bazlen*; *„Skrzydełko" do „skrzydełek"*; *Tommaso Landolfi* (87).

CAVANAGH Clare: Zobaczone, przeczytane: *Amerykanie w Krakowie*; *Śmierć Czesława Miłosza* (88).

CHONIMA Kair imam: Pożegnanie Jacka Kuronia na cmentarzu (88).

CORYELL Andrzej: *Aforyzmy* (86).

CYZ Tomasz: *Filmy wysłuchane: O „Śmierci w Wenecji", „Pianistce" oraz „Dogville"* (86), *Cezar i Kleopatra według Haendla i Szekspira* (87).

ĆWIKLAK Kornelia: Zobaczone, przeczytane: *Henryk Waniek, „Finis Silesiae"* (88).

DAKOWICZ Przemysław: *Góra i dół*; *Mój dajmonion*; *Uciekają pociągi* (87).

DICKINSON Emily: *61: Papa above!*; *543: I fear a man of frugal speech*; *1095: To whom the mornings stand for nights*; *1121: Time does go on*; *1127: Soft as the massacre of suns*; *1145: In thy long paradise of light*; *1151: Soul, take thy risk*; *1169: Lest they should come — is all my fear*; *1411: Of paradise' existence*; *1472: To see the summer sky*; *1572: We wear our sober dresses when we die* (86).

DRZEWUCKI Janusz: *Słowo słów, jest* (85).

DZIEWULSKA Małgorzata: Zobaczone, przeczytane: *Tadeusz Sobolewski, „Malowanie na Targowej"* (87).

EDELMAN Marek: Pożegnanie Jacka Kuronia w Sejmie RP (88).

FIAŁKOWSKI Tomasz: Zobaczone, przeczytane: *Urodziny. Wieczór pamięci Zbigniewa Herberta* (85). Głosy o książce: Adama Michnika *Wyznania nawróconego dysydenta* (86).

FRĄTCZAK Marcin: Zobaczone, przeczytane: *Bogusław Kopka, „Obozy pracy w Polsce 1944–1950. Przewodnik encyklopedyczny"* (85).

SZAROTA Tomasz: Z listów do Redakcji (86).

SZARUGA Leszek: *Świat poetycki* (*XXII–XXV*) (85–88).

SZCZUCIŃSKI Adam: *Kartka z Wenecji.* *Brodski* (85), *Cięższy rapier; Roma* (86), *Powrót; Syrakuzy* (87), *Modlitwy dla spadających z dachu*; *Spoleto* (88). Zobaczone, przeczytane: *Konstanty A. Jeleński, „Zbiegi okoliczności"* (85), *Dan Pagis, „Ostatni"* (87), *Grób Brodskiego. Wenecja* (88).

SZEFFEL Agnieszka: Zobaczone, przeczytane: *Wojciech Tochman, „Jakbyś kamień jadła"* (87).

SZUBA Andrzej: *Postscripta: CCXIX*; *CCXXI*; *CCXXIII*; *CCXXIV* (88). Przekłady: Dickinson (86), Whitmana (85).

SZUBER Janusz: *Kalman Segal*; *Narracje* (86). *Róża tożsamości*. Rozmowa (87).

SZYMBORSKA Wisława: *Wywiad z Atropos* (86).

SZYMIK Jerzy ks.: *Molesón*; *Monachium*; *Teodycea*; *Vevey* (88).

TEREMISKI, Uniwersytet Powszechny, studenci: Pożegnanie Jacka Kuronia na cmentarzu (88).

TORUŃCZYK Barbara: Oprac. i Nota wydawcy do: Herbert, *Dlaczego klasycy?*: *I. Dlaczego klasycy; II. Dotknąć rzeczywistości* (87). Wybór i oprac. *Polityka według Kuronia* (88). Patrz też: B. T., Redakcja „ZL".

TRANDA Lech ks.: Pożegnanie Jacka Kuronia na cmentarzu (88).

WAŁĘSA Lech: *O Jacku Kuroniu* (88).

WESOŁOWSKA Agnieszka: *Piosenka Fryne*; *Przed „Autoportretem" Rembrandta*; *Z listu do Rzymian (I)* (87).

WĘGRZYNIAK Rafał: *Señor Don Andrés Bobkowski de Guatemala* (85), *Mitteleuropa w rodzinie*; *Próby samookreślenia młodego Miłosza* (87), *Herberta frazy godne pamiętania* (88). Zobaczone, przeczytane: *„Dybuk" Szymona Anskiego i Hanny Krall, adaptacja*

i reż. K. Warlikowski (88).

WHITMAN Walt: *A przecież, przecież znam was także*; *Dwadzieścia lat*; *Kiedyś, po wielu latach*; *Miraże*; *Mój kanarek*; *Myśli — 1: Oblicza*; *Płyń w swoją najdłuższą podróż, jachcie-widmo!* (85).

WIERNIKOWSKA Maria: Spisała: J. Kuroń o E. Lipińskim (88).

WILK Mariusz: *Kartka z dziennika* (87).

WILLIAMS C.K.: *Liście* (85).

WODECKA Maja: Przekłady: Hirscha (88), Williamsa (85).

WOŹNIAKOWSKI Jacek: *Dziwne lektury* (85), *Akcenty* (86), *Kilka lekcji politycznych* (87).

WRYK Marta: *Pytania do Czesława Miłosza* (87).

WUJEC Henryk: *Eleazar* (88).

ZAGAJEWSKI Adam: *Bogliasco: placyk przed kościołem*; *Dom Kolumba*; *Lotnisko*; *Passegiata a mare*; *Staglieno*; *Wąskie ulice* (85), *Delfiny*; *Temat: Brodski*; *W małym mieszkaniu* (88). *Gombrowicz i podejrzani pisarze* (87). Głosy o książce: Adama Michnika *Wyznania nawróconego dysydenta* (86). *Powrót wciąż się dzieje*. Rozmowa (86).

ZAGAŃCZYK Marek: *Twierdza* (85), *Odległe i bliskie: Naipaul* (87), *Odległe i bliskie: Bruce Chatwin* (88). *Uwagi o pamięci* (86). Patrz też: Redakcja „ZL".

ZATORSKI Tadeusz: Zobaczone, przeczytane: *Guido Morselli — utopia polityki racjonalnej* (87).

ZENO Livio: *Listowna opowieść — listy do Konstantego A. Jeleńskiego* (86).

ZIELIŃSKI Jan: *Aura tęsknoty* (85), *Lekcja czułości* (86), *Szklanka mleka* (87). Oprac. i podał do druku: Jerzy Stempowski, *Zapiski dla zjawy* (85). Przekłady: Stempowskiego (85).

ZYCH Waldemar: Pożegnanie Jacka Kuronia na cmentarzu (88).

ŻAKOWSKI Jacek: *Kuszenie Jacka Kuronia* (88).

ANNA ARNO
Ur. 1984. Drukuje pod pseudonimem. Laureatka Nagrody za Debiut „Zeszytów Literackich".

ERWIN AXER
Ur. 1917. Reżyser teatralny. Ostatnio ogłosił tom *Czwarte ćwiczenia pamięci* (WL, 2003).

NINA BERBEROWA
Ur. 1901 w Petersburgu, zm. 1993 w Filadelfii. Autorka głośnej autobiografii *Podkreślenia moje*. Jej wspomnienia drukowaliśmy w „ZL" 30, 83.

EWA VAN DEN BERGEN-MAKAŁA
Ur. 1953 w Poznaniu. Absolwentka Wydziału Chemii Uniwersytetu w Amsterdamie. Tłumacz i publicysta. Mieszka w Holandii.

EWA BIEŃKOWSKA
Ostatnio ogłosiła *Pisarz i los. O twórczości Gustawa Herlinga-Grudzińskiego* (Zeszyty Literackie) i *W ogrodzie pamięci. Książka o Miłoszu* (Sic!). Wykłada w Warszawie, mieszka w Wersalu.

MARIAN BIZAN
Ur. 1927 w Brodnicy. Wydawca i komentator Słowackiego. Autor książki *Ziemia Święta. Zapiski z podróży.*

WŁADYSŁAW CHODASIEWICZ
Ur. 1886 w Moskwie, zm. 1939 w Billancourt, Francja. Jego wiersze drukowaliśmy w „ZL" 47. Wracamy do niego ze specjalną uwagą w niniejszym numerze.

MACIEJ CISŁO
Ur. 1947. Ostatnio ogłosił tom wierszy *Bezczas i niemiejsce* (Zielona Sowa, 2003).

BENEDETTA CRAVERI
Współpracownik „La Repubblica" i Adelphi, wykładowca Uniwersytetu Tuscia w Viterbo. Autorka głośnych książek o życiu literackim XVIII w. Laureatka nagrody literackiej Viareggio.

MARIA CYRAN
Ur. w Zduńskiej Woli. Polonistka w liceum w Zduńskiej Woli.

TOMASZ CYZ
Ur. 1977. Współpracuje z „Tygodnikiem Powszechnym". Członek grupy Muzyka Młoda.

STANISŁAW DŁUSKI
Ur. 1962. Ogłosił 5 tomików poetyckich, ostatnio *Elegie dębowieckie* (2003). Uczy w Uniwersytecie Rzeszowskim, redaktor „Nowej Okolicy Poetów". Mieszka w Dębowcu i Rzeszowie.

ZBIGNIEW DMITROCA
Ur. 1962. Tłumacz Achmatowej, Cwietajewej, Kuzmina, Mandelsztama. Twórca i aktor Jednoosobowej Trupy Walizkowej „Teatrzyk jak się patrzy". Ostatnio wydał *Bal dla recytatorów* i *Do trzech razy sztuka* (utwory sceniczne dla młodych widzów).

ŁUKASZ GAŁECKI
Ur. 1967. W jego wyborze i oprac. ukazały się książki *Polnische Emigration und Europa — eine Bilanz des politischen Denkens und der Literatur in Polen* (2000); Fritz Stern, *Niemiecki świat Einsteina* (2001).

ROMANA GIMES
Tłumacz na węgierski *Rękopisu znalezionego w Saragossie* Potockiego, a także: Andrzejewskiego, Brandysa, Herberta, Iwaszkiewicza, Kapuścińskiego, Kołakowskiego, Miłosza, Mrożka, Stryjkowskiego.

MARCIN GMYS
Ur. 1970. Adiunkt muzykologii UAM w Poznaniu, mieszka w Warszawie.

TIJS GOLDSCHMIDT
Ur. 1953 w Amsterdamie. Biolog. Autor, tłumaczonej także na polski, książki *Wymarzone jezioro Darwina. Dramat w Jeziorze Wiktorii.*

IRENA GRUDZIŃSKA-GROSS
Ogłosiła *Piętno rewolucji. Custine, Tocqueville i wyobraźnia romantyczna* oraz *Listy* Tocqueville'a (oprac.).

JUSTYNA GUZE
Historyk sztuki, pracuje w Muzeum Narodowym w Warszawie.

JULIA HARTWIG
Najnowszy tom: *Bez pożegnania* (Sic!, 2004).

ZBIGNIEW HERBERT
Ur. 1924, zm. 1998. Ostatnio ukazały się jego *Wiersze wybrane* w wyborze i oprac. Ryszarda Krynickiego (a5). Poświęciliśmy mu „ZL" 68, inne jego inedita ogłaszamy w „ZL" 68–87, 89. Nakładem Zeszytów Literackich ukazała się jego korespondencja z Henrykiem Elzenbergiem i trylogia o cywilizacji europejskiej: *Labirynt nad morzem, Martwa natura z wędzidłem, Barbarzyńca w ogrodzie* (2004).

KATARZYNA HERBERTOWA
Ur. w Zarzeczu, żona Zbigniewa Herberta od 1968. Poeta powierzył jej opiekę nad swoim archiwum.

PAWEŁ HERTZ
Ur. 1918, zm. 2001. Poeta, eseista, tłumacz m.in. Chodasiewicza, Mandelsztama, Tołstoja, Turgieniewa.

BOGDAN JAREMIN
Ur. 1942 we Lwowie. Lekarz, podróżnik. Wydał 6 zbiorów wierszy; ostatnio: *Bez znużenia* (Bernardinum, 2003).

JERZY JEDLICKI
Ur. 1930. Kierownik Pracowni dziejów inteligencji w Instytucie Historii PAN. Przewodniczący Rady Programowej Stowarzyszenia „Otwarta Rzeczpospolita".

KRZYSZTOF JEŻEWSKI
Poeta i eseista. Tłumaczył na francuski: Baczyńskiego, Gombrowicza, Kuśniewicza,

Miłosza, Schulza, Szymborską. Ostatnio przełożył *Vade-mecum* Norwida.

STANISŁAW KASPRZYSIAK
Ur. 1931 w Zamościu. Tłumacz Chiaromontego, Tomasiego di Lampedusa, Savinia. Mieszka w Krakowie.

HALINA KRALOWA
Literaturoznawca, tłumaczka Sciascii, Moravii, Gaddy, Tabucchiego, Ripellina, Baricco.

ZOFIA KRÓL
Ur. 1980. Absolwentka polonistyki UW. Studiuje filozofię, debiutuje w niniejszym numerze „ZL".

JULIUSZ KURKIEWICZ
Ur. 1979. Absolwent dziennikarstwa, studiuje filozofię na UJ. Pracuje w Instytucie Języka Polskiego PAN, Kraków; współpracownik „Tygodnika Powszechnego".

JACEK MAJ
Ur. 1978 w Lublinie. Student historii sztuki UJ oraz Collegium Invisibile w Warszawie.

JANUSZ MAJCHEREK
Ur. 1959. Wykładowca Akademii Teatralnej w Warszawie. Redaktor naczelny miesięcznika „Teatr".

JAROSŁAW MIKOŁAJEWSKI
Ur. 1960. Ostatnio ogłosił tom wierszy *Którzy nie mają*, powieść *Herbata dla wielbłąda* (WL, 2004) i przekład: Andrea Camilleri, *Głos skrzypiec.*

O. V. de L. MILOSZ
Ur. 1877, zm 1939. Jego wiersze drukowaliśmy w „ZL" 15, 41. Czesław Miłosz pisał o nim w „ZL" 81.

CZESŁAW MIŁOSZ
Ur. 1911, zm. 2004. Laureat literackiej Nagrody Nobla, 1980. Poświęciliśmy mu „ZL" 75 wraz z dodatkiem *Głosy o Miłoszu 1937–2000.*

GRZEGORZ MORYCIŃSKI
Ur. w Augustowie. Malarz. Ostatnia wystawa rysunków: „Kontur wyobraźni", Muzeum Literatury, Warszawa, 2001.

VLADIMIR NABOKOV
Ur. 1899, zm. 1977. Drukowaliśmy go w „ZL" 11, 13, 18, 21, 24, 47, 53, 58, 64, 83.

MARYNA OCHAB
Tłumaczyła dla „ZL" Ciorana, Chatwina, Nabokova i in.

ANNA ORZECHOWSKA
Ur. 1979 w Warszawie. Doktorantka na Wydziale Filozofii UW.

ROBERT PINSKY
Ur. 1940. Poeta Laureat Biblioteki Kongresu USA (1997–2000). Jego wiersze w „ZL" 12.

ANNA PIWKOWSKA
Ostatnio opublikowała tomik *Niebieski sweter* (Nowy Świat, 2004) i monografię *Achmatowa czyli kobieta* (Twój Styl, 2003). Współpracownik „Nowych Książek".

MONIKA PLES
Ur. 1983. Studiuje w Krakowie. Laureatka Nagrody za Debiut „Zeszytów Literackich".

TOMASZ RÓŻYCKI
Ur. 1970. Wydał tomy wierszy *Vaterland* (1997), *Anima* (1999), *Chata umaita* (2001), *Świat i Antyświat* (2003) oraz poemat epicki *Dwanaście stacji* (2004). Laureat Nagrody Kościelskich (2004). Mieszka w Opolu.

ROBERTO SALVADORI
Ur. 1943 we Florencji. Uczy na italianistyce UW, współpracuje z „Architekturą". Ogłosił *Poszukiwanie nowoczesności* (słowo / obraz terytoria), *Włoskie dzieciństwo* (Zeszyty Literackie), a ostatnio *Mitologię nowoczesności* (Zeszyty Literackie).

ALEKSANDER SCHENKER
Ur. 1924 w Krakowie. W USA od 1946. Profesor slawistyki Yale University. Autor *The Bronze Horseman: Falconet's Monument to Peter the Great* (Yale University Press).

MARIA STAUBER
Autorka powieści *Z daleka i z bliska* (Wyd. Poznańskie). Mieszka w Paryżu.

JERZY STEMPOWSKI
Ur. 1893 w Krakowie, zm. 1969 w Bernie. Ostatnio ukazały się tomy: *Zapiski dla zjawy* (Noir sur Blanc), *Od Berdyczowa do Lafitów*

(Czarne) i *Szkice literackie* (Czytelnik). Jego *Listy* (do Czapskich, Kotta, Miłosza, Wittlina i in.) wznowiły Zeszyty Literackie, 2002.

LESZEK SZARUGA
Ur. 1946. Profesor Uniwersytetu Szczecińskiego. Ostatnio ogłosił *Wiersze skrócone* (Miniatura, 2004). W „ZL" omawia nowości poetyckie.

ADAM SZCZUCIŃSKI
Ur. 1978. Lekarz. Debiutował w „ZL" 73. Laureat Nagrody za Debiut „Zeszytów Literackich". Mieszka w Poznaniu.

BARBARA TORUŃCZYK
Redaktor naczelny i założyciel „ZL", edytor ineditów Herberta, m.in. *Korespondencji* Zbigniew Herbert / Henryk Elzenberg, oraz *Labiryntu nad morzem*; *Barbarzyńca w ogrodzie* w jej oprac. edytorskim ukazał się w roku 2004 (Zeszyty Literackie).

JOANNA UGNIEWSKA
Ur. w Zakopanem. Profesor UW. Tłumaczka literatury włoskiej, m.in. Magrisa.

TOMAS VENCLOVA
Ur. 1937 w Kłajpedzie. W 1978 osiadł w USA, profesor Yale University. Zeszyty Literackie ogłosiły tomy *Rozmowa w zimie* i *Niezniszczalny rytm. Eseje o literaturze* (wspólnie z wyd. Pogranicze).

JACEK WOŹNIAKOWSKI
Ur. 1920 w Biórkowie. Wydawca, b. profesor KUL, autor siedmiu książek. Swoje *Wspominki* i *Wypominki* publikuje w „ZL" od nru 73.

ADAM ZAGAJEWSKI
Ur. 1945 we Lwowie. Najnowsze tomy to *Powrót* (Znak), wiersze, i *Obrona żarliwości*, szkice (a5). Laureat Neustadt Prize, 2004. Mieszka w Krakowie. W 2004 opublikował: w Londynie (Faber and Faber) *Selected Poems*; w Barcelonie *Terra del Foc*. Zeszyty Literackie wznowiły jego tomy *Płótno* oraz *Solidarność i samotność* (I wyd. krajowe), 2002.

MAREK ZAGAŃCZYK
Ur. 1967. Ogłosił tom szkiców *Krajobrazy i portrety*, uczy w Akademii Teatralnej w Warszawie.

„Czytelnik" poleca:

Ernst Jünger
PROMIENIOWANIA

Sándor Márai
DZIENNIK
WYBÓR

Marisa Madieri
WODNA ZIELEŃ

Claudio Magris
DUNAJ

Fernando Pessoa
KSIĘGA
NIEPOKOJU

Elias Canetti
AUTO DA FÉ

CZY
TELX
NIK

SW „Czytelnik"
00-490 Warszawa
ul. Wiejska 12a

Zamówienia książek przyjmujemy telefonicznie, listownie i faxem;
tel. (0 22) 628 14 41 w. 258, 259, tel./fax (0 22) 628 24 19,
e-mail: dzial.handlowy@czytelnik.pl, **www.czytelnik.pl**

Biblioteka „Zeszytów Literackich"

Witold Lutosławski, *Postscriptum*, Warszawa 1999. Cena 29 zł.

Jerzy Stempowski, *Listy*, Warszawa 2000. Cena 32 zł.

Zbigniew Herbert, *Labirynt nad morzem*, Warszawa 2000. Cena 32 zł.

Tomas Venclova, *Rozmowa w zimie*, Warszawa 2001. Cena 28 zł.

Roberto Salvadori, *Włoskie dzieciństwo*, Warszawa 2001. Cena 32 zł.

Zbigniew Herbert, Henryk Elzenberg, *Korespondencja*, Warszawa 2002. Cena 30 zł.

Adam Zagajewski, *Solidarność i samotność*, Warszawa 2002. Cena 25 zł.

Tomas Venclova, *Niezniszczalny rytm. Eseje o literaturze,* Warszawa 2002.
    Cena 30 zł.

Ewa Bieńkowska, *Pisarz i los. O twórczości Gustawa Herlinga-Grudzińskiego*,
    Warszawa 2002. Cena 25 zł.

„Zeszyty Literackie" nr 44, 45: *Józef Czapski*, Warszawa 2003. Cena 40 zł.

Zbigniew Herbert, *Martwa natura z wędzidłem*, Warszawa 2003. Cena 28 zł.

Adam Michnik, *Wyznania nawróconego dysydenta*, Warszawa 2002. Cena 32 zł.

Roberto Salvadori, *Mitologia nowoczesności*, Warszawa 2004. Cena 27 zł.

Lenta Główczewska, *Nowy Jork. Kartki z metropolii*, Warszawa 2004. Cena 25 zł.

Joanna Guze, *Albert Camus: Los i lekcja*, Warszawa 2004. Cena 20 zł.

Zbigniew Herbert, *Barbarzyńca w ogrodzie*, Warszawa 2004. Cena 32 zł.

Zamówienie

Tytuł	Liczba egz.	Cena
Labirynt nad morzem + Korespondencja (2 książki za 48 zł, zniżka 20 %)		
Włoskie dzieciństwo + Powiastki dla wnuczek (2 książki za 36 zł, zniżka 40 %)		
Rozmowa w zimie + Niezniszczalny rytm (2 książki za 40 zł, zniżka 30 %)		
	Razem	

Książki wysyłamy za zaliczeniem pocztowym. Zapewniamy wysyłkę w ciągu 7 dni od daty otrzymania zamówienia. Doliczamy koszty wysyłki.

Proszę wysłać do:

. . . .
imię i nazwisko

. . . .
adres

. . . .
miasto

. . . .
kod pocztowy   e-mail

Proszę o wystawienie faktury VAT ☐ . . . .
numer NIP

Wyrażam zgodę na umieszczenie moich danych osobowych w zbiorze danych osobowych prowadzonym przez Fundację Zeszytów Literackich z siedzibą w Warszawie i ich wykorzystywanie w celach marketingowych z zachowaniem prawa do wglądu do moich danych i ich poprawiania.

Data . . . . Podpis . . . .

Wypełniony kupon prosimy odesłać pod adresem:
„Zeszyty Literackie" ul. Foksal 16 p. 422, 00-372 Warszawa
lub faxem 48 22 / 826.38.22.

Warunki prenumeraty „Zeszytów Literackich"

Prenumerata 2005 (od „ZL" 89, 4 zeszyty . . . . 32 zł
Uwaga: można ją rozpocząć od dowolnego numeru
z 2004 (85-88) tylko . . . . 28 zł

Dla studentów polonistyki, uczniów, nauczycieli języka
polskiego (wymagane poświadczenie) oraz bibliotek szkół
podstawowych i średnich (od „ZL" 89)
cena zniżona . . . . 28 zł
od dowolnego numeru z 2003 (85-88) tylko . . . . 25 zł

Biblioteki i instytucje . . . . 36 zł

Na blankiecie w rubryce „tytułem" proszę wpisać informacje od
którego nr „ZL" zaczyna się prenumerata

W przypadku chęci otrzymania faktury VAT prosimy o podanie
nr NIP

Dodatkowych informacji udzielają:
„Zeszyty Literackie", 00-372 Warszawa, ul. Foksal 16 pok. 422
tel.: 826.38.22 wew. 255, fax 826.38.22
www.zls.mimuw.edu.pl/zl/, e-mail: zeszytyliterackie@agora.pl

Numery specjalne „Zeszytów Literackich"

ZL 80 — numer jubileuszowy + CD (*Głos poety*)
ZL 21 (Konstanty A. Jeleński)
ZL 55 (Josif Brodski, *Śpiew wahadła*)
ZL 68 (Zbigniew Herbert)

Wzór kuponu na prenumeratę do pobrania i opłacenia na poczcie lub w banku

Polecenie przelewu / wpłata gotówkowa * niepotrzebne skreślić

nazwa odbiorcy
A G O R A S A C Z E R S K A 8 / 1 0

nazwa odbiorcy cd.

0 0 - 7 3 2 W A R S Z A W A

nr rachunku odbiorcy

5 5 1 2 4 0 1 1 0 9 1 1 1 0 0 0 0 5 1 5 9 7 0 3

W P *

waluta P L N

kwota

nr rachunku zleceniodawcy (przelew) / kwota słownie (wpłata)

nazwa zleceniodawcy

nazwa zleceniodawcy cd.

tytułem

tytułem cd.

pieczęć, data i podpis(y) zleceniodawcy

odcinek dla banku zleceniodawcy

06

Opłata